KB126420

여행 스페인어

Spanish

용기를 내어 스페인어로 말을 걸어 봅시다.
조금이라도 내 마음이 전해진다면 여행은 좀 더 즐거워질 거예요.
여느 때보다 더 따뜻하게, 같이 경험해 볼까요?

『여행 스페인어』를 가지고…

자, 말해 봅시다.

여행을 할 때 필요한 기본 회화부터 알아 두면 좋을 현지 정보, 편안한 여행을 즐기기 위한 표현과 단어를 모았습니다. 자, 다양한 회화 표현을 통해 여행 기분을 느껴 볼까요?

모처럼 여행을 왔으니 현지인 분들과 커뮤니케이션을 해 볼까요? 간단한 인사라도 그 나라의 말로 먼저 말을 걸어 본다면, 현지인 분들도 웃는 얼굴로 반겨 줄 겁니다. 맛집 탐방, 쇼핑, 뷰티 등 의사소통을 해야 하는 순간에 필요한 표현들을 가득 담았습니다. 간단한 의사소통이라도 평소와는 다른 경험을 할 수 있을지도 모릅니다. 다양한 회화 표현을 통해 여행을 좀 더 즐겁게 보내 볼까요?

check list

무엇을 추천하시나요?
¿Qué me recomienda?
께 메 레꼬미엔다 ?

마카롱 하나 주세요.
Un macarrón, por favor.
운 마까론 . 뽀르 빠보르

구엘 공원은 어디인가요?
¿Dónde está el parque Güell?
돈데 에쓰따 엘 빠르께 구엘

시식해 봐도 될까요?
¿Puedo probarlo?
뿌에도 쁘로바를로

3

HOW TO
스페인어

회화 수첩은 현지에서 자주 사용하는 문장을 중심으로 최대한 많은 내용을 담았습니다. 사전에 미리 알아두고 공부해 놓으면 좋을 정보들도 담았습니다. 현지에서 자주 쓰이는 어휘들도 기억해 둡시다.

사용하는 포인트는 이곳에

● 상황별 구성으로 문장을 익히기 쉽습니다.

● 여러 가지 신으로 기본 문장에 충실하였습니다.

● 단어장은 현지에서도 도움이 됩니다.

"카페에서는 어떻게 말해야 주문할 수 있을까?", "이 화장품은 어떻게 말해야 하지?" 등 순간적으로 당황했던 적은 없나요? 이 회화 수첩은 현지에서 흔히 접할 수 있는 상황별로 정리했습니다. 각 장면에 연관된 문장이나 단어들을 모아 현지에서도 쉽게 사용할 수 있도록 했습니다.

1 상황별로 아이콘이 붙여져 있습니다.

[맛집, 쇼핑, 뷰티, 관광, 엔터테인먼트, 호텔]의 각 상황별로 제목의 옆에 아이콘이 붙어 있습니다. 필요한 상황을 바로 찾을 수 있도록 하였습니다.

2 단어를 바꿔서 활용할 수 있어서 편리합니다.

숫자나 지명 등 바꿔 넣는 것 만으로도 문장을 만들 수 있어 편리합니다.

마카롱 10 개 주세요.
10 macarróns , por favor.
디에쓰 마카론 　 뽀르 빠보르
Could I have 10 macarons?

3 중요 문장을 찾기 쉽습니다.

특히 중요한 문장은 일목요연하게 정리되어 알 수 있도록 하였습니다.

카사 밀라에 가고 싶어요.
Quería ir a la Casa Milà.
께리아 이르 아 라 까사 밀라
I'd like to go to Casa Milà.

4 상대의 말도 알 수 있도록 하였습니다.

현지 사람이 자주 사용하는 문장도 적혀 있습니다. 사전에 체크해 놓으면, 당황하지 않고 대화를 이어갈 수 있을 것입니다.

무엇을 찾으시나요?
¿Está buscando algo en particular?
에쓰따 부쓰깐도　 알고 　엔 빠르띠꿀라르
What are you looking for?

5 스페인어 이외에도 영어 표기가 있습니다.

영어도 함께 기재되어 있습니다.
스페인어가 통하지 않을 경우 영어로 시도해 보세요.

물 부탁드려요.
Agua, por favor.
아구아 　뽀르 빠보르
Water, please.

엑세서리도 사러 가 봅시다.

스페인에서만 만나 볼 수 있는 반스가 넘치는 엑세서리점이 수에 풍성
네 것도 사고, 선물용으로도 사고 몇 가지 챙겨보니 기쁜 마음이 들어요.

여성에 쓰는 에섹서서리 찾아봅시다.	
이반지 한번 보여주실 수 있나요?	¿Puede enseñarme este anillo? 뿌에데 엔세냐르메 　 에스떼 아니요! Could I see this ring?
이 돌은 뭔가요?	¿Qué es esta piedra? 께 에쓰 에쓰따 삐에드라? What is this stone?
몇 캐럿인가요?	¿Cuántos quilates tiene? 꾸안뚜스 끼 킬라테스 비에네요! What carat is this?
스페인산인가요?	¿Es de producción española? 에쓰 데 쁘로둑씨온 에쓰빠뇰라? Is this made in Spain?
금속으로 된 부분은 은순 은순인가요?	¿La parte metálica es de oro puro (plata pura)? 아 빠르티에 메딸리까 에쓰 데 오로 뿌로 (쁠라따 뿌라)! Is the metal part pure gold (silver)?
착용해보도 될까요?	¿Puedo probármelo? 뿌에도 쁘로바르멜로? May I try this on?
선물용으로 포장해 주세요.	Envuélvalo para regalo, por favor. 엔부엘발로 　 빠라 레갈로, 뽀르 빠보르 Please make it gift.
각각따로 포장해 주세요.	Envuélvamelo por separado, por favor. 엔부엘바멜로 　 뽀르 세빠라도 　 뽀르 빠보르 Please wrap them individually.
리본을 붙일 수 있나요?	¿Podría ponerle una cinta? 뽀드리아 뽀네를레 우나 씬따? Could you put some ribbons?
안 깨지도록 포장해 주실 수 있나요?	¿Puede envolverlo para que no se rompa? 뿌에데 엔볼베를로 빠라 께 노 세 롬빠? Could you wrap it not to break?

86

6 주고받는 대화 형식으로 내용을 파악할 수 있습니다.

실제 대화 내용을 적어놓기 때문에 어떻게 대화를 주고받으면 좋을지를 알 수 있습니다.

물어보는건가요?
¿Cuánto cuesta?
꾸안또 꾸에쓰따?

3개시사면 10유로로 드릴게요.

Si compra tres se lo dejo a diez euros.
시 꼼쁘라 뜨레쓰 세 로 데호 아 디에쓰 에우로쓰

안녕하세요
Hola.
올라

무엇을 도와드릴까요?

¿Puedo ayudarle?
뿌에도 아유다를레?

4

LOOK

일러스트 & 사진 단어장

잘 모르는 경우 손가락을 짚거나, 상대도 짚어서 소통할 수 있는 일러스트나 사진이 많이 들어 있습니다. 각 상황에서 필요한 단어를 바꿔서 사용해도 좋습니다.

※●=한국어를 나타냅니다.

인덱스

상황별로 인덱스를 나누어 놓았기 때문에 바로 필요한 문장을 찾을 수 있습니다.

링크에 대해서

예   참고 P.150

숫자나 음식 등 단어를 바꾸어서 사용하고 싶을 때는 링크 부분에 적힌 페이지로 찾아가면 됩니다.

도움이 되는 단어장
WORD

각 테마를 기본으로 알아두면 도움이 되는 단어를 한눈에 보기 쉽게 정리해 놓았습니다.

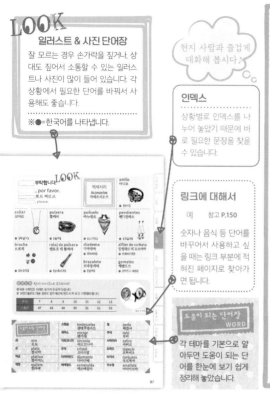

회화 수첩으로 적극적으로 현지 사람들과 의사소통해 보는 방법!

현지 사람과 즐겁게 대화해 봅시다♪

비결 1 책의 가장 앞부분에 나오는 인사나 기본 문장을 사전에 외워 둡시다.

간단한 인사나 기본이 되는 문장을 외워 두면 유사시에 편리합니다.
P.10

비결 2 사진과 일러스트 단어를 상대방에게 보여주며 의사 전달합니다.

하고 싶은 말이 잘 전달되지 않을 때에는 사진이나 일러스트를 보여서 본인의 의사를 전달해 봅시다.
P.32・48・83

비결 3 한국문화를 소개하고 적극적으로 커뮤니케이션합니다.

해외에는 한국문화에 관심 있는 사람도 많아요. 자기 나라에 대해서 소개할 수 있다면 대화도 해 봐요.
P.146

발음에 대해

다양한 문장 표현과 단어에 한국어로 표기를 덧붙였습니다. 그대로 읽으면 현지에서 알아들을 수 있을 정도의 비슷한 발음으로 적어 두었으니 적극적으로 소리 내어 말해 보세요.

● 스페인어 발음의 구성은?

스페인어는 기본적으로 로마자 읽기를 취하고 있습니다. 스페인어의 표기는 26개의 알파벳과 'ñ'으로 구성되어 있습니다. 먼저 알파벳을 읽는 방법부터 외우고 이를 응용해 로마자 읽기의 발음을 하면 대체로 상대방이 알아듣습니다. ñ은 스페인어 특유의 알파벳으로 manana[마냐냐]와 같이 '냐'로 발음됩니다. 또 paella[빠에쟈]와 같이 'L'이 두 개 연속하면 '쟈' 발음이 됩니다.

● rr 는 혀를 말아서

rr 은 혀를 말아서 발음합니다. 또 단어 처음이나 l, s, n 의 뒤에 r 이 오는 경우에도 혀를 말아서 발음합니다.

Contents

상황별 대화는 6가지 분야로 소개하고 있습니다.

🎒 관광   🍴 맛집   🛍 쇼핑   💅 뷰티   🎵 엔터테인먼트   🏨 호텔

스페인은 이런 곳입니다.

맛집 탐방에 명화에 멋진 길거리….
스페인은 많은 사람들이 찾는 곳입니다.

스페인 기본 상식

Q 사용하는 언어는?

A 스페인어입니다.
그 외에 카탈루냐어, 바스크어 등이 각
지방의 일상 언어로 사용되고 있습니다.

Q 화폐는?

A 유로화(€)입니다.
2002년부터 유럽 연합(EU) 가맹국으로
서 유럽 연합의 화폐인 유로를 사용하고
있습니다.

Q 추천하는 여행 시즌은?

A 7~9월이 가장 좋습니다.
가장 좋은 시기는 일반적으로 여름인
7~9월이지만 8월은 바캉스를 즐기기 위
해 장기 휴업을 하는 가게들이 많으므로
주의합니다. 오페라나 축구가 보고 싶다
면 겨울에 가는 것이 좋습니다.

- -

스페인에서 지켜야 할 매너를 알아봅시다.

- **흡연할 때는 주의!**
2011년 금연법이 시행되었습니다. 스페
인은 기본적으로 실내 공공장소에서 흡
연이 전면 금지되어 있습니다. 실외에서
도 어린이 공원, 어린이가 다니는 학교나
병원 등에서는 흡연이 금지되어 있습니
다. 여행자여도 위반 시에 벌금을 물기 때
문에 흡연을 할 때는 주의합시다.

- **미술관, 박물관에서의 매너**
미술관이나 박물관 등에서는 큰 짐은 맡
기고 입장해야 합니다. 촬영 금지인 곳도
많기 때문에 주의해야 합니다. 성당에서
는 노출이 심한 복장은 피하는 것이 좋습
니다.

스페인의 대표적인 지명

Santiago de Compostela
산티아고데콤포스텔라

Madrid
마드리드

산티아고데콤포스텔라

아스투리아스
ASTURIAS

칸타브리아
CANTABRIA

바스크
PAIS VASCO

갈리시아
GALICIA

리오하
LA RIOJA

Segovia
세고비아

카스티야 이 레온
CASTILLA Y LEÓN

Aranjuez
아란후에스

포르투갈

세고비아

마드리드
MADRID

마드리드 ★

아란후에스

쿠엥카

Toledo
톨레도

톨레도

에스트레마두라
EXTREMADURA

카스티야 라만차
CASTILLA-LA MANCHA

Córdoba
코르도바

코르도바

안달루시아
ANDALUCÍA

Sevilla
세비야

세비야

그라나다

Arcos de la Frontera
아르코스데라프론테라

아르코스데라프론테라

말라가

프리힐리아나
네르하

미하스

DATA
정식 국명 / 스페인왕국
인구 / 약 4,670만 명
면적 / 약 51만㎢
수도 / 마드리드
한국과의 시차 / -8시간
(서머타임 시 -7시간)

모로코

Mijas
미하스

Nerja
네르하

Málaga
말라가

그 외의 관광지
WORD

사그라다 파밀리아 성당   알함브라 궁전
La Sagrada Família   **La Alhambra**
라 싸그라다 빠밀리아   라 아람브라

스페인의 관습을 알아두고 갑시다.

시에스타라고 하는 장시간의 낮잠 시간이 있습니다. 일반적으로 오후 2시에서 4시 사이입니다. 이 시간에는 많은 점포나 공공 기관에서 창구를 닫습니다. 또 일요일이나 여름 휴가, 크리스마스, 부활절 등의 축일 때는 쉬는 곳이 많으므로 주의합시다.

원포인트

지명을 사용해서 말해 봅시다.

[　　　　] 로 가고 싶어요.

Quisiera ir a [　　　　].

끼씨에라 이르 아 [　　　　]

Montserrat
몬세라트

Figueres
피게레스

프랑스

라
RRA

카탈루냐
CATALUÑA

피게레스

몬세라트

타라고나

Barcelona
바르셀로나

바르셀로나

Tarragona
타라고나

Palma de Mallorca
팔마데마요르카

Cuenca
쿠엥카

시아
ÓN

팔마데마요르카   마요르카섬

Mallorca
마요르카

시아
발렌시아
ALENCIA

이비사섬

아
IA

Valencia
발렌시아

Ibiza
이비사

목적지를 전달할 때는
지명을 확실하게
이야기해요.

어디서 오셨나요?

¿De dónde es usted?
데 돈데 에쓰 우쓰떼드

알제리

Granada
그라나다

저는 [　　　　] 에서 왔어요.

Soy de [　　　　].

쏘이 데 [　　　　]

Frigiliana
프리힐리아나

현지인과 커뮤니케이션을
적극적으로 해 보세요.

먼저 인사부터 시작해 봅시다.

커뮤니케이션의 시작은 인사부터!
먼저 기본적인 인사 표현을 알아보고, 적극적으로 사용하는 것부터 시작해 봅니다.

안녕하세요(아침)．／안녕하세요(점심)．／안녕하세요(저녁)．
Buenos días.／Buenas tardes.／Buenas noches.
부에노쓰　디아쓰 ／부에나쓰　따르데쓰 ／ 부에나쓰　노체쓰
Good morning. / Good afternoon. / Good evening.

안녕히 계세요．／안녕.
Adiós.　／ Hasta luego.
아디오쓰 ／ 아쓰따　루에고
Good bye. / Bye.

네．／아니요.
Sí.　／No.
씨　／ 노
Yes. / No.

좋은 하루 되세요.
Que pase un buen día.
께　빠쎄　운 부엔　디아
Have a nice day.

감사합니다.
Gracias.
그라씨아쓰
Thank you.

천만에요.
De nada.
데　나다
You are welcome.

또 봐요!／내일 봐요.
¡Hasta pronto!／Hasta mañana.
아쓰따　쁘론또 ／ 아쓰따　마냐나
Bye! / See you tomorrow.

인사할 때의 포인트

Hola!(올라-안녕)는 아침, 점심, 저녁 시간대와 관계없이 쓸 수 있는 가벼운 인사말입니다. 영어의 hi나 hello와 같습니다.

만나서 반갑습니다. 제 이름은 신영미입니다.
Encantada. Me llamo Sin Young-mi.
엔깐따다.   메 야모   신영미

Nice to meet you. I'm Sin Young-mi.

만나서 반가워요.
Me alegro de verle.
메 알레그로 데 베를레

I'm glad to see you.

당신은 한국에서 오셨습니까?
¿Ha venido de Corea?
아   베니도   데 꼬레아

Are you from Korea?

네, 서울에서 왔습니다.
Sí, vengo de Seoul.
씨   벵고 데   쎄울

Yes, I'm from Seoul.

실례합니다.
Perdón.
뻬르돈

Excuse me.

네, 무슨 일이세요?
¿Sí?
씨

Pardon?

알아 두면 편리한 문장들을 모아 봤어요.

여행지에서 자주 쓰이는 간단한 문장 표현을 모았습니다.
이것만으로도 의사소통의 폭이 확 넓어진답니다.

여행 전에 외워 두면
편해요!

시간이 얼마나 걸리나요?
¿Cuánto tiempo se tarda?
꾸안또   띠엠뽀   쎄 따르다
How long does it take?

얼마입니까?
¿Cuánto cuesta?
꾸안또   꿰쓰따
How much is it?

네, 부탁드려요. / 아니요, 괜찮아요.
Sí, por favor. / No, gracias.
씨, 뽀르 빠보르 /   노,   그라씨아쓰
Yes, please. / No, thank you.

이것은 무엇입니까?
¿Qué es esto?
께 에쓰 에쓰또
What is this?

이해하지 못했습니다.
No entiendo.
노 엔띠엔도
I don't understand.

모르겠습니다.
No lo sé.
노 로 쎄
I don't know.

다시 한번 말씀해 주시겠습니까?
¿Puede repetirlo otra vez?
뿌에데 레뻬띠를로 오뜨라 베즈
Please repeat that again.

조금만 천천히 말씀해 주시겠어요?
¿Puede hablar más despacio?
뿌에데 아블라르 마쓰 데쓰빠씨오
Could you speak more slowly?

말씀하신 것을 이 종이에 써 주실 수 있나요?
¿Puede escribirlo en un papel?
뿌에데 에쓰끄리비를로 엔 운 빠뻴
Could you write down what you said?

한국어[영어]를 할 수 있는 사람이 있나요?
¿Hay alguien que hable coreano [inglés] ?
아이 알귀엔 께 아블레 꼬레아노(잉글레쓰)
Is there anyone who speaks Korean[English]?

아주 좋습니다. / 나쁘지 않아요.
Está muy bien. / No está mal.
에쓰따 무이 비엔 / 노 에쓰따 말
It's very good. / It's not bad.

당연하죠. / 오케이. / 아니요.
Sí, está bien. / Ok. / No se puede.
씨 에쓰따 비엔 / 오케이 / 노 쎄 뿌에데
Sure. / OK. / No.

실례합니다.
Perdón. / Disculpe.
뻬르돈 / 디스꿀뻬
Pardon. / Excuse me.

> Perdon(뻬르돈 - 실례합니다)은 되물을 때에도 쓸수있어요

죄송합니다.
Lo siento.
로 씨엔또
I'm sorry.

저예요. / 당신이에요.
Soy yo. / Eres tú.
쏘이 죠 / 에레쓰 뚜
It's me. / It's you.

이걸로 부탁드려요.
Éste, por favor.
에쓰떼 뽀르 빠보르
I'll take this.

언제? / 누가(누구)? / 어디서? / 왜?
¿Cuándo? / ¿Quién? / ¿Dónde? / ¿Por qué?
꾸안도 / 끼엔 / 돈데 / 뽀르 께
When? / Who? / Where? / Why?

알아 두면 편리한 문장들을 모아 봤어요.

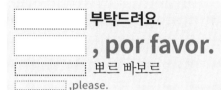

| | 부탁드려요. |

, por favor.
뽀르 빠보르

,please.

Point ~, por favor는 원하는 것이 있을 때 상대방에게 부탁하는 표현입니다.
에 '물건'이나 '서비스'를 넣어 써 봅시다. 원하는 물건을 받았거나 호의
를 받았을 때는 Gracias라고 한마디 하는 것은 잊지 않기!

커피
café
까뻬
coffee

차
té
떼
tea

콜라
coca cola
꼬까 꼴라
coke

생수
agua mineral
아구아 미네랄
mineral water

맥주
cerveza
쎄르베싸
beer

레드 와인
vino tinto
비노 띤또
red wine

소고기
ternera
떼르네라
beef

생선
pescado
뻬쓰까도
fish

빠에야
paella
빠에야
paella

추로스
churros
쮸로쓰
churros

메뉴
un menú
운 메누
menu

지도
un mapa
운 마빠
map

상점에서 물건을
살 때 큰 도움이 되
는 표현들입니다.

팸플릿
un folleto
운 뽀예또
brochure

영수증
un recibo
운 레씨보
reciept

14

☐ 해도 되나요?

¿Puedo ☐ ?

뿌에도 ☐

Can I ☐ ?

Point puedo~?는 '~해도 좋을까요?'라는 표현으로 상대방에게 허락을 구할 때 쓰는 표현입니다. ☐에 자신이 하고 싶은 것을 넣어 말해 봅시다. 상대방은 주로 si나 no라고 답합니다.

사진을 찍다
hacer una foto
아쎄르 우나 뽀또
take a picture

화장실 가다
ir al lavabo
이르 알 라바보
go to a restroom

주문하다
pedir
뻬디르
order

여기에 앉다
sentarme aquí
쎈따르메 아끼
sit here

창문을 열다
abrir la ventana
아브리르 라 벤따나
open the window

예약하다
hacer una reserva
아쎄르 우나 레쎄르바
make a reservation

호텔에 체크인하다
registrarme en el hotel
레지쓰뜨라르메 엔 엘 오뗄
check in

그곳으로 가다
ir allí
이르 아이
go there

여기에 머물다
quedarme aquí
께다르메 아끼
stay here

전화를 사용하다
usar el teléfono
우싸르 엘 뗄레뽀노
use a phone

나중에 전화하다
llamar luego
야마르 루에고
call later

쿠폰을 사용하다
usar un cupón
우싸르 운 꾸뽄
use a coupon

거기로 걸어가다
ir ahí andando
이르 아이 안단도
walk there

관광지에서 "사진을 찍어도 될까요?" 라고 물어보세요.

여기서 결제하다
pagar aquí
빠가르 아끼
pay here

15

알아 두면 편리한 문장들을 모아 봤어요.

☐☐☐☐ 어디에 있나요?

¿Dónde está ☐☐☐☐ ?

돈데 에쓰따 ☐☐☐☐

Where is ☐☐☐ ?

Point donde esta~?는 '장소' 등을 물을 때 쓰는 표현입니다. 어딘가에 가고 싶을 때나 찾고 싶은 물건이 있을 때 사용합니다. ☐☐☐에 장소, 물건, 사람 등을 넣어 물어보면 됩니다. 물건 등이 복수형일 때는 3인칭 단수 표현인 esta 대신에 3인칭 복수 표현인 estan을 사용합니다.

이 레스토랑 **este restaurante** 에쓰떼 레스따우란떼 this restaurant	화장실 **el lavabo** 엘 라바보 a restroom	역 **la estación** 라 에쓰따씨온 a station
매표소 **la venta de billetes** 라 벤따 데 비예떼스 a ticket booth	나의 좌석 **mi asiento** 미 아씨엔또 my seat	지하철역 **la estación de metro** 라 에쓰따씨온 데 메뜨로 a subway station
안내소 **la oficina de información** 라 오삐씨나 데 인뽀르마씨온 an information center	에스컬레이터 **la escalera mecánica** 라 에쓰깔레라 메까니까 an escalator	엘리베이터 **el ascensor** 엘 아쎈쏘르 an elevator
계단 **la escalera** 라 에쓰깔레라 stairs	카페 **la cafetería** 라 까뻬떼리아 a cafe	은행 **el banco** 엘 방꼬 a bank
길을 걸을 때와 건물 안으로 들어갈 때까지 폭넓게 쓸 수 있는 표현입니다.	우체국 **correos** 꼬레오쓰 a post office	경찰서 **la comisaría de policía** 라 꼬미싸리아 데 뽈리씨아 a police station

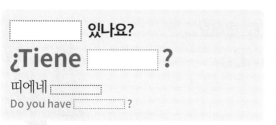

[_____] 있나요?

¿Tiene [_____] ?

띠에네 [_____]

Do you have [_____] ?

Point

Tiene~?는 "~은/는 있나요?"라고 물을 때 쓰는 표현입니다. [_____]에 제품이나 물건, 요리 등을 넣고, 가게에서 자신이 원하는 물건을 팔고 있는지 묻거나 식당에서 주문을 할 때 사용하세요.

약 medicinas 메디씨나쓰 medicines	**우유** leche 레체 milk	**잡지** revistas 레비쓰따스 magazine
초콜릿 chocolate 쪼꼬라떼 chocolate	**변압기** transformadores 뜨란쓰뽀르마도레쓰 transformer	**버터** mantequilla 만떼끼야 butter
잼 mermelada 메르메라다 jam	**케첩** ketchup 케츄프 ketchup	**소금** sal 쌀 salt
후추 pimienta 삐미엔따 pepper	**냅킨** servilletas de papel 쎄르비예따쓰 데 빠뻴 paper napkins	**건전지** pilas 삘라쓰 batteries
복사기 fotocopiadora 뽀또꼬삐아도라 a copy machine	생리대는 compresas (꼼쁘레싸쓰)라고 합니다.	**가위** tijeras 띠헤라쓰 scissors

17

알아 두면 편리한 문장들을 모아 봤어요.

[_____] 을/를 찾고 있어요.

Estoy buscando [_____] .

에쓰또이 부쓰깐도 [_____]

I'm looking for [_____] .

Point
Estoy buscando~는 "~을/를 찾고 있어요"라고 상대방에게 전달할 때 사용하는 표현입니다. '잃어버린 물건', '사고 싶은 물건', '찾는 물건'만이 아닌, '가고 싶은 장소' 등을 전하고 싶을 때도 쓰입니다.

나의 지갑 **mi cartera** 미 까르떼라 my wallet	**나의 여권** **mi pasaporte** 미 빠싸뽀르떼 my passport	**나의 카메라** **mi cámara** 미 까마라 my camera
화장실 **el lavabo** 엘 라바보 restroom	**출구** **la salida** 라 쌀리다 an exit	**입구** **la entrada** 라 엔뜨라다 an entrance
티셔츠 **camisetas** 까미쎄따쓰 T-shirts	**신발** **zapatos** 싸빠또쓰 shoes	**가방** **bolsos** 볼쏘쓰 bags
화장품 **cosméticos** 꼬쓰메띠꼬쓰 cosmetics	**사진관** **una tienda de fotos** 우나 띠엔다 데 뽀또쓰 a photograph store	**환전소** una oficina de cambio de moneda 우나 오삐씨나 데 깜비오 데 모네다 a money exchange
사람을 찾을 때도 사용합니다.	**서점** **una librería** 우나 리브레리아 a bookstore	**아스피린** **aspirinas** 아쓰삐리나쓰 an aspirin

☐ 해 주실 수 있나요?

¿Podría ☐ ?

뽀드리아 ☐

Could you ☐ ?

Point Podria~는 '괜찮으시면 ~ 해 주실 수 있을까요?'라는 뜻으로, 상대방에게 정중하게 부탁하는 표현입니다. ☐ 에 '상대방이 해 주었으면 하는 것'을 넣어 씁니다.

부탁을 들어주다
hacerme un favor
아쎄르메 운 빠보르
do me a favor

도와주다
ayudarme
아유다르메
help me

다시 말하다
repetirlo
레뻬띠를로
say that again

좀 더 천천히 말하다
hablar más despacio
아블라르 마쓰 데쓰빠씨오
speak more slowly

말한 것을 쓰다
escribir lo que ha dicho
에쓰끄리비르 로 께 아 디쵸
write down what you said

택시를 부르다
llamar un taxi
야마르 운 딱씨
call me a taxi

길을 알려 주다
enseñarme el camino
엔세냐르메 엘 까미노
show me the way

담요를 주다
darme una manta
다르메 우나 만따
give me a blanket

의사를 부르다
llamar a un médico
야마르 아 운 메디꼬
call for a doctor

잠시 기다리다
esperar un momento
에쓰뻬라르 운 모멘또
wait a minute

찾다
buscar
부쓰까르
look for it

주변을 안내하다
hacer de guía
아쎄르 데 기아
show me around

짐을 옮기다
llevar las maletas
예바르 라쓰 말레따쓰
carry the luggage

Por favor(뽀르 빠보르 - 부탁드려요)보다 더 진심을 담아 쓰는 표현입니다.

주소를 말해 주다
darme su dirección
다르메 쑤 디렉씨온
tell me your address

19

현지인에게 내 마음을 전달해 봅시다.

스페인어 표현들을 외우는 것은 조금 어려운 일이지만, 감정을 바로 전달할 수 있는 한마디를 사전에 알아 둔다면 현지에서 죽마고우를 만난 듯 쉽게 친해질 수 있답니다.

가볍게 인사를
할 때는…

¡Hola! 올라
안녕!

아침, 점심, 저녁 시간대와 상관없이 쓸 수 있습니다. 영어의 Hi나 Hello와 같습니다.

즐거운 기분을 전달
하고 싶을 때는…

¡Qué divertido! 께 디베르띠도
즐겁구나!

"이거 정말 재밌잖아!"라는 의미의 감탄문입니다.

상대방을 위로해
주고 싶을 때는…

¡Qué difícil! 께 디삐씨르
어렵구나!

'어렵다'라고 말할 경우에도 사용하는 말로, 영어의 'difficult'와 같습니다.

멋진 사람을
발견했다면…

¡Qué bonito!
께 보니또 멋져!

남자에게 쓰는 표현입니다. 여자에게 쓰는 표현은 Que bonital(께 보니따)로 '귀엽다, 예쁘다'라는 의미입니다.

그 외에…

Tengo novio.
뗑고 노비오 저는 애인이 있어요.

헌팅을 당했을 때 거절하는 표현입니다.

친해진 친구
에게는…

Estamos en contacto.
에쓰따모쓰 엔 꼰따끄또
계속 연락해요.

헤어질 때의 인사로 "잘가, 또 만나"라는 의미입니다.

스페인 사람들은 일반적으로 활기가 넘치고 사람들에게 친절하다고 알려져 있습니다. "한국에서 왔어요"라고 말하면 "지구 반대편에서 왔다구요?"라고 놀라며 더 친절하게 대하는 경우도 있답니다.

커뮤니케이션의 핵심을 알아 두세요.

보다 원활한 의사소통에 필요한 것은 언어 지식만이 아닙니다. 그 나라의 문화와 사고방식, 행동의 배경을 아는 것이 가장 중요합니다.

모르는 것이 있을 때 미소를 띠거나 애매한 웃음을 짓는 것은 스페인 사람들이 이해할 수 없는 행동입니다. 네, 아니오라고 의사를 확실하게 밝힙시다.

이야기를 하며 고개를 끄덕이는 행동을 하지 마세요 상대방의 말에 무조건적으로 납득하고 있다는 의미가 될 수 있어요

상대방에게 말을 걸거나 주의를 주고 싶을 때는 반드시 말을 먼저 걸어야 합니다. 옷을 입어보고 싶으면 점원에게 **puedo probarmelo?**(뿌에도 쁘로바르멜로-입어 봐도 될까요?)라고 말 걸기!

상대방의 경계심을 푸는 것이 포인트! 간단한 한마디라도 말을 걸어 본다면 커뮤니케이션이 원활하게 이루어질 거에요.

이런 상황에서
실제로 사용해 봅시다.

여행지에서는 여러 가지 상황에 마주치게 됩니다.

맛있는 요리를 먹고 만족하거나, 쇼핑 중 눈에 들어온 아이템을 사거나 할 것입니다.

길을 잃어버리거나, 물건을 잃어버리는 경우도 있을지 모릅니다.

좋은 추억을 만들기 위해서 유사시에

여러분에게 도움을 줄 수 있는 것은 현지인들과의 회화입니다.

현지 사람들과 적극적으로 의사소통을 하면서,

여행을 보다 풍부하고 재미있게 만들어 봅시다.

엔터테인먼트
Entretenimiento
엔뜨레떼니미엔또

쇼핑하러 가다
Ir de compras
이르 데 꼼쁘라쓰

미식
Gourmet
구르메뜨

맛있게 드세요.
Coma, por favor
꼬마, 뽀르 빠보르

맛있어요!
¡Qué bueno!
꼐 부에노

관광 명소
Sitios turisticos
씨띠오쓰 뚜리쓰띠꼬쓰

먼저 길거리를 거닐어 볼까요?

예술, 문화, 패션에 맛집들까지 매력이 한가득인 스페인.
먼저 거리를 걸으며 그 매력을 피부로 느껴 봅시다.

길을 묻는 표현

실례합니다만, 뭐 좀 물어 봐도 될까요?	**Perdone, una pregunta.** 뻬르도네, 우나 쁘레군따 Excuse me. May I ask you something?
카사 밀라에 가고 싶어요.	**Quería ir a la Casa Milà.** 께리아 이르 아 라 까싸 밀라 I'd like to go to Casa Milá. 참고 P.32
오른쪽으로 돌면 왼쪽에 있어요.	**Gire a la derecha y después a mano izquierda.** 히레 아 라 데레챠 이 데쓰뿌에쓰 아 마노 이즈끼에르다 Turn right and it's on your left.
따라와 주세요.	**Sígame, por favor.** 씨가메, 뽀르 빠보르 Follow me.
이 주소로 가고 싶어요.	**Quería ir a este sitio.** 께리아 이르 아 에쓰떼 씨띠오 I'd like to go to this address.
그곳이 이 지도의 어디에 있나요?	**¿Dónde está esta zona en este mapa?** 돈데 에쓰따 에쓰따 조나 엔 에쓰떼 마빠? Where is it on this map?
제가 어디에 있나요?	**¿Dónde estamos?** 돈데 에쓰따모쓰? Where am I?
길을 잃었어요.	**Me he perdido.** 메 에 뻬르디도 I'm lost.
이 거리의 이름이 뭔가요?	**¿Cómo se llama esta calle?** 꼬모 쎄 야마 에쓰따 까예? What is this street's name?
가장 가까운 역이 어디에 있나요?	**¿Cuál es la estación más cercana?** 꾸왈 에쓰 라 에쓰따씨온 마쓰 쎄르까나? Where is the nearest station?

22

저기... 실례합니다.
Oiga...perdone.
오이가... 뻬르도네

정말 감사합니다.
Muchas gracias.
무챠쓰 그라씨아쓰

길을 물을 때 쓰는 단어

직진
recto
렉또

대로
avenida
아베니다

길모퉁이
esquina
에쓰끼나

좌측
izquierda
이즈끼에르다

거리
calle
까예

빌딩
edificio
에디삐씨오

우측
derecha
데레챠

이정표
señal
쎄냘

주차장
aparcamiento
아빠르까미엔또

교차로
cruce
끄루쎄

신호등
semáforo
쎄마뽀로

간판
letrero
레뜨레로

횡단보도
paso de
cebra
빠쏘 데 쎄브라

자동차
coche
꼬체

블록
manzana
만자나

인도
acera
아쎄라

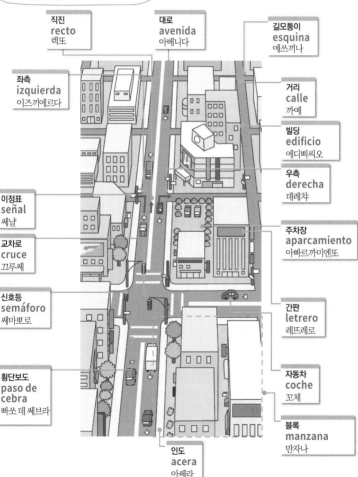

23

먼저 길거리를 거닐어 볼까요?

관광지에서

프라도 박물관이 오늘 여나요?

¿El museo del Prado está abierto hoy?
엘 무쎄오 델 쁘라도 에쓰따 아비에르또 오이?
Is Prado Museum open today?

참고 P.32

열었습니다. / 닫았습니다.

Está abierto. / Está cerrado.
에쓰따 아비에르또 / 에쓰따 쎄라도
Yes, it is. / No, it isn't.

입장료가 얼마인가요?

¿Cuánto cuesta la entrada?
꾸안또 꿰쓰따 라 엔뜨라다
How much is the admission?

1인당 10유로입니다.

Diez euros por persona.
디에즈 에우로쓰 뽀르 뻬르쏘나
10 euros per a person.

참고 P.150

어른 2명 입장권 부탁드려요.

Dos entradas de adulto, por favor.
도쓰 엔뜨라다쓰 데 아둘또, 뽀르 빠보르
Two adults, please.

참고 P.150

한국어 팸플릿이 있나요?

¿Tiene folletos en coreano?
띠에네 뽀예또쓰 엔 꼬레아노?
Do you have a Korean brochure?

가이드 투어는 몇 시부터 시작하나요?

¿A qué hora es la visita turística?
아 께 오라 에쓰 라 비씨따 뚜리쓰띠까?
What time does the guided tour start?

저 빌딩의 이름이 뭔가요?

¿Cómo se llama aquel edificio?
꼬모 쎄 야마 아껠 에디삐씨오?
What is the name of that building?

저 빌딩 안으로 들어가도 되나요?

¿Se puede entrar al edificio?
쎄 뿌에데 엔뜨라르 알 에디삐씨오?
Can I go inside of the building?

출구[입구 / 비상구]가 어디인가요?

¿Dónde está la salida [entrada / salida de emergencia]?
돈데 에쓰따 라 쌀리다[엔뜨라다/쌀리다 데 에메르헨씨아]?
Where is the exit [entrance / emergency exit]?

엘리베이터 있나요?

¿Hay ascensor?
아이 아쎈쏘르?
Is there an elevator?

사진 좀 찍어 주시겠어요?	**¿Podría hacerme una foto?** 뽀드리아 아쎄르메 우나 뽀또? Could you take a photo?
이 버튼을 눌러 주세요.	**Apriete este botón, por favor.** 아쁘리에떼 에쓰떼 보똔 뽀르 빠보르 Press here, please.
플래시를 켜도 되나요?	**¿Puedo usar el flash?** 뿌에도 우싸르 엘 쁠라쉬? Can I use the flash?
저게 뭔가요?	**¿Qué es aquello?** 께 에쓰 아께요? What is that?
기념품 가게 있나요?	**¿Hay tienda de souvenir?** 아이 띠엔다 데 쑤베니르? Are there any gift shops?
점등 시간이 언제인가요?	**¿A qué hora empieza la iluminación?** 아 께 오라 엠삐에자 라 이루미나씨온? What time does the illumination start?
극장이 언제 만들어졌나요?	**¿Cuándo construyeron este teatro?** 꾸안도 꼰쓰뜨루이예론 에쓰떼 떼아뜨로? When was this theater built?
19세기 중반에요.	**A mediados del siglo diecinueve.** 아 메디아도스 델 씨글로 디에씨누에베 Mid 19th century.

도움이 되는 단어장 WORD

관광 안내소	información turística 인뽀르마씨온뚜리쓰띠까
성	castillo 까쓰띠요
대성당	catedral 까테드라르
박물관	museo 무쎄오

광장	plaza 쁠라싸
공원	parque 빠르께
강	río 리오
섬	isla 이쓸라
운하	canal 까나르
다리	puente 뿌엔떼

세계 유산	patrimonio mundial 빠뜨리모니오 문디알
사적지	lugar histórico 루가르 이쓰또리꼬
왕궁	palacio 빨라씨오
정원	jardín 하르딘
촬영 금지	prohibido hacer fotos 쁘로히비도 아쎄르 뽀또쓰
출입 금지	prohibido entrar 쁘로히비도 엔뜨라르

먼저 길거리를 거닐어 볼까요?

관광 안내소를 이용해 봅시다

관광 안내소는 어디에 있나요?	**¿Dónde está la información para turistas?** 돈데 에쓰따 라 인뽀르마씨온 빠라 뚜리쓰따쓰? Where is the tourist information?
무료 지도가 있나요?	**¿Tiene mapas gratis?** 띠에네 마빠쓰 그라띠쓰? Do you have a free map of this area?
관광 팸플릿 좀 받을 수 있을까요?	**¿Puede darme un folleto turístico?** 뿌에데 다르메 운 뽀예또 뚜리쓰띠꼬? Can I have a sightseeing brochure?
한국어로 된 거 있나요?	**¿Lo tiene en coreano?** 로 띠에네 엔 꼬레아노? Do you have one in Korean?
흥미로운 장소들 좀 추천해 주실 수 있나요?	**¿Puede recomendarme lugares interesantes?** 뿌에데 레꼬멘다르메 루가레스 인떼레싼떼스? Could you recommend some interesting places?
당일치기로 갈 만한 장소들 좀 추천해 주실 수 있나요?	**¿Puede recomendarme lugares para visitar en un solo día?** 뿌에데 레꼬멘다르메 루가레쓰 빠라 비씨따르 엔 운 쏠로 디아? Could you recommend some places for a day trip?
경치가 좋은 곳이 어디인가요?	**¿Dónde hay paisajes bonitos?** 돈데 아이 빠이싸헤쓰 보니또쓰? Where is a place with a nice view?
오늘 열었나요?	**¿Está abierto hoy?** 에쓰따 아비에르또 오이? Is it open today?
언제 닫나요?	**¿Cuándo cierran?** 꾸안도 씨에란? When do they close?
화요일에요. / 매일 열어요.	**El martes. ╱ Abren cada día.** 엘 마르떼쓰 ╱ 아브렌 까다 디아 Tuesday. ╱ They are open every day. 참고 P.151
거기로 걸어서 갈 수 있나요?	**¿Se puede ir andando hasta allí?** 쎄 뿌에데 이르 안단도 아쓰따 아의? Can I walk there?

여기서 먼가요?

¿Está muy lejos de aquí?
에쓰따 무이 레호쓰 데 아끼?
Is it far from here?

아니요, 가까워요. / 버스로 10분 걸려요.

Está cerca. / En autobús, diez minutos.
에쓰따 쎄르까 / 엔 아우또부쓰 디에즈 미누또쓰
No, it's not. / It's ten minutes by bus.
참고 P.150

여기서 걸어가는 데 얼마나 걸리나요?

¿Cuánto se tarda andando desde aquí?
꾸안또 쎄 따르다 안단도 데쓰데 아끼?
How long does it take to walk from here?

어떻게 가야 하는지 알려 주실 수 있나요?

¿Me puede indicar el camino?
메 뿌에데 인디까르 엘 까미노?
Could you tell me how to get there?

지하철로 갈 수 있나요?

¿Puedo ir en metro?
뿌에도 이르 엔 메뜨로?
Can I go there by metro?

이 지도로 설명해 주실 수 있나요?

¿Puede explicarme con este mapa?
뿌에데 엑스쁠리까르메 꼰 에쓰떼 마빠?
Could you tell me by this map?

표시가 될 만한 무언가가 있나요?

¿Hay alguna indicación?
아이 알구나 인디까씨온?
Are there any landmarks?

안내소[경찰서]가 근처에 있나요?

¿Hay un centro de información[una comisaría] por aquí cerca?
아이 운 쎈뜨로 데 인뽀르마씨온[우나 꼬미싸리아] 뽀르 아끼 쎄르까?
Is there an information center[a police box] near here?

도움이 되는 단어장 WORD

교회	iglesia 이글레씨아	전망대	punto de observación 뿐또 데 오브쎄르바씨온	분수	fuente 뿌엔떼
예배당	capilla 까삐야	묘지	cementerio 쎄멘떼리오	해안	costa 꼬쓰따
스테인드글라스	vidriera 비드리에라	탑	torre 또레	노천시장	mercadillo 메르까디요
타일	azulejo 아줄레호	수족관	acuario 아꾸아리오	입장권	entrada 엔뜨라다
		십자가	crucero 끄루쎄로	매점	quiosco 끼오쓰꼬
		야경	paisaje nocturno 빠이싸헤 녹뚜르노	팸플릿	folleto 뽀예또

교과서에서 본 그 작품을 보러 가 볼까요?

사진으로 본 익숙한 명화와 미술품. 머릿속에 있던 이미지가 눈앞에서 되살아납니다.
꼭 두 눈으로 관람해 보세요!

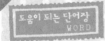
빨리 안으로 들어가 봅시다

Articket이란?
30유로로 피카소 미술관과 미로 미술관 등 7개의 주요 시설에 입장할 수 있는, 유용한 패스입니다. 매표소에서 줄서서 기다리지 않아도 입장할 수 있으므로 편리합니다. 관광 안내소 등에서 구입 가능합니다.

티켓 판매소가 어디에 있나요?	**¿Dónde está la venta de entradas?** 돈데 에쓰따 라 벤따 데 엔뜨라다쓰? Where is the ticket counter?
Articket이 있어요.	**Tengo un Articket.** 뗑고 운 아르띠께뜨 I have an Articket.
건물 지도가 있나요?	**¿Tiene guías del edificio?** 띠에네 기아쓰 델 에디삐씨오? Do you have a floor map?
한국어 팸플릿 있나요?	**¿Tiene un folleto en coreano?** 띠에네 운 뽀예또 엔 꼬레아노? Do you have a Korean brochure?
언제 여나요[닫나요]?	**¿A qué hora abren [cierran]?** 아 께 오라 아브렌[씨에란]? What time does it open [close]?
박물관 기념품점이 있나요?	**¿Hay tienda del museo?** 아이 띠엔다 델 무쎄오? Is there a museum shop?
보관함이 있나요?	**¿Hay consignas?** 아이 꼰씨그나쓰? Is there a locker?

도움이 되는 단어장
WORD

파블로 피카소
Pablo Picasso
빠블로 삐까쏘

「게르니카」
Guernica
게르니까

「푸른 옷을 입은 여인」
Mujer en azul
무헤르 엔아줄

호안 미로
Joan Miró
호안미로

「달팽이. 여자. 꽃. 별」
Caracol. Mujer. Flor. Estrella.
까라꼴 무헤르 쁠로르 에쓰뜨레야

엘 그레코
El Greco
엘 그레꼬

「가슴에 손을 얹은 기사」
El caballero de la mano en el pecho
엘 까바예로 데 라 마노 엔 엘 뻬쵸

「목동들의 경배」
Adoración de los pastores
아도라씨온 데 로쓰 빠쓰또레쓰

한국에서의 2층은 스페인에서 1층
스페인에서는 건물의 층수를 세는 방법이 한국과 다릅니다. 한국에서 말하는 '1층'은 'planta baja(쁠란따 바하-지상층)'으로, 엘리베이터 등에서는 '0'이나 'B'로 표시되어 있습니다. '2층'은 'planta 1(쁘리메라 쁠란따-1층)'로, '3층'은 '2층'으로, 지하 1층은 '-1'로 표시되어 있습니다.

느긋하게 둘러보고 싶어요

특별 전시회가 있나요?
¿Hay alguna exposición especial?
아이 알구나 엑쓰뽀씨씨옹 에쓰뻬씨알?
Do you have any special exhibitions now?

수태고지는 어디에 있나요?
¿Dónde está el cuadro de la Anunciación?
돈데 에쓰따 엘 꾸아드로 데 라 아눈씨아씨온?
Where is the Annunciation?

오디오 가이드 부탁드려요.
Una guía de audio, por favor.
우나 기아 데 아우디오, 뽀르 빠보르
An audio guide, please.

이쪽으로 가는 게 맞나요?
¿Por aquí está bien?
뽀르 아끼 에쓰따 비엔?
Is this the correct way?

이 작품은 누구의 것인가요?
Esta obra ¿quién la hizo?
에쓰따 오브라 끼엔 라 이조?
Whose work is this?

사진을 찍어도 될까요?
¿Puedo hacer una foto?
뿌에도 아쎄르 우나 뽀또?
May I take a photo?

가장 가까운 화장실이 어디인가요?
¿Dónde está el lavabo más cercano?
돈데 에쓰따 엘 라바보 마쓰 쎄르까노?
Where is the nearest restroom?

도움이 되는 단어장 WORD

「수태고지」
Anunciación
아눈씨아씨온
디에고 벨라스케스
Diego Velázquez
디에고 벨라쓰께즈

「시녀들(성모 마리아)」
Las Meninas (nuestra señora)
라쓰 메니나쓰(누에쓰뜨라 쎄뇨라)
「브레다의 항복」
Rendición de Breda
렌디씨온 데 브레다
프란시스코 데 고야
Francisco de Goya
쁘란씨쓰꼬 데 고야

「옷을 입은 마하」
La maja vestida
라 마하 베쓰띠다
「옷을 벗은 마하」
La maja desnuda
라 마하 데쓰누다
「부르도의 우유 파는 아가씨」
La lechera de Burdeos
라 레체라 데 부르데오쓰

29

현지에서 신청하는 투어로 소확행을!

어디부터 보러 가야 하나 망설여진다면 투어를 신청해 보는 것을 추천합니다.
코스, 일정, 조건 등을 확인하면서 관심이 있는 곳부터 찾아가 봅시다.

투어 내용을 확인해 봅시다

발렌시아로 가는 버스 있나요?	**¿Hay autobuses para ir a Valencia?** 아이 아우또부쎄쓰 빠라 이르 아 발렌씨아? Is there a bus that goes to Valencia?
하루[반나절] 코스가 있나요?	**¿Hay trayecto de un día [medio día]?** 아이 뜨라예끄또 데 운 디아[메디오 디아]? Is there an one-day [a half-day] course?
몇 시까지 가면 되나요?	**¿A qué hora quedamos?** 아 께 오라 께다모쓰? What time do we have to be there?
어디서 출발하나요?	**¿Desde dónde salimos?** 데쓰데 돈데 쌀리모쓰? Where will we leave from?
픽업 서비스 포함인가요?	**¿Incluye el servicio para recogernos?** 인끌루이예 엘 쎄르비씨오 빠라 레꼬헤르노쓰? Does it include a pickup service?
식사 포함인가요?	**¿Incluye la comida?** 인끌루이예 라 꼬미다? Does it include the meal?

도움이 되는 단어장 WORD				
		하루	de un día 데 운 디아	식사	comida 꼬미다
		가격	precio 쁘레씨오	버스	autobús 아우또부쓰
예약	reserva 레쎄르바	입장 가격	precio de entrada 쁘레씨오 데 엔뜨라다	야경	paisaje nocturno 빠이싸헤 녹뚜르노
팸플릿	folleto 뽀예또	지불	pago 빠고	성인	adulto 아두르또
오전	mañana 마냐나	제안	sugerencia 쑤헤렌씨아	어린이	niño 니뇨
오후	tarde 따르데	취소 위약금	precio de cancelación 쁘레씨오 데 깐쎌라씨온		

투어는 어디를 방문하도록 되어 있나요?	**¿Qué lugares visita este tour turístico?** 께 루가레쓰 비씨따 에쓰떼 또우르 뚜리쓰띠꼬? Where does the tour visit?
이걸로 예약하고 싶어요.	**Quiero reservar éste.** 끼에로 레쎄르바르 에쓰떼 I'll take this.
리츠 호텔에서 탈 수 있나요?	**¿Podemos subir desde el hotel Ritz?** 뽀데모스 쑤비르 데스데 엘 오뗄 리츠? Can we join from the Ritz hotel?
리츠 호텔에서 내려 주실 수 있나요?	**¿Puede dejarnos en el hotel Ritz?** 뿌에데 데하르노쓰 엔 엘 호뗄 리츠? Can you drop us at the Ritz hotel?
한국어 가이드 있나요?	**¿Hay guía en coreano?** 아이 기아 엔 꼬레아노? Does it have a Korean guide?
화장실이 어디인가요?	**¿Dónde está el lavabo?** 돈데 에쓰따 엘 라바보? Where is the restroom?
언제 떠나나요?	**¿A qué hora sale?** 아 께 오라 쌀레? What time does it leave?
언제까지 여기로 돌아오면 될까요?	**¿A qué hora hay que volver a aquí?** 아 께 오라 아이 께 볼베르 아 아끼? What time should I be back here?
거기까지 얼마나 걸리나요?	**¿Cuánto tiempo falta para llegar?** 꾸안또 띠엠뽀 빨따 빠라 예가르? How long does it take to get there?
저희가 투어에 많이 늦어서 죄송합니다….	**Se ha hecho tarde para la visita turística…** 쎄 아 에쵸 따르데 빠라 라 비씨따 뚜리쓰띠까 I'm sorry. I'm [We are] late for the tour.
투어를 취소하고 싶습니다.	**Quisiera cancelar la visita.** 끼씨에라 깐쎌라르 라 비씨따 I'd like to cancel the tour.
정말 좋았습니다. 감사합니다.	**Ha sido muy agradable, gracias.** 아 씨도 무이 아그라다블레, 그라씨아쓰 I had a wonderful time, thank you.

LOOK

⬚⬚⬚ 에 가고 싶어요.

Quisiera ir a ⬚⬚⬚ .

끼씨에라 이르 아 ⬚⬚⬚

I'd like to go to ⬚⬚⬚ .

관광지
Lugar turístico
루가르 뚜리쓰띠

바르셀로나
입니다.

la Sagrada Família
라 싸그라다 빠밀리아

● 【사그라다 파밀리아 성당】

el Palau de la Música
엘 빨라우 데 라 무씨까

● 【카탈루냐 음악당】

el Parque Güell
엘 빠르께 구엘

● 【구엘 공원】

la Casa Milà
라 까싸 밀라

● 【카사 밀라】

la Casa Batlló
라 까싸 바트요

● 【카사 바트요】

la Casa Vicens
라 까싸 비쎈쓰

● 【카사 비센스】

la Casa Lleó Morera
라 까싸 예오 모레라

● 【카사 예오 모레라】

la Casa Calvet
라 까싸 까르베드

● 【카사 칼베트】

el Palau Güell
엘 빨라우 구엘

● 【구엘 궁전】

la Finca Güell
라 삔까 구엘

● 【구엘 농장】

el Hospital Sant Pau
엘 오쓰삐딸 싼 빠우

● 【세인트 파우 병원】

la Catedral
라 까떼드랄

● 【대성당】

el Montjuïc
엘 몬쥬익

● 【몬주익 성】

el Museo Gaudí
엘 무쎄오 가우디

● 【가우디 박물관】

el Museo Picasso
엘 무쎄오 삐까쏘

● 【피카소 미술관】

el Museo Miró
엘 무쎄오 미로

● 【미로 미술관】

el Museo Antoni Tapies
엘 무쎄오 안또니 따삐에쓰

● 【안토니타피에스 미술관】

el Museo Cataluña
엘 무쎄오 까탈루냐

● 【카탈루냐 미술관】

el Museo Contemporáneo Barcelona
엘 무쎄오 꼰뗌뽀라네오 바르쎌로나

● 【바르셀로나 현대 미술관】

la Plaza Cataluña
라 플라싸 까딸루냐

● 【카탈루냐 광장】

el Mercado Sant Josep
엘 메르까도 산 요세프

● 【산 조세프 시장】

마드리드 입니다.

el Museo del Prado
엘 무쎄오 델 쁘라도

● 【프라도 미술관】

el Palacio Real
엘 빨라씨오 레알

● 【마드리드 왕궁】

la Catedral de la Almudena
라 까떼드랄 데 라 알무데나

● 【알무데나 대성당】

el Palacio de Liria
엘 빨라씨오 데 리리아

● 【리리아 궁전】

la Plaza Mayor
라 쁠라싸 마요르

● 【마요르 광장】

el Gran Vía
엘 그란 비아

● 【그란 비아】

la Plaza de España
라 쁠라싸 데 에쓰빠냐

● 【스페인 광장】

la Plaza Villa
라 쁠라싸 비야

● 【비야 광장】

la Plaza Oriente
라 쁠라싸 오리엔떼

● 【오리엔테 광장】

el Parque del Retiro
엘 빠르께 델 레띠로

● 【레티로 공원】

la Puerta del Sol
라 뿌에르따 델 쏠

● 【푸에르타 델 솔】

el Mercado San Miguel
엘 메르까도 싼 미겔

● 【산 미구엘 시장】

la Plaza de toros Las Ventas
라 쁠라싸 데 또로쓰라쓰 벤따쓰

● 【라스 벤타스 투우장】

el Estadio Santiago Bernabeu
엘 에쓰따디오 싼띠아고 베르나베우

● 【산티아고 베르나베우 스타디움】

el Museo Sorolla
엘 무쎄오 쏘로야

● 【소로야 미술관】

el Museo Nacional Arte Reina Sofía
엘 무쎄오 나씨오날 아르떼 레이나 쏘삐아

● 【국립 소피아 왕비 예술센터】

el Museo Thyssen Bornemisza
엘 무쎄오 띠쎈 보르네미싸

● 【티센 보르네미사 미술관】

la Academia Bellas Artes San Fernando
라 아까데미아 베야쓰 아르떼쓰 싼 뻬르난도

● 【산 페르난도 왕립 미술 아카데미】

el Monasterio Descalzas Reales
엘 모나쓰떼리오 데쓰깔짜쓰 레알레쓰

● 【데스칼사스 레알레스 수도원】

el Real Monasterio Encarnación
엘 레알 모나쓰떼리오 엔까르나씨온

● 【엔카르나시온 왕립 수도원】

la Ermita San Antonio Florida
라 에르미따 싼 안또니오 쁠로리다

● 【산 안토니오 데 라 플로리다 성당】

LOOK

▢▢▢▢을/를 찾고 있어요.

Estoy buscando ▢▢▢▢.
에쓰또이 부쓰깐도 ▢▢▢▢
I'm looking for ▢▢▢▢.

안달루시아
입니다.

la Alhambra
라 아람브라

● 【알함브라 궁전】

---

el Albaicin
엘 알바이씬

● 【알바이신 지구】

la Catedral (Granada)
라 까떼드랄(그라나다)

● 【그라나다 대성당】

la Plaza Nueva
라 쁠라싸 누에바

● 【누에바 광장】

la Catedral (Sevilla)
라 까떼드랄(쎄비야)

● 【세비야 대성당】

---

el Alcázar
엘 알까싸르

● 【알카사르】

el Archivo General de Indias
엘 아르치보 헤네랄 데 인디아쓰

● 【인디아스 고문서관】

la Calle Santa Cruz
라 까예 싼따 끄루쓰

● 【산타 크루즈 거리】

la Mezquita
라 메즈끼따

● 【메즈키타】

---

el Palacio de Viana
엘 빨라씨오 데 비아나

● 【비아나 궁전】

la Torre de la Calahorra
라 또레 데 라 깔라오라

● 【칼라오라 탑】

el Barrio judio
엘 바리오 후디오

● 【유대인의 거리】

los pueblos blancos
로쓰 뿌에블로쓰 블랑꼬쓰

● 【하얀 마을】

그 외 지역
입니다.

el barrio antiguo de Toledo
엘 바리오 안띠구오 데 똘레도

● 【톨레도 구시가지】

las casas colgantes
라쓰 까싸쓰 꼴간떼쓰

● 【공중에 매달린 집】

el molino bianco
엘 몰리노 비앙코

● 【하얀 풍차】

---

el Acueducto romano
엘 아꾸에두끄또 로마노

● 【로마 수도교】

el Museo Dalí
엘 무쎄오 달리

● 【달리 미술관】

el Coliseo romano
엘 꼴리쎄오 로마노

● 【로마 원형 경기장】

el Museo Guggenheim (Bilbao.)
엘 무쎄오 구겐하임(빌바오)

● 【구겐하임(발바오) 미술관】

산책

Paseo
빠쎄오

hotel
오뗄

● 【호텔】

parador
빠라도르

● 【여관】

estación
에쓰따씨온

● 【역】

banco
방꼬

● 【은행】

cajero automático
까헤로 아우또마띠고

● 【ATM】

billete
비예떼

● 【지폐】

moneda
모네다

● 【동전】

cambio de moneda
깜비오 데 모네다

● 【환전소】

lavabo
라바보

● 【화장실】

teléfono público
뗄레뽀노 뿌블리꼬

● 【공중전화】

tienda
띠엔다

● 【노점】

supermercado
쑤뻬르메르까도

● 【슈퍼마켓】

mercado
메르까도

● 【시장】

tienda de souvenirs
띠엔다 데 쑤베니르쓰

● 【기념품 가게】

bodega
보데가

● 【양조장】

restaurante
레쓰따우란떼

● 【레스토랑】

cafetería
까뻬떼리아

● 【카페】

bar
바르

● 【바】

tablao
따블라오

● 【타블라오】

tienda artículos variados
띠엔다 아르띠꿀로쓰 바리아도

● 【잡화점】

farmacia
빠르마씨아

● 【약국】

floristería
쁠로리쓰떼리아

● 【꽃가게】

tienda de marca
띠엔다 데 마르까

● 【브랜드 숍】

biblioteca
비블리오떼까

● 【도서관】

스페인의 세계 문화유산을 찾아서

가우디 작품군이나 이슬람 건축 유적, 고대 로마 제국의 유적 등 스페인에는 많은 세계 문화유산이 있습니다. 스페인의 다양한 역사와 문화를 말해 주는 세계 문화유산을 느껴 보세요.

A 안토니오 가우디의 작품
Obras de Antoni Gaudí

사그라다 파밀리아의 일부를 포함한 가우디의 모데르니스모 작품입니다. 바르셀로나의 랜드마크로서 사그라다 파밀리아는 1882년 이래 계속 지어지고 있습니다.

B 카탈루냐 음악당과 바르셀로나의 산 파우 병원
Palau de la Música Catalana y hospital de Sant Pau en Barcelona

가우디와 동시대에 '꽃의 건축가'로 불리는 몬타네르의 작품입니다. 화려하고 호화로운 장식에 압도됩니다. 병원은 현재도 사용되고 있습니다.

C 타라고나 유적지
Conjunto arqueológico de Tarragona

지중해의 도시, 타라고나에는 마을 여기저기에 로마 시대의 유적이 남아있습니다. 원형 경기장과 카테드랄(대성당)은 필수로 봐야하는 곳!

D 톨레도 구시가지
Ciudad histórica de Toledo

화가 엘 그레코가 사랑한 중세의 풍경이 남겨진 도시입니다. 크리스트교, 유대교, 이슬람교가 융합된 독특한 양식미를 볼 수 있습니다.

E 세고비아의 구시가지와 수도교
Ciudad vieja y acueducto de Segovia

고대 로마 시대에서 발전해 지금도 중세의 풍경이 남아있는 요새 도시입니다. 역사적으로 중요한 건축물이 많습니다. 안에는 로마 수도교가 현재까지 도시의 상징으로 남아 있습니다.

볼거리가 한가득
입니다.

스페인 세계 문화유산에 대해

스페인의 세계 문화유산에 등록된 건
수는 세계 3위입니다. 48건이 등록되
어 있습니다(2020년 기준).

F 쿠엔카 역사적 요새도시
Ciudad histórica fortificada de Cuenca

두 갈래의 강이 만나
는 깊은 절벽에 지어
진 마을입니다. 절벽
위에 집들이 늘어서
있으며, 14세기에 지
어진 가옥 등 흥미로
운 건축물들을 볼 수
있습니다.

I 세비야의 대성당, 알카사르 궁전, 인디아스 고문서관
Catedral, Alcázar y Archivo de Indias de Sevilla

예로부터 무역 도시로서 번
성한 세비야에는 스페인 최
대의 카테드랄을 시작으로
무데하르 양식의 알카사르,
식민지 지배의 기록이 남겨
진 고문서관이 있습니다.

G 산그라나다의 알함브라 궁전, 헤네랄리페 정원, 알바이신 지구
Alhambra, Generalife y Albaicín de Granada

역대 왕이 살았던 알함브라 궁전은 이슬람 건축의 최고 걸
작으로 꼽히고 있습니다. 궁전 내부는 광대하므로 시간적
여유를 가지고 둘러보세요.

J 산티아고 데 콤포스텔라 순례길
Camino de Santiago de Compostela

크리스트교 3개 성
지 중 하나로, 산티
아고로의 순례는 중
세부터 시작됐습니
다. 가장 많은 사람
들이 다녀갔을 때는
연간 50만 명이 다녀
갔습니다. 신자들이
아니어도 걸을 수 있
으니 도전해 보는 건
어떨까요?

H 코르도바 역사 지구
Centro histórico de Córdoba

이슬람교와 크리스
토교의 2대 종교가
공존하는 다채로운
구조의 메스키타와
그 주변에 펼쳐진
유대인 마을을 시
작으로 구 시가지
를 둘러볼 수 있습
니다.

K 산티아고 데 콤포스텔라 구시가지
Ciudad vieja de Santiago de Compostela

스페인 북서부에 위
치한 이 도시는 신
성한 카테드랄부터
중세의 분위기를 풍
기는 길거리와 신선
하고 풍부한 어패류
까지 즐길 거리가 한
가득입니다.

천재 가우디의 세계로 초대합니다.

바르셀로나를 중심으로 무수히 많은 작품을 남긴 건축가, 가우디.
세계적으로 유명한 사그라다 파밀리아 성당 외에도 유니크한 건축물이 한가득입니다. 가우디의 세계를 만나 보세요.

한 세기 이상 건축이 계속되고 있는 세계 문화유산

🔴 사그라다 파밀리아 성당
Basílica de Sagrada Família

1882년에 착공했으며 가우디는 31세의 나이로 두 번째 주임으로 취임했습니다. 이후 43년의 인생 모두를 바쳤습니다. 가우디의 사후에도 건설 공사가 계속되고 있어 완성까지는 아직 많이 남았습니다.

그리스도 탄생일의 이야기가 조각으로 세밀하게 표현되어 있습니다.

■ 완성된 부분
□ 건설 중

Este
동 **탄생의 문**
Fachada del Nacimiento

그리스도의 탄생에서 유년기까지의 모습이 수많은 조각으로 표현되어 있습니다. 가우디 생존 중에 완성된 몇 안 되는 부분입니다.

유기적 생명을 느끼게 하는 모티브

설계자는 이 사람

안토니오 가우디
Antoni Gaudí

1852년 카탈루냐 지방에서 태어나 16세에 건축가가 되었습니다. 바르셀로나로 가서 홀로 공부한 끝에 구엘의 집 증개축을 건축가로서 완공했습니다. 사그라다 파밀리아 성당을 착수하고부터 생애 전부의 시간과 열정을 건축에 쏟았습니다.

자연에서 많은 영감을 얻은 가우디의 생명체적 관점이 잘 드러나 있습니다.

건축 중입니다.

Oeste
서 **수난의 문**
Fachada de la Pasión

그리스도의 수난을 나타내고 있고, 중앙에는 벌을 받는 그리스도의 조각이 있습니다.

Sur
남 **영광의 문**
Fachada de la Gloria

그리스도의 영광을 나타내고 있습니다. 완성되면 동-남-서와 각 파사드를 둘러싸게 되고 그리스도의 생애를 보여 줍니다.

38

바르셀로나에는
가우디 작품이 한가득!

가우디 디자인의 모티브
가우디의 디자인은 식물이나 동물 등 자연물에서 아이디어를 얻은 것이 많아, 색채가 풍부한 건축물과 곡선을 사용한 건축물을 많이 볼 수 있습니다.

● 구엘 공원
Parc Güell

바르셀로나 시의 발전을 이끈 바트론 구엘은 도시 개발 프로젝트를 설계하여 가우디에게 의뢰했습니다. 그러나 구엘이 죽은 후 프로젝트는 미완성으로 끝나 공원만이 남겨져 있습니다. 각양각색의 타일이 배합된 도마뱀 분수와 벤치가 유명합니다.

● 카사 밀라
Casa Milà

독특한 형채에서 '라 베도레라(채석장)'라는 애칭이 붙은 가우디 말년의 작품입니다. 실업가 페레 밀라로부터 의뢰받아 설계한 집으로 카탈루냐의 성지입니다. 몬세라토의 기암을 모티브로 했습니다.

유기적인 입구의 곡선미가 볼거리

옥상의 굴뚝도 신기한 동물의 모습을 하고 있습니다.

벽과 천장, 벤치가 신선한 타일로 빛나고 있습니다.

도움이 되는 단어장 WORD					
		건축가	arquitecto 아르끼떼끄또	조각	escultura 에쓰꿀뚜라
		건물	edificio 에디삐씨오	타일	azulejo 아쑬레호
동쪽	este 에쓰떼	건설 중	en construcción 엔 꼰쓰뜨룩씨온	스테인드글라스	vitral / vidriera 비뜨랄 / 비드리에라
서쪽	oeste 오에쓰떼	공원	parque 빠르께	그리스도	Cristo 끄리쓰또
남쪽	sur 쑤르	광장	plaza 쁠라싸	곡선	curva 꾸르바
북쪽	norte 노르떼	파사드	fachada 빠차다	근사한	brillante 브리얀떼

이슬람 문화가 묻어나는 거리를 걸어 봅시다.

700년 이상 이슬람 왕조의 지배가 이어진 터라 안달루시아 지방에는 이슬람 건축이 많이 남아 있습니다. 궁전과 카테도랄을 차분히 둘러봅시다.

그라나다 Granada

알함브라 궁전
La Alhambra

9세기부터 그라나다 역사와 함께한 알함브라 궁전은 '붉은 언덕'으로 불리는 높은 지대에 지어져 중세 이슬람 건축을 대표하는 걸작입니다. 부지의 나르스 궁전과 헤네랄리페도 포함하는 광대한 범위를 시간 여유를 가지고 둘러보세요.

나르스 궁전 Palacios Nazaríes

나르스 왕조 시대의 왕의 거처로, 정치의 중심이었던 궁전입니다. 사자의 정원에 있는 복도는 기둥 상부에 있는 조각이 아름답습니다. 인원 수 제한이 있으므로 티켓 구입 시 입장 시간을 예약해야만 합니다.

헤네랄리페 정원 Generalife

무더운 안달루시아의 여름을 시원하게 보내기 위해 정원에는 항상 풀과 꽃이 있습니다. 분수와 연못으로 시원함을 연출했습니다. 여기저기에서 분수와 수로를 볼 수 있어 '물의 궁전'으로 불립니다.

알바이신 지구
Albaicín

그라나다 구시가지에서도 아주 오래된 지구로, 알함브라 궁전에서 다로강을 거쳐 북쪽의 언덕 일대까지를 가리킵니다. 이슬람 왕조 시대에 건축된 하얀 벽의 길거리가 남아 있고 석조의 길이 미로처럼 얽혀 있습니다. 치안이 그다지 좋지 않으므로 밤에는 혼자 걷지 맙시다.

세비야 Sevilla

알카사르 궁전
Alcázar de los Reyes Cristianos

그라나다에서 건축가를 불러 알함브라 궁전을 본따 만든 이 궁전은 무하델 양식의 섬세한 석고 세공과 각 천장이 훌륭합니다. 정원 부분에는 아랍풍의 중정과 분수가 아름답게 배치되어 있습니다.

구시가지에는 이슬람풍의 건축물이 많습니다.

마차에 탑승하고 싶어요
Por favor, déjame subir en el carro.
뽀르빠보르, 데하메쑤비르엔엘까로

그림 작품처럼 예쁜 작은 길이 많은 구시가지

추억을 쌓기 딱 좋은 관광용 마차

코르도바 Córdoba

메스키타
Mezquita

이슬람교와 크리스트교의 두 종교가 공존하는 모스크입니다. 예로부터 1000개 이상의 원기둥이 늘어서 있어서 '원기둥의 숲'이라고 불리는 광대한 공간이 최대 볼거리입니다.

조금 사치를 부려 고급 레스토랑에 가 볼까요?

풍요로운 식문화를 가진 스페인. 모처럼의 여행에서 화려하고 세련된 맛과 분위기를 느끼러 나가봅시다.

먼저 예약해 봅시다

오늘 저녁으로 예약을 하고 싶어요.
> Quería hacer una reserva para cenar esta noche.
> 께리아 아쎄르 우나 레쎄르바 빠라 쎄나르 에쓰따 노체
> I'd like to make a reservation for tonight.

그 시간에는 만석입니다.
> A esa hora tenemos todo completo.
> 아 에싸 오라 떼네모쓰 또도 꼼쁠레또
> We have no table available at that time.

자리를 예약해 드리겠습니다.
> Le reservamos una mesa.
> 레 레쎄르바모쓰 우나 메싸
> We'll have the table ready for you.

8시에 2인 예약을 하고 싶어요.
> Quería hacer una reserva para dos personas a las ocho.
> 께리아 아쎄르 우나 레쎄르바 빠라 도쓰 뻬르쏘나쓰 아 라쓰 오쵸
> I'd like to reserve a table for two at eight o'clock.   참고 P.150   참고 P.152

드레스 코드 있나요?
> ¿Hay que vestir de etiqueta?
> 아이 께 베쓰띠르 데 에띠께따?
> Do you have a dress code?

원포인트 드레스 코드에 대해
레스토랑에 따라 드레스 코드가 정해진 곳이 있으므로, 예약 시에 확인하세요. 드레스 코드가 없는 곳이라면 기본적으로 자유롭게 입고 가도 좋지만, 분위기에 따라 복장을 고르는 것이 좋습니다. 점잖아 보이는 옷차림을 확인하고 준비해 봅시다.

| Smart Casual
캐주얼한 옷차림 | 평범한 레스토랑 등 | Elegant
격식 있는 옷차림 | 고급 레스토랑 등 |

가벼운 분위기의 평범한 옷차림도 좋습니다. 청바지는 입지 않는 편이 훨씬 보기 좋습니다.

남성 : 재킷 + 넥타이

여성 : 재킷 + 원피스에 악세사리 등으로 코디

몇 시에 예약을 할 수 있나요?

¿A qué hora podemos reservar?
아 께 오라 뽀데모쓰 레쎄르바르?
For what time can we reserve a table?

9시 반에 예약 가능합니다.

A las nueve y media podemos reservarle una mesa.
아 라쓰 누에베 이 메디아 뽀데모쓰 레쎄르바를레 우나 메싸
We can make a reservation at nine thirty.　참고 P.150　참고 P.152

레스토랑에서 해야 할 행동들

Scene 1

입구에서 이름을 말하고 안내에 따라 자리로 갑니다.

좋은 저녁입니다. 유나라는 이름으로 예약을 했습니다.
Buenas noches. Hice una reserva a nombre de Yuna.
부에나쓰 노체쓰 이쎄 우나 레쎄르바아 놈브레 데 유나

Scene 2

주문은 자신의 테이블 담당자에게

실례합니다. 주문 부탁드립니다.
Por favor, ¿me toma nota?
뽀르 빠보르, 메 또마 노따?

Scene 3

식사 중에는 소리를 내지 않도록 주의

실례합니다.
Perdón.
뻬르돈

Scene 4

떨어뜨린 물건은 본인이 직접 줍지 않습니다.

실례합니다만, 숟가락을 교체해 주실 수 있나요?
Por favor, ¿puede cambiarme la cuchara?
뽀르 빠보르, 뿌에데 깜비아르메 라 꾸차라?

Scene 5

식사 중에 자리를 뜰 경우

화장실이 어디인가요?
¿Dónde está el lavabo?
돈데 에쓰따 엘 라바보?

Scene 6

식사 중에 흡연은 가급적 삼가기

흡연 구역이 있나요?
¿Hay zona de fumadores?
아이 쏘나 데 뿌마도레쓰?

스페인에서 맛있는 식사를 해 볼까요?

그 지역의 기후와 관습을 느낄 수 있는 향토 요리는 그 지역에서 먹는 것이 최고!
현지에서만 맛볼 수 있는 요리를 이것저것 맛보세요.

식당에 들어설 때

무엇을 도와드릴까요?
¿Puedo ayudarle?
뿌에도 아유다를레?

자리 있나요?
¿Tiene alguna mesa?
띠에네 알구나 메싸?
Do you have a seat?

죄송합니다. 만석입니다.
Lo siento. Está completo.
로 씨엔또 에쓰따 꼼쁠레또
I'm sorry. All the tables are occupied tonight.

얼마나 기다려야 하나요?
¿Cuánto tendría que esperar?
꾸안또 뗀드리아 께 에쓰뻬라르?
How long do I have to wait?

30분입니다.
Treinta minutos.
뜨레인따 미누또쓰
Thirty minutes.

참고 P.150   참고 P.152

알겠습니다. 기다릴게요. / 나중에 다시 올게요.
Bien, esperaremos. / Volveremos en otra ocasión.
비엔, 에쓰뻬라레모쓰 / 볼베레모쓰 엔 오뜨라 오까씨온
OK, we'll wait. / We'll come back again.

실례합니다. 메뉴와 와인 리스트를 볼 수 있나요?
Perdón, ¿puede traerme el menú y la carta de vinos?
뻬르돈, 뿌에데 뜨라에르메 엘 메누 이 라 까르따 데 비노쓰?
Can I see the menu and the wine list?

무엇을 추천하시나요?
¿Qué plato recomiendan?
께 쁠라또 레꼬미엔단?
What do you recommend?

주문 부탁드려요.
¿Puede tomarme nota?
뿌에데 또마르메 노따?

이 지역의 음식 있나요?
¿Tiene alguna comida típica del lugar?
띠에네 알구나 꼬미다 띠삐까 델 루가르?
Do you have any local food?

빠에야와 초리소 부탁드립니다.
Paella y chorizo, por favor.
빠에야 이 쵸리쏘, 뽀르 빠보르
I'd like a paella and a chorizo.

참고 P.48

이 요리를 나눠 먹을게요.
Compartiremos este plato.
꼼빠르띠레모쓰 에쓰떼 쁠라또
We'll share this dish.

주문한 걸 취소할 수 있을까요?	**¿Puedo cancelar lo que he pedido?** 뿌에도 깐쎌라르 로 께 에 뻬디도? Can I cancel my order?
실례합니다만, 주문을 바꿀 수 있을까요?	**¿Puede cambiar lo que he pedido, por favor?** 뿌에데 깜비아르 로 께 에 뻬디도, 뽀르 빠보르? Can you change my order, please?

식사 중에

잘 먹겠습니다.
Que aproveche.
께 아쁘로베체

이 음식을 어떻게 먹나요?	**¿Cómo se coma esta comida?** 꼬모 쎄 꼬마 에쓰따 꼬미다? Could you tell me how to eat this?
실례합니다. <u>나이프</u>가 없어요.	**Perdón, no hay cuchillo.** 뻬르돈, 노 아이 꾸치요 Excuse me, I didn't get a knife.
<u>숟가락을[포크를]</u> 떨어트렸어요.	**Se me ha caído la cuchara [el tenedor].** 쎄 메 아 까이도 라 꾸챠라 [엘 떼네도르] I dropped my spoon[fork].
<u>탄산 없는 미네랄 워터</u> 부탁드려요.	**Agua mineral sin gas, por favor.** 아구아 미네랄 씬 가쓰, 뽀르 빠보르 Mineral water without gas, please.
이 음식은 잘 익혀지지 않아서 날것으로 보여요.	**Esta comida no está muy hecha, parece cruda.** 에쓰따 꼬미다 노 에쓰따 무이 에챠, 빠레쎄 끄루다 This dish is rather raw.
유리잔이 더러운데, 다른 것으로 바꿀 수 있을까요?	**El vaso está sucio, ¿puede traer otro?** 엘 바쏘 에쓰따 쑤시오, 뿌에데 뜨라에르 오뜨로? My glass is dirty. I'd like another one.
실례합니다만, 테이블을 정리해 주실 수 있나요?	**Por favor, ¿puede limpiar la mesa?** 뽀르 빠보르, 뿌에데 림삐아르 라 메싸? Can you clear the table?
와인을 쏟았어요.	**He derramado el vino.** 에 데라마도 엘 비노 I spilled my wine.
실례합니다만, 이곳을 닦아 주세요.	**Por favor, ¿puede limpiar aquí?** 뽀르 빠보르, 뿌에데 림삐아르 아끼? Could you wipe here, please?

스페인에서 맛있는 식사를 해 볼까요?

디저트를 맛보고 싶다면

디저트 메뉴 부탁드려요.	**Por favor, la carta de postres.** 뽀르 빠보르, 라 까르따 데 뽀쓰뜨레쓰 Do you have a dessert menu?
어떤 디저트를 추천하시나요?	**¿Qué postre me recomienda?** 께 뽀쓰뜨레 메 레꼬미엔다? Which dessert do you recommend?
배 타르트 부탁드려요.	**Tarta de pera, por favor.** 따르따 데 뻬라, 뽀르 빠보르 The pear tarte, please.
아직 다 먹지 않았어요.	**Todavía no terminé de comer.** 또다비아 노 떼르미네 데 꼬메르 I've not finished yet.
커피 한 잔 더 부탁드려요.	**Otro café, por favor.** 오뜨로 까뻬, 뽀르 빠보르 I'd like another cup of coffee, please.

계산할 때

계산서 부탁드려요.	**La cuenta, por favor.** 라 꾸엔따, 뽀르 빠보르 Check, please.
정말 좋은 시간이었습니다. 정말 감사합니다.	**Lo hemos pasado muy bien. Muchas gracias.** 로 에모쓰 빠싸도 무이 비엔 무챠쓰 그라씨아쓰 I really enjoyed my stay. Thank you.
전부 얼마인가요?	**¿Cuánto es todo?** 꾸안또 에쓰 또도? How much is the total?
이건 뭐에 대한 가격인가요?	**¿Qué precio tiene esto?** 께 쁘레씨오 띠에네 에쓰또? What's this charge for?

음식이 정말 맛있었어요.
La comida estaba muy buena.
라 꼬미다 에쓰따바 무이 부에나

계산서가 잘못된 것 같아요.
Parece que hay un error en la cuenta.
바레쎄 께 아이 운 에로르 엔 라 꾸엔따
I think the check is incorrect.

샐러드를 주문하지 않았 어요.
No he pedido ensalada.
노 에 뻬디도 엔쌀라다
I didn't order a salad.

계산서를 다시 봐 주실 수 있나요?
¿Podría revisar la cuenta?
뽀드리아 레비싸르 라 꾸엔따?
Could you check it again?

제 방 앞으로 가격을 달아 주세요.
Cárguelo a la cuenta de mi habitación, por favor.
까르겔로 아 라 꾸엔따 데 미 아비따씨온, 뽀르 빠보르
Will you charge it to my room, please?

신용카드로 지불 가능한 가요?
¿Se puede pagar con tarjeta de crédito?
쎄 뿌에데 빠가르 꼰 따르헤따 데 끄레디또?
Do you accept credit cards?

여행자 수표로 지불할게요.
Pagaré con cheques de viaje.
빠가레 꼰 체께쓰 데 비아헤
I'll pay by traveler's checks.

한마디 문장 표현

정말 맛있어요!
¡Qué bueno!
께 부에노

전부 다 맛있었어요.
Todo ha estado muy bien.
또도 아 에쓰따도 무이 비엔

배불러요 .
Estoy llena.
에쓰또이 예나

집으로 가져갈 수 있을까요 ?
¿Podría llevármelo a casa?
뽀드리아 예바르멜로 아 까싸?

음식이 맛있었어요.
La comida ha sido excelente.
라 꼬미다 아 씨도 엑쎌렌떼

이것 좀 내려 주세요.
Baje esto, por favor.
바헤 에쓰또, 뽀르 빠보르

영수증 좀 가져다 주시겠어요 ?
¿Podría darme recibo, por favor?
뽀드리아 다르메 레씨보, 뽀르 빠보르?

LOOK

| □□□□□ 있나요? |
| ¿Tiene □□□□□ ? |
| 띠에네 □□□□□ ? |
| Do you have □□□□□ ? |

향토요리
Comida típica
꼬미다 띠삐까

카탈루냐
요리입니다.

esqueixada
에쓰께익싸다

● 【에스퀘이사다】

zarzuela
싸르쑤엘라

● 【사르수엘라】

espinacas a la catalana
에쓰삐나까쓰 아 라 까딸라나

● 【카탈루냐식 시금치 요리】

butifarra
부띠빠라

● 【부티파라】

habas a la catalana
아바쓰 아 라 까딸라나

● 【카탈루냐식 누에콩 요리】

buñuelos de bacalao
부뉴엘로쓰 데 바깔라오

● 【대구 튀김】

ensalada de marisco
엔쌀라다 데 마리쓰꼬

● 【해산물 샐러드】

escalibada
에쓰깔리바다

● 【에스칼리바다】

카스티아
요리입니다.

cochinillo asado
꼬치니요 아싸도

● 【아기 돼지 통구이】

sopa de castilla
쏘빠 데 까쓰띠야

● 【카스티야식 수프】

cocido
꼬씨도

● 【코시도】

bacalao al ajo arriero
바깔라오 알 아호 아리에로

● 【마늘 소스 대구 요리】

codorniz escabechada
꼬도르니쓰 에쓰까베챠다

● 【식초에 담근 메추라기 요리】

sopa de ajo
쏘빠 데 아호

● 【마늘 수프】

안달루시아
요리입니다.

gazpacho
가쓰빠쵸

● 【가스파초】

salmorejo
쌀모레호

● 【살모레호】

rabo de toro
라보 데 또로

● 【황소 꼬리 스튜】

flamenquín huevo
쁠라멩낀 우에보

● 【달걀 플라멘킨】

발렌시아 요리입니다.

paella valenciana
빠에야 발렌씨아나

● 【발렌시아식 빠에야】

esgarraet con mojama
에쓰가라에드 꼰 모하마

● 【모하마를 올린 에스가라엣】

consomé con pelotas
꼰쏘메 꼰 뻴로따쓰

● 【뻴로따스가 들어간 콘소메】

바스크 요리입니다.

pinchos
삔쵸쓰

● 【핀초】

rape
라뻬

● 【아귀 요리】

angulas de aguinaga
안굴라쓰 데 아구이나가

● 【새끼 뱀장어 요리】

bacalao al pil pil
바깔라오 알 삘 삘

● 【대구 필필】

cocochas
꼬꼬챠쓰

● 【코코차】

갈리시아 요리입니다.

gambas a la plancha
감바쓰 아 라 쁠란챠

● 【구운 새우】

merluza a la gallega
메를루싸 아 라 가예가

● 【갈리시아식 메를루사 요리】

pulpo a la gallega
뿌르뽀 아 라 가예가

● 【갈리시아식 문어 요리】

lacón con grelos
라꼰 꼰 그렐로쓰

● 【그렐로스와 돼지 넓적다리】

아스투리아스 요리입니다.

fabada asturiana
빠바다 아쓰뚜리아나

● 【아스투리아스식 파바다】

merluza a la sidra
메를루싸 아 라 씨드라

● 【사과주 메를루사 요리】

타파스

Tapas
따빠쓰

어패류로 만든 타파스입니다.

mejillones al vapor
메히요네쓰 알 바뽀르

● 【홍합찜】

boquerones fritos
보께로네쓰 쁘리또쓰

● 【멸치튀김】

calamares fritos
깔라마레쓰 쁘리또쓰

● 【오징어튀김】

boquerones en vinagre
보께로네쓰 엔 비나그레

● 【멸치 식초 요리】

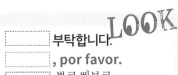

□□□□ 부탁합니다. **LOOK**

□□□□ , por favor.

뽀르 빠보르

□□□□ ,please.

gambas al ajillo
감바쓰 알 아히요

● 【마늘 소스 새우 요리】

almejas a la marinera
알메하쓰 아 라 마리네라

● 【바지락 해산물 요리】

merluza frita
메를루싸 쁘리따

● 【메를루사 튀김】

chipirones en su tinta
치삐로네쓰 엔 쑤 띤따

● 【작은 오징어 먹물 요리】

navajas salteadas al ajillo
나바하쓰 쌀떼아다쓰 알 아히요

● 【마늘 소스 맛조개 튀김】

육류로 만든
타파스입니다.

callos a la madrileña
까요쓰 아 라 마드릴레냐

● 【마드리드식 카요스】

pincho moruno
삔쵸 모루노

● 【핀초 모루노】

albóndigas
알본디가쓰

● 【알본디가】

oreja
오레하

● 【돼지 귀 요리】

jamón serrano
하몬 쎄라노

● 【생햄】

야채로 만든
타파스입니다.

verduras asadas
베르두라쓰 아싸다쓰

● 【구운 야채】

pan con tomate
빤 꼰 또마떼

● 【토마토를 올린 빵】

aceitunas
아쎄이뚜나쓰

● 【올리브】

pimientos asados
삐미엔또쓰 아싸도쓰

● 【구운 피망】

ensaladilla de arroz
엔쌀라디야 데 아로쓰

● 【쌀 샐러드】

patatas con ali oli
빠따따쓰 꼰 알리 올리

● 【알리올리 소스를 얹은 감자】

patatas bravas
빠따따쓰 브라바쓰

● 【감자 브라바스】

ensaladilla rusa
엔쌀라디야 루싸

● 【러시아식 샐러드】

그 외의 타파스
입니다.

croquetas
끄로께따쓰

● 【크로켓】

50

tortilla de patatas 또르띠야 데 빠따따쓰 ● 【감자 토르티야】	**caracoles** 까라꼴레쓰 ● 【달팽이 요리】	**patatas fritas** 빠따따쓰 쁘리따쓰 ● 【감자튀김】	재료 **Ingredientes** 인그레디엔떼쓰
carne de vaca 까르네 데 바까 ● 【소고기】	**carne de ternera** 까르네 데 떼르네라 ● 【송아지고기】	**carne de pollo** 까르네 데 뽀요 ● 【닭고기】	**carne de cerdo** 까르네 데 쎄르도 ● 【돼지고기】
carne de cordero 까르네 데 꼬르데로 ● 【양고기】	**carne de cabrito** 까르네 데 까브리또 ● 【염소 고기】	**conejo** 꼬네호 ● 【토끼 고기】	**codorniz** 꼬도르니쓰 ● 【메추라기 고기】
muslo 무쓸로 ● 【넓적다리 살】	**chuletas** 츌레따쓰 ● 【갈빗살】	**rabo** 라보 ● 【꼬리】	**huevos** 우에보쓰 ● 【계란】
merluza 메를루싸 ● 【메를루사】	**calamares** 깔라마레쓰 ● 【오징어】	**sardinas** 싸르디나쓰 ● 【정어리】	**mejillones** 메히요네쓰 ● 【홍합】
anguila 안길라 ● 【뱀장어】	**anchoas** 안쵸아쓰 ● 【멸치】	**navajas** 나바하쓰 ● 【맛조개】	**pulpo** 뿌르뽀 ● 【문어】
cangrejo 깐그레호 ● 【게】	**tomate** 또마떼 ● 【토마토】	**patatas** 빠따따쓰 ● 【감자】	**cebolla** 쎄보야 ● 【양파】
pepino 뻬삐노 ● 【오이】	**pimientos** 삐미엔또쓰 ● 【피망】	**zanahoria** 싸나오리아 ● 【당근】	**berenjena** 베렌헤나 ● 【가지】
setas 쎄따쓰 ● 【버섯】	**espárragos** 에쓰빠라고쓰 ● 【아스파라거스】	**brócoli** 브로꼴리 ● 【브로콜리】	**coliflor** 꼴리쁠로르 ● 【콜리플라워】
espinacas 에쓰삐나까쓰 ● 【시금치】	**habichuelas** 아비츄엘라쓰 ● 【강낭콩】	**habas** 아바쓰 ● 【누에콩】	**apio** 아삐오 ● 【셀러리】
col 꼴 ● 【양배추】	**lechuga** 레츄가 ● 【양상추】	**aguacate** 아구아까떼 ● 【아보카도】	**arroz** 아로쓰 ● 【쌀】

LOOK

	부탁합니다.
	, por favor.
	뽀르 빠보르
	, please.

향토 디저트
Postres típicos de la región
뽀쓰뜨레쓰 띠삐
꼬쓰 데 라 레히온

coca
꼬까
● 【코카】

crema catalana
끄레마 까딸라나
● 【크레마 카탈라나】

mazapán
마싸빤
● 【마자판】

pionono
삐오노노
스펀지 케이크에
달달한 크림이
얹어진 안달루시
아 과자
● 【피오노노】

음료
Bebidas
베비다쓰

vino tinto
비노 띤또
● 【레드 와인】

vino blanco
비노 블랑꼬
● 【화이트 와인】

vino rosado
비노 로싸도
● 【로제 와인】

cava
까바
카탈루냐 지방에
서 생산되는 스파
클링 와인.
● 【카바】

jerez
헤레쓰
헤레쓰와 그 주변
동네에서 독특한
제조법으로 만들
어진 와인
● 【헤레스】

sangría
쌍그리아
레드 와인에
감귤류의 과
일을 넣어 맛
을 낸 것.
● 【샹그리아】

tinto de verano
띤또 데 베라노
● 【와인 샹그리아】

cerveza
쎄르베싸
● 【맥주】

caña
까냐
● 【생맥주】

café
까뻬
● 【커피】

té
떼
● 【차】

zumo
쑤모
● 【주스】

horchata
오르챠따
● 【오르차타】

whisky
위쓰끼
● 【위스키】

ginebra
지네브라
● 【진】

brandy
브란디
● 【브랜디】

cocktail
꼭끄떼일
● 【칵테일】

soda
쏘다
● 【소다】

coca cola
꼬까 꼴라
● 【코카 콜라】

	a la plancha 아 라 쁠란챠 ● 【철판에 구은】	**al horno** 알 오르노 ● 【오븐에 구운】	**hervido** 에르비도 ● 【끓인】
조리법 Método de coinado	**bañado en aceite** 바냐도 엔 아쎄이떼 ● 【오일을 바른】	**marinado** 마리나도 ● 【양념이 밴】	**cocido** 꼬씨도 ● 【삶은】
frito 쁘리또 ● 【튀긴】	**machacado** 마챠까도 ● 【빻은】	**crudo** 끄루도 ● 【날것】	**fresco** 쁘레쓰꼬 ● 【신선한】
cortado a rodajas 꼬르따도 아 로다하쓰 ● 【링 모양으로 썰린】	**especias** 에쓰뻬씨아쓰 ● 【양념을 친】	**sazonado** 싸쏘나도 ● 【조미된】	**ahumado** 아우마도 ● 【훈제된】
al vapor 알 바뽀르 ● 【찐】	**조미료** Condimentos 꼰디멘또쓰	**aceite de oliva** 아쎄이떼 데 올리바 ● 【올리브 오일】	**vinagre de vino** 비나그레 데 비노 ● 【와인 식초】
relleno 레예노 ● 【안을 채운】		**vinagre balsámico** 비나그레 발싸미꼬 ● 【발사믹 식초】	**aceite** 아쎄이떼 ● 【기름】
vinagre 비나그레 ● 【식초】	**pimienta** 삐미엔따 ● 【후추】	**sal** 쌀 ● 【소금】	**azúcar** 아쑤까르 ● 【설탕】
mostaza 모쓰타싸 ● 【겨자】	**pimentón** 삐멘똔 ● 【피망 가루】	**hierbas** 이에르바쓰 ● 【허브】	**pimiento picante** 삐미엔또 삐깐떼 ● 【매운 고추】
ajo 아호 ● 【마늘】	**mayonesa** 마요네싸 ● 【마요네즈】	**맛** Sabores 싸보레쓰	**picante** 삐깐떼 ● 【매운】
mayonesa de ali oli 마요네싸 데 알리 올리 ● 【알리올리 마요네즈】	**mantequilla** 만떼끼야 ● 【버터】		**ácido** 아씨도 ● 【시다】
dulce 둘쎄 ● 【달다】	**salado** 쌀라도 ● 【짜다】	**amargo** 아마르고 ● 【쓰다】	**seco** 쎄꼬 ● 【건조하디】
semi seco 쎄미 쎄꼬 ● 【약간 건조하다】	**dulce** 둘세 ● 【달다】	**caliente** 깔리엔떼 ● 【뜨겁다】	**frío** 쁘리오 ● 【차갑다】

바에서 여러 가지 타파스를 맛봅시다.

술과 함께 먹을 수 있도록 발전한 타파스는 식사로도 손색이 없습니다.
다양한 종류를 즐길 수 있습니다! 먼저 가게에서 추천하는 타파스부터 먹어 봅시다.

타파스를 주문해 봅시다

주문할게요.	**Por favor, ¿me toma nota?** 뽀르 빠보르, 메 또마 노따? I'd like to order, please.
어떤 타파스를 추천하시나요?	**¿Qué tapas me recomienda?** 께 따빠쓰 메 레꼬미엔다? What tapas do you recommend?
<u>스페인식 토르티야</u> 있나요?	**¿Tiene tortilla española?** 띠에네 또르띠야 에쓰빠뇰라? Do you have a tortilla española?
<u>크로켓</u> 부탁드려요.	**Unas croquetas, por favor.** 우나쓰 끄로께따쓰, 뽀르 빠보레 I'd like a croquette, please.
한국어 메뉴 있나요?	**¿Tiene una carta en coreano?** 띠에네 우나 까르따 엔 꼬레아노? Do you have a Korean menu?
이 요리는 어떤 요리인가요?	**¿Cómo es este plato?** 꼬모 에쓰 에쓰떼 쁠라또? What is this dish like?
어떤 생선요리를 추천하시나요?	**¿Qué pescado me recomienda?** 께 뻬쓰까도 메 레꼬미엔다? Which fish dish do you recommend?
<u>초리소</u> 토르티야 있나요?	**¿Tiene tortilla de chorizo?** 띠에네 또르띠야 데 쵸리쏘? Do you have a tortilla with some chorizos?
녹색 채소 샐러드 있나요?	**¿Tiene ensalada verde?** 띠에네 엔쌀라다 베르데? Do you have a green salad?
사이드 메뉴 같은 거 있나요?	**¿Tiene algún plato de acompañamiento?** 띠에네 알군 쁠라또 데 아꼼빠냐미엔또? Do you have any side dishes?

타파스의 종류

마늘소스 양송이 버섯
champiñones al ajillo
샴피뇨네스 알 아히요

버섯 철판구이. 두터운 버섯 위에 마늘, 초리조, 파슬리를 얹어 구운 것이다.

라만차 치즈
queso manchego
께쏘 만체고

라만차 지방의 염소 치즈. 강한 향과 찡한 매운 맛이 특징이다. 스페인 치즈 중에서도 인기가 있어 바에서 흔하다.

초리소
chorizo
쵸리쏘

허브와 향신료를 넣은 드라이 소시지. 그대로 먹어도 볶거나 쪄먹어도 맛있다. 지방에 따라 종류가 다양하다.

달팽이 요리
caracoles
까라꼴레스

달팽이를 마늘과 레드 와인으로 끓인 요리. 소라와 같은 식감을 느낄 수 있다. 토마토소스에 끓인 것도 있다.

올리브
aceitunas
아쎄이투나쓰

스페인 특산물 중 하나로 올리브 소금 절임이다. 술안주로도 좋다. 종류는 그린과 완숙에 가까운 블랙이 일반적이다.

감자 토르티야
tortilla de patatas
또르띠야 데 빠따쓰

감자와 양파가 들어간 스페인풍 오믈렛. 시금치나 초리조가 들어간 것 등 종류가 다양하다.

파드론 고추
pimientos de padrón
삐미엔또쓰 데 빠드론

풋고추를 닮은 야채인 피멘토를 올리브 오일로 살짝 볶은 것. 가끔 매운 것도 있으므로 주의하자.

크로켓
croquetas
끄로께따쓰

한국에서의 크로켓보다 더 작게 만든 크로켓 속재료는 가게에 따라 다르지만 화이트소스가 메인이다.

러시아식 샐러드
ensaladilla rusa
엔쌀라디야 루싸

한국의 포테이토 샐러드보다는 크림 같은 느낌이 덜한 포테이토 샐러드로, 스페인판 소울 푸드다. 마요네즈 소스와 궁합이 잘 맞는다.

토마토를 올린 빵
pan con tomate
빤 꼰 또마떼

빵의 겉면에 잘 익은 토마토를 발라 올리브 오일을 뿌린 카탈루냐 지방의 명물. 햄 등을 얹어 먹는 것을 추천한다.

작은 오징어먹물 요리
chipirones en su tinta
치삐로네쓰 엔 쑤 띤따

작은 오징어와 먹물, 여러 가지 야채를 함께 넣고 차분히 끓여 만든 영양 만점의 인기 메뉴. 조금 진하게 맛을 내기 때문에 밥과 곁들이면 맛있다.

마드리드식 카요스
callos a la madrileña
까요쓰 아 라 마드릴레냐

돼지 내장을 끓여 만든 요리로, 전골 요리 같지만 향은 전혀 그렇지 않다. 약간 걸쭉함이 있어 감칠맛이 나는 수프 느낌이다. 꼭 맛보기를 추천한다.

55

길거리 카페에서 쉬어가기

차분한 내부 장식이 매력적인 길거리 카페와 최신 트렌드의 가게 등
마음에 드는 카페를 찾아 거리를 산책하는 것도 즐겁네요.

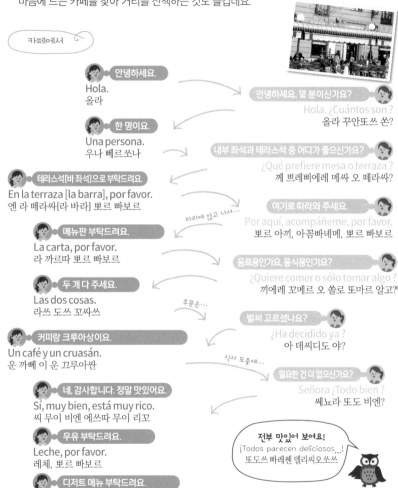

카페에서

안녕하세요.
Hola.
올라

안녕하세요, 몇 분이신가요?
Hola. ¿Cuántos son ?
올라 꾸안또쓰 쏜?

한 명이요.
Una persona.
우나 뻬르쏘나

내부 좌석과 테라스석 중 어디가 좋으신가요?
¿Qué prefiere mesa o terraza ?
께 쁘레비에레 메싸 오 떼라싸?

테라스석[바 좌석]으로 부탁드려요.
En la terraza [la barra], por favor.
엔 라 떼라싸[라 바라] 뽀르 빠보르

자리에 앉고 나서…

여기로 따라와 주세요.
Por aquí, acompáñeme, por favor.
뽀르 아끼, 아꼼빠녜메, 뽀르 빠보르

메뉴판 부탁드려요.
La carta, por favor.
라 까르따 뽀르 빠보르

음료용인가요, 음식용인가요?
¿Quiere comer o sólo tomar algo ?
끼에레 꼬메르 오 쏠로 또마르 알고?

두 개 다 주세요.
Las dos cosas.
라쓰 도쓰 꼬싸쓰

주문은…

커피랑 크루아상이요.
Un café y un cruasán.
운 까뻬 이 운 끄루아싼

벌써 고르셨나요?
¿Ha decidido ya ?
아 데씨디도 야?

식사 도중에…

필요한 건 더 없으신가요?
Señora ¿Todo bien ?
쎄뇨라 또도 비엔?

네, 감사합니다. 정말 맛있어요.
Sí, muy bien, está muy rico.
씨 무이 비엔 에쓰따 무이 리꼬

우유 부탁드려요.
Leche, por favor.
레체, 뽀르 빠보르

전부 맛있어 보여요!
¡Todos parecen deliciosos …!
또도쓰 빠레쎈 델리씨오쓰쓰

디저트 메뉴 부탁드려요.
La carta de postres, por favor.
라 까르따 데 뽀쓰뜨레쓰, 뽀르 빠보르

56

메뉴에 대해 물어봅시다

세트 메뉴 있나요?	**¿Tiene menú?** 띠에네 메누? Do you have a set meal?
이건 뭔가요?	**¿Qué es esto?** 께 에쓰 에쓰또? What is this?
무엇을 추천하나요?	**¿Qué recomiendan?** 께 레꼬미엔단? Which do you recommend?
저도 같은 것으로 할게요.	**Yo también tomaré lo mismo.** 요 땀비엔 또마레 로 미쓰모 Same for me.
오늘의 요리[디저트]는 무엇인가요?	**¿Cuál es el plato [postre] del día?** 꾸알 에쓰 엘 쁠라또[뽀쓰뜨레] 델 디아? What is today's dish [dessert]?
이 요리 나눠 먹어도 될까요?	**¿Podemos compartir este plato?** 뽀데모쓰 꼼빠르띠르 에쓰떼 쁠라또? Is it possible to share this dish?
실례합니다만, 커피 한 잔 더 주세요.	**Por favor, una taza más de café.** 뽀르 빠보르, 우나 따싸 마쓰 데 까뻬 Could I have another cup of coffee, please?

원포인트 커피 이야기

주문을 할 때 커피라고 말하지만 종류가 갖가지입니다.
대표적인 커피 모음입니다. 한국에서와 다른 이름이므로 주문할 때 주의합시다!

까뻬 쏠로 Café solo	까뻬 꼰 레체 Café con leche	까뻬 꼬르따도 Café cortado	만챠도 Manchado	데쓰까뻬이나도 Descafeinado
작은 컵에 나오는 에스프레소	카페오레. 주로 아침 식사 후 마신다.	우유를 조금 넣은 커피	에스프레소에 우유를 조금 넣은 것	카페인이 들어 있지 않은 커피

LOOK

┌─────────────┐
│   │ 부탁합니다.
└─────────────┘

┌─────────────┐
│   │ , por favor.
└─────────────┘
        뽀르 빠보르
┌─────────────┐
│   │ ,please.
└─────────────┘

┌──────────────────┐
│   카페 메뉴   │
│   Menú cafetería │
│   메뉴 까뻬떼리아   │
└──────────────────┘

bollos
보요쓰

● 【보요】

chocolate con churros 쵸꼴로떼 꼰 츄로쓰	**porras** 뽀라쓰	**tarta de santiago** 따르따 데 싼띠아고	**panecillo** 빠네씨요
● 【추로스와 초콜릿】	● 【뽀라】	● 【산티아고식 타르트】	● 【빠네씨요】
helado 엘라도	**galleta** 가예따	**macarrón** 마까론	**chocolate** 쵸꼴라떼
● 【아이스크림】	● 【비스킷】	● 【마카롱】	● 【초콜릿】
café 까뻬	**té** 떼	**zumo** 쑤모	**agua mineral** 아구아 미네랄
● 【커피】	● 【차】	● 【주스】	● 【미네랄워터】
agua mineral con gas 아구아 미네랄 꼰 가쓰	**café con hielo** 까뻬 꼰 이엘로	**infusión** 인뿌씨온	
● 【탄산수】	● 【아이스커피】	● 【허브차】	
té con limón 떼 꼰 리몬	**chocolate** 쵸꼴라떼	**coca cola** 꼬까 꼴라	
● 【레몬차】	● 【코코아】	● 【코카 콜라】	

카페에서 느긋하게 있어 봅시다.

참고 P.52

뜨거운[따뜻한] 우유 부탁드립니다.

La leche caliente [templada], por favor.
라 레체   깔리엔떼[뗌쁠라다],   뽀르 빠보르
Hot [Warm] milk, please.

커피를 잔[컵]에 주세요.

Sírvame el café en taza [vaso], por favor.
씨르바메   엘 까뻬 엔 따싸[바쏘],   뽀르 빠보르
I'd like my coffee in a cup (glass) , please.

58

치즈와 올리브 오일을 사러 가 봅시다.

치즈 종류

흰 곰팡이 치즈
moho blanco
모오 블랑꼬
— 표면이 흰 곰팡이로 되어 있어 순하고 풍성한 맛이 난다.

프레스코 치즈
fresco
쁘레쓰꼬
— 숙성시키지 않은 치즈로 갓 만든 것이 맛있다.

세미하드
semi duro
쎄미 두로
— 천천히 숙성시킨 치즈로 비교적 딱딱한 치즈이다.

워시
lavado
라바도
— 농후한 맛으로, 와인과 잘 맞는다.
참고 P.61

올리브 오일 종류

엑스트라 버진
virgen extra
비르헨 엑쓰뜨라
— 풍미가 아주 좋다. 산도가 0.8% 이하로 낮은 최고급 오일이다.

파인 버진
virgen fino
비르헨 피노
— 산도가 2% 이하로, 풍미와 향이 꽤 좋은 오일이다.

버진
virgen normal
비르헨 노르말
— 산도가 3.3% 이하로 엑스트라보다는 뒤떨어지지만 괜찮은 풍미가 있는 오일

퓨어 올리브유
aceite de oliva puro
아쎄이떼 데 올리바 뿌로
— 버진 오일과 정제한 오일을 블랜드한 오일이다.

AOP란?
EU 원산지의 농산물 보호와 품질 보증을 목적으로 한 인증 제도입니다. 인정 상품에는 AOP마크가 표시되어 있습니다.

도움이 되는 단어장 WORD

양 우유	leche de oveja 레체 데 오베하	지역 산물	producto regional 쁘로두끄또 레히오날	평균의	medio 메디오
재료	ingredientes 인그레디엔떼쓰	산미	acidez 아씨데쓰	크림의	cremoso 끄레모쏘
		바디감 있는	con cuerpo 꼰 꾸에르뽀	소금기가 많은	salado 쌀라도
		부드러운	suave 쑤아베	향기가 있는	con aroma 꼰 아로마

치즈나 올리브 오일을 사 봅시다

__만체고 150그램 주세요.__
Póngame 150 gramos de manchego, por favor.
뽄가메 150 그라모쓰 데 만체고, 뽀르 빠보르
150 grams of manchego, please.
참고 P.61　참고 P.150

이 올리브 오일 500ml 살 수 있을까요?
¿Quisiera comprar 500 mililitros de este aceite de oliva?
끼씨에라 꼼쁘라르 500 밀리리프로쓰 데 에쓰떼 아쎄이떼 데 올리바?
Could I have 500 ml of this olive oil?
참고 P.150

이건 뭐로 만들어진 건가요?
¿De qué está hecho esto?
데 께 에쓰따 에쵸 에쓰또?
What is this made from?

치즈, 생햄, 소시지를 사 봅시다.

스페인 각지의 다양한 자연 환경에서 태어난 치즈, 생햄, 소시지는
종류도 여러 가지이며 개성이 넘쳐납니다. 이것저것 맛보고 구입해 보세요!

주문을 해 봅시다

안녕하세요.
Hola.
올라

무엇을 도와드릴까요?
¿Puedo ayudarle?
뿌에도 아유다를레?

초리소랑 하몽 200그램을 원해요.
Quería 200 gramos de jamón y un chorizo.
께리아 200 그라모쓰 데 하몬 이 운 쵸리쏘

더 필요하신 거 있으신가요?
¿Desea algo más?
데쎄아 알고 마쓰?

치즈 100 그램을 사고 싶어요. / 더 없어요.
Quería comprar 100 gramos de queso. / Nada más.
께리아 꼼프라르 100 그라모쓰 데 께쏘   /나다 마쓰

15유로입니다.
Son 15 euros.
쏜 15 에우로쓰

50짜리 지폐만 있는데, 잔돈을 바꿔 주실 수 있나요?

Sólo tengo un billete de 50,
¿puede darme cambio?
쏠로 뗑고 운 비에떼 데 50, 뿌에데 다르메 깜비오?

네, 잔돈 받으세요. 35 유로입니다.
Sí, tome su cambio, 35 euros.
씨, 또메 쑤 깜비오. 35 에우로쓰

감사합니다.
Gracias.
그라씨아쓰

치즈나 생햄을 산다면, 현지 사람들에게도
친숙한 '보케리아'라고 불리는
산 조셉 시장을 추천합니다.
시장 안에서는 양에 맞춰 진공팩으로 포장
해 줍니다. 육제품은 통상 한국에 가지고 갈
수 없으므로 주의해야 합니다.

LOOK

┌─────────────┐
│ 부탁합니다.
│ , por favor.
│ 뽀르 빠보르
│ ,please.
└─────────────┘

치즈
Queso
께쏘

queso manchego
께쏘 만체고

강한 향과
톡쏘는 맛
이 독특하
다.

● 【만체고 치즈】

queso Extremadura
께쏘 엑쓰뜨레마두라

숟가락으로
먹는 크리미
한 치즈

● 【엑스트레마두라 치즈】

cabra artesano
까브라 아르떼싸노

향은 독특하
지만 먹기 편
한 치즈

● 【카브라 아르테사노】

manchego curado
만체고 꾸라도

농후한 식감
이 있어 레드
와인과 잘
어울린다.

● 【만체고 쿠라도】

cerrato Palencia Prouincis
쎄라또 빨렌씨아 쁘로인씨쓰

살짝 딱딱
한 타입의
치즈로 평
이한 맛.

● 【세라토 파렌시아 프로인시스】

crema Gallega
끄레마 가예가

사르르 부
드럽게 넘
어가는 식
감의 치즈

● 【크레마 가예가】

생햄
Jamón serrano
하몽 쎄라노

jamón serrano
하몽 쎄라노

● 【생햄】

jamón ibérico
하몽 이베리꼬

● 【이베리코 생햄】

소시지
Embutidos
엠부띠도쓰

chorizo de jabugo
쵸리쏘 데 하부고

● 【초리소 데 하부고】

chorizo de salamanca
쵸리쏘 데 쌀라만까

● 【초리소 데 살라만카】

morcilla de ibérica
모르씨야 데 이베리까

● 【모르시야 데 이베리카】

salchichón vic
쌀치촌 비끄

● 【살치촌 비크】

Aiguafreda salchichón a la pimienta
아이구아쁘레다 쌀치촌 아 라 삐미엔따

● 【아이구아프레다 살치촌 아 라 피미엔타】

Lérida Balaguer Secallona
레리다 발라게르 쎄까요나

● 【레리다 발라게르 세카요나】

잘 모를 때는

오늘은 무엇을 추천하시나요 ?

¿Qué recomiendan hoy?
께　　레꼬미엔단　　오이?
What do you recommend today?

빠에야의 본고장에서 맛보기

한국에서도 아주 유명한 스페인 요리라고 하면 빠에야죠.
빠에예라라고 불리는 전용 냄비에서 볶은 본고장의 맛을 직접 느껴 보세요.

검은 빠에야
paella negra
빠에야 네그라
오징어의 향이 풍미를 더한다.

메뉴를 볼 수 있을까요?
¿Puedo ver la carta?
뿌에도 베르 라 까르따?

해산물 빠에야
paella de mariscos
빠에야 데 마리쓰꼬쓰
새우나 조개 등 바다가 주는
행복이 듬뿍 들어가 있다.

피데우아 아 반다
fideuá a banda
삐데우아 아 반다
쌀 대신에 피디오스라고 불리는
파스타를 쓴다.

이 **빠에야**로 주세요.
Esta paella, por favor.
에쓰따 빠에야,
뽀르 빠보르

버섯과 대구살 빠에야
paella de setas y bacalao
빠에야 데 쩨따쓰 이 바깔라오
머시룸 등의 버섯과 대구살
이 들어가 있다.

빠에야 맛의 비밀

쌀 발렌시아 쌀은 한국 쌀보다 쌀알이 굵습니다. 밥을 지을 때 끈기가 적어 한 알 한 알씩 스프의 맛이 스며듭니다.

조미료 빠에야에 빼놓을 수 없는 향신료라고 하면 사프란입니다. 빠에야를 맛있어 보이게 하는 황금색이 바로 사프란입니다.

재료, 수프 여러 가지 재료와 함께 끓이면서 서로의 상승 효과로 더 맛있어진답니다. 쌀에 적절히 배인 수프야말로 빠에야의 진수입니다.

기본 회화

관광

맛집

쇼핑

뷰티

엔터테인먼트

호텔

교통수단

기본 정보

단어장

믹스 빠에야
paella mixta
빠에야 믹쓰따
닭고기 등이나 육류와 어패류, 야채가 함께 어우러져 있다.

숟가락이랑 접시 부탁드려요.
Una cuchara y un plato, por favor.
우나 꾸차라 이 운 쁠라또, 뽀르 빠보르

야채 빠에야
paella de verduras
빠에야 데 베르두라쓰
피망과 파프리카, 토마토 등 야채만 들어가 있다.

가재 빠에야
paella de langosta
빠에야 데 란고쓰따
가재와 어패류를 듬뿍 넣어 보기에도 신선해 보인다.

이 요리를 나눠 먹을게요.
Compartiremos esta comida.
꼼빠르띠레모쓰 에쓰따 꼬미다

아로쓰 아 반다
arroz a banda
아로쓰 아 반다
흰살 생선을 끓인 육수로 밥을 지어 요리한다.

63

테이크아웃으로 스페인의 식문화를 느껴 볼까요?

산책하는 도중에 가볍게 배를 채울 수 있는 테이크아웃 메뉴.
여행지에서 한 가지를 골라 푸른 하늘 아래서 맛보는 것도 별미입니다.

> **추로스 전문점에 가 봅시다.**
> 한국에서는 달콤한 간식으로 친숙한 추로스지만 본고장 스페인의
> 추로스는 그다지 달지 않고, 바삭한 맛입니다. 모양도 달팽이 모양
> 으로 튀겨 가위로 짧게 자른 모양과 말발굽 모양이 있습니다. 쇼콜
> 라테(진한 코코아)에 적셔서 먹습니다.

주문을 해 봅시다

 안녕하세요.

Hola.
올라

 무엇을 도와드릴까요?

¿Puedo ayudarle?
뿌에도 아유다를레?

 초콜렛과 추로스 하나 주세요.

Una de churros con chocolate, por favor.
우나 데 츄로쓰 꼰 쵸꼴라떼, 뽀르 빠보르

 여기서 드시고 가실 건가요?

¿Quieren comer aquí?
끼에렌 꼬메르 아끼?

 가져갈게요. / 여기서 먹을게요.

Es para llevar. / Para tomar aquí.
에쓰 빠라 예바르 / 빠라 또마르 아끼

 설탕도 뿌려 드릴까요?

¿Con azúcar?
꼰 아쑤까르

 네 감사합니다. / 아뇨 괜찮아요.

Sí, gracias. / No, gracias.
씨 그라씨아쓰 / 노 그라씨아쓰

 5유로입니다.

Son 5 euros.
쏜 5 에우로쓰

 (돈을 주며)네, 여기요.

Sí, tome.
씨, 또메

 정말 감사합니다.

Muchas gracias.
무챠쓰 그라씨아쓰

┌─────────────────┐
│ 부탁합니다.
│ , por favor.
│ 뽀르 빠보르
│ ,please.
└─────────────────┘

┌─────────────────┐
│ 테이크아웃 음식
│ **Comida para llevar**
│ 꼬미다 빠라 예바르
└─────────────────┘

bocadillo
보까디요

● 【샌드위치】

empanada
엠빠나다

● 【엠파나다】

tortilla
또르띠야

● 【토르티야】

pita
삐따

● 【피타】

pizza
삐싸

● 【피자】

hamburguesa
암부르게싸

● 【햄버거】

perrito caliente
뻬리또 깔리엔떼

● 【핫도그】

patatas fritas
빠따따쓰
쁘리따쓰

● 【감자튀김】

churros
츄로쓰

● 【추로스】

cruasán
끄루아싼

● 【크루아상】

helado
엘라도

● 【아이스크림】

chocolate
쵸꼴라떼

● 【코코아】

zumo natural
쑤모
나뚜랄

● 【생과일주스】 참고 P.52

원포인트 속 재료를 골라 봅시다.

┌─────────────────┐
│ 와 함께 주세요.
│ Con , por favor.
│ 꼰 뽀르 빠보르
└─────────────────┘

메를루사 소금절임
merluza a la sal
메를루싸아라쌀

상추
lechuga
레츄가

닭고기
pollo
뽀요

토마토
tomate
또마떼

속 재료는 물론 빵의 종류도 가지각색입니다.
다양한 조합으로 맛보세요.

| 그 외 다른 재료는 이렇게 말해요. | 생햄 jamón serrano 하몬 쎄라노 | 참치 atún 아뚠 | 야채 verdura 베르두라 | 치즈 queso 께쏘 | 계란 huevos 우에보쓰 | 버터 mantequilla. 만떼끼야 |

달달한 간식은 여행의 또 다른 재미죠

스페인 사람들은 달달한 과자를 아주 좋아합니다.
다양한 종류의 과자 중에서 오늘은 어떤 걸 먹어 볼까요?

크레마 카탈라나
crema catalana
끄레마 까딸라나

스페인판 크렘브륄레. 커스터
드 크림의 진한 맛이 특징.

또리하
torrija
또리하

달걀과 우유를 사용한 과자.
스페인판 프렌치 토스트.

헤이즐넛 타르트
tarta de avellana
따르따 데 아베야나

헤이즐넛을 누가 형태로 굳힌,
스페인 사람들이 가장 좋아하
는 전통 과자.

피오노노
pionono
삐오노노

그라나다 교외인 산타페의 향
토 과자. 스펀지 위에 단 크림
을 얹었다.

추로스
churros
츄로쓰

체에 거른 밀가루 반죽을 기름
에 튀겨, 핫초콜릿을 묻혀서 먹
는다.

마카롱
macarrón
마까론

색깔과 종류가 다양한 마카롱
은 보는 것만으로도 즐겁다. 다
양한 맛을 맛볼 수 있다.

주문해 봅시다

이 케이크들 중 하나 주세 요.	**Uno de estos pasteles, por favor.** 우노 데 에쓰또쓰 빠쓰뗄레쓰, 뽀르 빠보르 참고 P.150 I'll have one of these cakes.
무엇을 추천하시나요?	**¿Qué me recomienda?** 께 메 레꼬미엔다? What do you recommend?
마카롱 10개 주세요.	**10 macarróns, por favor.** 10 마까론쓰, 뽀르 빠보르 참고 P.150 Could I have 10 macarons?

과일에 대한 단어를 알아 둡시다.

블루베리	arándanos 아란다쓰	사과	manzana 만싸나	자두	ciruela 씨루엘라	살구	albaricoque 알바리꼬께
배	pera 뻬라	복숭아	melocotón 멜로꼬똔	딸기	fresa 쁘레싸	레몬	limón 리몬

레몬 무스
mousse de limón
무쓰 데 리몬

레몬을 사용한 달고 상큼한 풍미의 무스. 뒷맛이 상쾌하다.

페스티뇨
pestiño
뻬쓰띠뇨

일본의 '카린토'와 비슷한 맛의 기본적인 과자.

마자판
mazapán
마싸빤

아몬드 가루와 달걀노른자로 만든 트레도 지방의 명물로, 기본적인 맛의 과자.

투론
turrón
뚜론

아몬드와 피스타치오, 드라이 후르츠 등과 달걀흰자, 설탕을 섞어 만든 과자

라즈베리 타르트
tartaleta de frambuesa
따르딸레따 데 쁘람부에싸

라즈베리를 듬뿍 사용한 상큼한 케이크

코카
coca
꼬까

카탈루냐 지방의 과자. 조금 굳힌 파이 느낌이 나며 표면에는 설탕과 잣을 뿌렸다.

여기서 먹어도 될까요?	**¿Se puede comer aquí?** 쎄 뿌에데 꼬메르 아끼? Can I eat here?
선물용으로 포장해 주실 수 있나요?	**Envuélvamelo para regalo, por favor.** 엔부엘바멜로 빠라 레갈로, 뽀르 빠보르 Could you make it a gift?
오래 보관해도 괜찮나요?	**¿Aguantarán?** 아구안따란? Does it have a long keeping?

와인을 똑똑하게 고르는 방법

스페인이 세계에 자랑하는 최상 품질의 와인. 맛도 가격도 여러 가지이지만,
어떤 것을 살지 망설여진다면 점원에게 물어보면서 마음에 드는 와인을 골라 보세요.

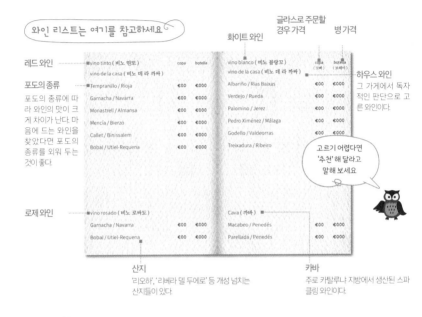

와인 리스트는 여기를 참고하세요

레드 와인 ┈ vino tinto (비노 띤또)
vino de la casa (비노 데 라 까싸)

포도의 종류
포도의 종류에 따
라 와인의 맛이 크
게 차이가 난다. 마
음에 드는 와인을
찾았다면 포도의
종류를 외워 두는
것이 좋다.

	copa	botella
Tempranillo / Rioja	€00	€000
Garnacha / Navarra	€00	€000
Monastrell / Almansa	€00	€000
Mencía / Bierzo	€00	€000
Callet / Binissalem	€00	€000
Bobal / Utiel-Requena	€00	€000

화이트 와인

vino blanco (비노 블랑꼬)
vino de la casa (비노 데 라 까싸)

	copa (꼬빠)	botella (보떼야)
Albariño / Rías Baixas	€00	€000
Verdejo / Rueda	€00	€000
Palomino / Jerez	€00	€000
Pedro Ximénez / Málaga	€00	€000
Godello / Valdeorras	€00	€000
Treixadura / Ribeiro	€00	€000

글라스로 주문할 경우 가격 / 병 가격

하우스 와인
그 가게에서 독자
적인 판단으로 고
른 와인이다.

고르기 어렵다면
'추천' 해 달라고
말해 보세요

로제 와인 ┈ vino rosado (비노 로짜도)

	copa	botella
Garnacha / Navarra	€00	€000
Bobal / Utiel-Requena	€00	€000

Cava (까바)

	copa	botella
Macabeo / Penedés	€00	€000
Parellada / Penedés	€00	€000

산지
'리오하', '리베라 델 두에로' 등 개성 넘치는
산지들이 있다.

카바
주로 카탈루냐 지방에서 생산된 스파
클링 와인이다.

와인 라벨 읽는 법

주조소 ┈ MARQUES DE GRIÑON

TEMPRANILLO ┈ 포도 품종

2001

BOTELLA

Nº 031409 ID

포도
수확 연도

원산지명칭
(DOC 는 최고 랭킹)

DE LA COLECCION PRIVADA

RIOJA ┈ 스페인 국내산지명

와인을 주문해 봅시다

이 와인을 주시겠어요?	**¿Quisiera este vino?** 끼씨에라 에쓰떼 비노? Can I have this wine?
어떤 와인을 추천하시나요?	**¿Qué vino me recomienda?** 께 비노 메 레꼬미엔다? Could you recommend some wine?
어떤 게 단가요[드라이한가요]?	**¿Cuál es dulce [seco]?** 꾸알 에쓰 둘쎄 [쎄꼬]? Which one is sweet[dry]?
이 지역 특산 와인은 어떤 건가요?	**¿Cuál es el vino de la región?** 꾸알 에쓰 엘 비노 데 라 레히온? Which one is the local wine?
좀 더 가벼운 와인은 없나요?	**¿Tiene algún vino ligero?** 띠에네 알군 비노 리헤로? Do you have a light wine?
물 부탁드려요.	**Agua, por favor.** 아구아 뽀르 빠보르 Water, please.
4잔 부탁드려요	**Cuatro vasos, por favor.** 꾸아뜨로 바쓰쓰, 뽀르 빠보르 Four glasses, please. 참고 P.150
좀 더 싼 거 있나요?	**¿Tiene uno más barato?** 띠에네 우노 마쓰 바라또? Do you have a cheaper one?

도움이 되는 단어장 WORD

		포도	uva 우바	단맛	dulce 둘쎄
		입맛에 맞다	bueno al paladar 부에노 알 빨라다르	산미	acidez 아씨데쓰
원산지	origen 오리헨	병	botella 보떼야	향기	aroma 아로마
인증	marca 마르까	잔	vaso 바쏘	과실 맛이 나는	afrutado 아쁘루따도
수확기	cosecha 꼬세챠	드라이함	seco 쎄꼬	신선한	fresco 쁘레쓰꼬

69

개성 넘치는 스페인 와인을 맛봅시다.

스페인 요리의 맛을 끌어내는 데는 그곳에서 만들어진 와인이 최고입니다. 현지 가게에서 본고장의
공기를 느끼며 맛봅시다.

❶ 리아스 바이사스
Rias Baixas
리아쓰 바익싸쓰

알바리뇨 종의 포도를 쓴 화이트 와인은 산뜻한 복숭아 같은 맛이 난다.

❷ 리베이로
Ribeiro
리베이로

화이트 와인은 알바리뇨 종, 레드 와인은 그르나슈 종이 주로 쓰인다.

❸ 차콜리
Txakoli
차꼴리

한국과 같이 사다리형으로 포도를 재배. 산미가 있는 프레시한 화이트 와인이 주력이다.

리아스 바이사스 ❶ ❷ 리베이로 ❸ 차콜리
❹❺ 나바라
토로 ❾❽ 리오하
리베라 델 두에로 ❻ 페네데스
❼ 카바
헤레스 ❿
**스페인의
와인 산지**

❹ 리오하
Rioja
리오하

스페인의 최고 품종 템쁘라니요를 사용해 오크 통에 숙성시킨 와인이 유명하다.

❺ 나바라
Navarra
나바라

로제가 유명하지만 양질의 레드 와인도 알려져 있다. 프루티하고 짙은 맛이 매력이다.

❻ 카바
Cava
까바

파렐라다 등 현지의 포도 품종을 사용해 카탈루냐 지방에서 만든 발포주이다.

❼ 페네데스
Penedès
뻬네데쓰

현지의 포도와 외래종을 교배시켜 현지 주조법을 이용해 만들었다. 레드, 화이트, 로제가 있다.

❽ 리베라 델 두에로
Ribera del Duero
리베라 델 두에로

검은 포도가 주재료로 풍부한 과실맛과 산미가 응축되어 있다.

❾ 토로
Toro
또로

'틴타 데 토로' 라고 불리는 독자적인 품종을 사용한 레드와인은 농후한 빛깔이 특징이다.

❿ 헤레스
Jerez
헤레쓰

헤레스로 만든 셰리주어는 쌉쌀한 맛의 피노와 단맛의 올로로소 등이 있다.

원산지 호칭 제도(DO)
품질 호칭국이 정한 엄격한 조건을 만족한 산지의 와인만이 표시할 수 있는 등급 제도와 같은 것입니다. 특히 엄격한 기준을 세운 산지는 특선 원산지 호칭 DOC에 지정되어 있습니다.

요리에 맞게 주문해 봅시다

와인 리스트를 보여 주실 수 있나요?

¿Puede enseñarme la lista de vinos?
뿌에데 엔쎄냐르메 라 리쓰따 데 비노쓰?
Can I see the wine list?

이 음식과 잘 어울릴 만한 다른 와인을 추천해주실 수 있나요?

¿Podría recomendarme algún vino que vaya bien con este plato?
뽀드리아 레꼬멘다르메 알군 비노 께 바야 비엔 꼰 에쓰떼 쁠라또?
Could you recommend a wine that goes with this dish?

이 화이트 와인을 추천드려요.

Le recomiendo este blanco.
레 레꼬미엔도 에쓰떼 블랑꼬
I recommend this white.

그걸로 할게요.

Tomaré ese.
또마레 에쎄
I' ll take it.

원포인트 숙성 와인의 종류

🍷 vino joven(비노 호벤)
영 와인

주조 후 바로 병에 담긴 와인 또는 숙성 기간이 규정에 달하지 않은 것을 가리킨다. 산뜻함이 매력이지만 탄닌과 산이 두드러진다.

🍷 crianza(끄리안싸)
크리안자

레드 와인은 2년, 화이트 와인과 로제 와인은 1년에 걸쳐 숙성된 와인이다. 어느 쪽도 최저 6개월(리오하는 1년)은 통에서 숙성시킨다. 이 정도에서는 산뜻함이 느껴진다.

🍷 reserva(레쎄르바)
리제르바

숙성 기간이 레드 와인은 3년(최저 1년은 통에), 화이트 와인과 로제 와인은 2년(최저 6개월은 통에)이다. 맛의 깊이가 있어 향도 중후하다.

🍷 gran reserva(그란 레쎄르바)
그랑리제르바

레드 와인은 포도를 수확한 연도에만 만들 수 있으며 통에서 2년, 병에서 3년 숙성시킨다. 화이트 와인과 로제 와인은 4년(최저 6개월은 통에) 숙성시킨다. 향기가 짙고 맛이 좋다.

매너를 지키며 스페인 요리를 맛봅시다.

매너라고 해도 그다지 엄격하게 받아들이지 않아도 됩니다.
최소한의 룰을 지키며 풍부한 스페인의 식문화를 천천히 즐겨 보세요.

3성급 레스토랑에서는

3성급 레스토랑이나 인기 있는 곳을 이용할 때는 예약을 합시다. 이름, 인원 수, 날짜와 시간을 전합시다. 저녁 식사에 아이를 데리고 가는 것은 금물입니다. 예약을 호텔의 프런트에 부탁할 때는 팁을 건넵시다.

드레스코드는

고급 레스토랑이 아닌 이상 요란스럽게 입고 갈 필요는 없지만, 단정하고 깔끔하게 입고 간다면 레스토랑 측에서의 대우가 더 좋아집니다. 드레스 코드가 있는 장소에서는 남자는 재킷에 넥타이, 여자는 원피스나 재킷 등을 입는 편이 좋습니다.

식사 중에는

식사 중, 그릇을 드는 것은 매너에 어긋납니다. 또 음식을 남기는 것도 마찬가지입니다. 다 먹을 때까지 다른 접시를 옮기면 안 됩니다. 가능한 한 남기지 말고 먹읍시다.

또 주의해야 할 것은?

① 주문할 때는?
각 테이블을 담당하는 웨이터를 기다려서 주문하세요. 식전주를 마실 것인지 물어보는 경우도 있기 때문에 어떤 것을 부탁할 일이 없을 때는 "No"라고 하고, 그 후에 전채 요리나 수프, 메인을 주문합니다. 디저트 주문은 식후에 합니다.

② 수프를 먹을 때는?
소리를 내며 먹는 것은 매너가 아주 안 좋은 행동으로 인식될 수 있습니다. 천천히 조용히 맛을 음미하며 먹습니다. 컵에 담겨 나오는 경우에는 들고 먹는 것도 괜찮습니다.

나이프나 포크는

사용할 때는 바깥쪽부터 사용합니다. 떨어뜨렸을 경우에는 자신이 줍지 않고 웨이터에게 주워달라고 요청합니다.

와인을 마실 때는

고급 음식점에서는 와인은 점원에게 따라 달라고 하는 것이 매너입니다. 와인을 따를 때는 잔을 잡고 있지 말고, 와인잔을 들고 소리를 내며 "건배!"라고 말하지 않도록 합니다.

팁은

웨이터에게 말해 테이블에서 계산합니다. 정산서에 서비스료가 포함되어 있지 않은 경우는 5~10% 정도 팁을 줍니다. 카드로 계산하는 경우에는 전표에 팁 금액을 쓰면 됩니다.

③ 잠시 쉴 때나 다 먹었을 경우에는?
식사 중 잠시 쉴 때는 나이프와 포크 끝을 맞춰 '여덟 팔(八)' 모양으로(포크 아래쪽에 나이프가 오도록) 두고, 식사가 다 끝났을 때는 나이프와 포크를 모아 3시 방향이나 중앙을 바라보도록 둡니다.

④ 담배를 피우고 싶을 때는?
공공장소에서는 금연입니다. 레스토랑 안에서는 피우지 말고, 식사 후 자리를 이동해 테라스가 있는 카페에서 흡연합니다. 담배를 피우고 싶을 때는 피울 수 있는 장소를 미리 알아 둡시다.

즐겁게 나만의 패션 스타일을 찾아봅시다.

우리가 좋아하는 옷 중에도 스페인 브랜드가 많습니다.
여러 옷 가게들을 둘러보며 나에게 딱 맞는 패션 스타일을 찾아볼까요?

먼저 가고 싶은 상점들을 찾아봅시다

백화점은 어디 있나요?	¿Dónde están los grandes almacenes? 돈데　에쓰딴 로쓰 그란데쓰 알마쎄네쓰? Where is the department store?
그건 어디서 살 수 있나요?	¿Dónde puedo comprar eso? 돈데　뿌에도 꼼쁘라르　에쏘? Where can I buy that?
<u>시비야</u> 매점은 어디있나요?	¿Dónde está la tienda Sybilla ? 돈데　에쓰따 라 띠엔다　씨비야? Where is the shop called Sybilla?

상점에 대한 정보를 물어봅시다

영업시간은 언제인가요?	¿Cuál es el horario comercial? 꾸알　에쓰 엘 오라리오　꼬메르씨알? What are the business hours?
쉬는 날은 언제인가요?	¿Qué día es festivo? 께　디아 에쓰 뻬쓰띠보? What day do you close?
정보 안내 같은 거 있나요?	¿Tiene guías de información? 띠에네　기아쓰 데 인뽀르마씨온? Do you have an information guide?
<u>구두</u>를 하나 사고 싶은데 요, 어디로 가면 될까요?	Quisiera comprar unos zapatos, ¿dónde puedo ir? 끼씨에라　꼼쁘라르 우노쓰 싸빠또쓰,　돈데 뿌에도 이르? Where should I go to buy shoes?
에스컬레이터[엘리베이 터] 어디 있나요?	¿Dónde están las escaleras mecánicas [el ascensor]? 돈데　에쓰딴 라쓰 에쓰깔레라쓰 메까니까쓰 [엘 아쎈쏘르]? Where is the escalator [elevator]?
<u>가방</u> 판매 구역을 찾고 있 어요.	Estoy buscando sección de bolsos. 에쓰또이 부쓰깐도　쎄씨온　데 볼쏘쓰 I'm looking for a bag section.

물품 보관소 있나요?	**¿Tiene consigna para dejar las equipajes?** 띠에네 꼰씨흐나 빠라 데하르 라쓰 에끼빠헤쓰? Where is the cloak room?
한국어 하시는 분 계시나요?	**¿Hay alguien que hable coreano** 아이 알기엔 께 아블레 꼬레아노? Is there someone who speaks Korean?
여기 ATM 있나요?	**¿Tiene cajero automático aquí?** 띠에네 까헤로 아우또마띠꼬 아끼? Do you have an ATM here?
고객 서비스 센터는 어디에 있나요?	**¿Dónde está el servicio de atención al cliente?** 돈데 에스따 엘 쎄르비씨오 데 아뗀씨온 알 끌리엔떼? Where is the customer service?

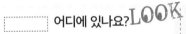

어디에 있나요? LOOK

¿Dónde hay [ ] ?
돈데 아이 [ ]?
Where is [ ] ?

grandes almacenes
그란데쓰 알마쎄네쓰
● 【백화점】

tienda selectiva
띠엔다 쎌렉띠바
● 【셀렉트샵】

centro comercial 쎈뜨로 꼬메르씨알 ● 【쇼핑몰】	**tienda de ropa** 띠엔다 데 로빠 ● 【옷 가게】	**tienda de bolsos** 띠엔다 데 볼쏘쓰 ● 【가방 가게】	**zapatería** 싸빠떼리아 ● 【신발 가게】
	tienda de accesorios 띠엔다 데 악쎄쏘리오쓰 ● 【엑세서리 가게】	**tienda libre de impuestos** 띠엔다 리브레 데 임뿌에쓰또쓰 ● 【면세점】	**cosmética** 꼬쓰메띠까 ● 【화장품 가게】
Loewe 뢰베 ● 【로에베】	**Sybilla** 씨비야 ● 【시비야】	**Jocomomola** 호코모몰라 ● 【조코모몰라】	**Zara** 싸라 ● 【자라】
Tous 또우쓰 ● 【토스】	**Carrera y Carrera** 까레라 이 까레라 ● 【카레라 이 카레라】	**Camper** 깜뻬르 ● 【캠퍼】	**Antonio Miró** 안또니오 미로 ● 【안토니오 미로】
Adolfo Domínguez 아돌뽀 도밍게쓰 ● 【아돌포 도밍게즈】	**LOUIS VUITTON** 루이쓰 비똔 ● 【루이비통】	**GUCCI** 구찌 ● 【구찌】	**CHANEL** 샤넬 ● 【샤넬】
Cartier 까르띠에 ● 【까르띠에】	**Dior** 디오르 ● 【디올】	**PRADA** 쁘라다 ● 【프라다】	**BVLGARI** 불가리 ● 【불가리】

즐겁게 나만의 패션 스타일을 찾아봅시다.

안녕하세요, 무엇을 도와드릴까요?
¡Hola! ¿Puedo ayudarle?
올라 뿌에도 아유다를레?

가게 안으로 들어가면

무엇을 찾으시나요?	¿Está buscando algo en particular? 에쓰따 부쓰깐도 알고 엔 빠르띠꿀라르? What are you looking for?
괜찮아요, 그냥 좀 볼게요.	Gracias, sólo estoy mirando. 그라씨아쓰 쏠로 에쓰또이 미란도 I'm just looking, thank you.
나중에 다시 올게요.	Volveré más tarde. 볼베레 마쓰 따르데 I'll come back later.
실례합니다만, 저 좀 도와 주실 수 있나요?	Perdone, ¿puede ayudarme? 뻬르도네 뿌에데 아유다르메? Excuse me, can you help me?
이거랑 잘 어울리는 신발 있나요?	¿Tiene zapatos que combinen con esto? 띠에네 싸빠또쓰 께 꼼비넨 꼰 에쓰또? Do you have shoes that go with this?
저희 엄마를 위한 카디건 을 찾고 있어요.	Estoy buscando un cárdigan para mi madre. 에쓰또이 부쓰깐도 운 까르디간 빠라 미 마드레 I'm looking for a cardigan for my mother.
이 잡지에 있는 것과 같은 서츠를 찾고 싶어요.	Me gustaría encontrar una camisa como la de esta revista. 메 구쓰따리아 엔꼰뜨라르 우나 까미싸 꼬모 라 데 에쓰따 레비쓰따 I'd like to see the blouse on this magazine.
검은 외투랑 잘 어울리는 밝은 색 치마 있나요?	¿Quisiera una falda color claro que combine con una chaqueta negra? 끼씨에라 우나 빨다 꼴로르 끌라로 께 꼼비네 꼰 우나 챠께따 네그라? Do you have a skirt in light color that goes with a black jacket?
직장용 양복 상하의를 찾 고 있어요.	Estoy buscando una americana y pantalón de trabajo. 에쓰또이 부쓰깐도 우나 아메리까나 이 빤딸론 데 뜨라바호 I'm looking for a suit for work.

사고 싶을 때는
이 표현을

이걸로 할게요 ! / 얼마예요 ?

¡Me quedo con este! / ¿Cuánto es?
메 께도 꼰 에쓰떼 / 꾸안또 에쓰?
I'll take this. / How much is it?

제 남자친구[여자친구]에게 줄 스카프를 찾고 있어요.	**Quisiera comprar un pañuelo, para un amigo [una amiga].** 끼씨에라 꼼쁘라르 운 빠뉴엘로, 빠라 운 아미고 [우나 아미가] I'm looking for a scarf for my friend.
신상품 카탈로그 있나요?	**¿Tiene un catálogo de novedades?** 띠에네 운 까딸로고 데 노베다데쓰? Do you have a catalog of new items?
가을 시즌 치마 있나요?	**¿Tiene faldas de otoño?** 띠에네 빨다쓰 데 오또뇨? Do you have a skirt for autumn season? 참고 P.151
솜털 스웨터 있나요?	**¿Tiene jerseys de algodón?** 띠에네 헤르쎄이쓰 데 알고돈? Do you have cotton sweaters? 참고 P.80
이것 좀 보고 싶어요.	**Me gustaría ver este.** 메 구쓰따리아 베르 에쓰떼 I'd like to see this.
캐쥬얼한[세련된] 옷을 찾고 있어요.	**Estoy buscando algo informal [elegante].** 에쓰또이 부쓰깐도 알고 인뽀르말 [엘레간떼] I'd like something casual [dressy].
오른쪽에서 세 번째 걸로 보여 주세요.	**Por favor, enséñeme el tercero de la derecha.** 뽀르 빠보르 엔쎄녜메 엘 떼르쎄로 데 라 데레챠 Please show me the third one from the right. 참고 P.150
이거 진품인가요?	**¿Este es auténtico?** 에쓰떼 에쓰 아우뗀띠꼬? Is this real?
이건 무슨 브랜드인가요?	**¿Este de qué marca es?** 에쓰떼 데 께 마르까 에쓰? What brand is this?
신상품 있나요?	**¿Tiene artículos nuevos?** 띠에네 아르띠꿀로쓰 누에보쓰? Do you have any new items?
이것과 같은 것이 있나요?	**¿Tiene uno igual que éste?** 띠에네 우노 이구알 께 에쓰떼? Is there one the same as this?
조금 더 생각해 볼게요.	**Lo pensaré un poco.** 로 뻰싸레 운 뽀꼬 I need a little more time to think.

77

즐겁게 나만의 패션 스타일을 찾아봅시다.

마음에 드는 물건을 찾아봅시다

비슷한 디자인의 제품이 있나요?	**¿Tiene alguno con diseño parecido?** 띠에네 알구노 꼰 디쎄뇨 빠레씨도? Do you have one with a similar design?
다른 옷 좀 입어 봐도 될까요?	**¿Podría probarme otra ropa?** 뽀드리아 쁘로바르메 오뜨라 로빠? Can I try some other clothes?
이거 집어서 봐도 될까요?	**¿Puedo cogerlo?** 뿌에도 꼬헤를로? Can I pick this up?
(액세서리 등을) 해 봐도 될까요?	**¿Puedo probármelo?** 뿌에도 쁘로바르멜로? May I try this on?
거울이 어디 있나요?	**¿Dónde hay un espejo?** 돈데 아이 운 에쓰뻬호? Where is the mirror?
이거 입어 봐도 될까요?	**¿Puedo probármelo?** 뿌에도 쁘로바르멜로? Can I try this on?
제 사이즈는 <u>38</u>이에요.	**Mi talla es la 38.** 미 따야 에쓰 라 뜨렌따 이 오쵸 My size is 38. 참고 P.150
이걸로 부탁드려요.	**Este, por favor.** 에쓰떼 뽀르 빠보르 I'll take this.

면세 수속에 대해 설명하겠습니다.
스페인에서는 상품의 가격에 부가가치세[VAT]가 포함되어 있지만 EU 이외의 외국 거주자가 1개의 상점에서 하루에 90.15 이상의 쇼핑을 했을 경우 면세 수속이 가능합니다. 기준에 적합한 쇼핑을 했을 경우에는 상점에서 면세 서류를 작성하세요. 그럴 때는 여권을 반드시 제시해야 합니다.

사이즈의 차이를 잘 알아둡시다.

여성복

스페인	36	38	40	42	44	46	48
한국	44	55	55	66	66	77	77

여성화

스페인	36	37	38	39	40	40	41
한국	225	230	235	240	245	250	255

예쁘다!
¡Qué bonito!
께 보니또

나한테 딱 맞아!
¡Me queda perfecto!
메 께다 뻬르뻭또

38짜리 있나요?	**¿Tiene una 38?** 띠에네 우나 뜨렌따 이 오쵸 Do you have 38?

참고 P.150

저한테 조금 꽉 끼네요 [널널하네요].	**Me queda un poco estrecho [ancho].** 메 께다 운 뽀꼬 에쓰뜨레쵸[안쵸] This is a little bit tight[loose].
조금 더 큰 [작은] 사이즈 있나요?	**¿Tiene una talla más grande [pequeña]?** 띠에네 우나 따야 마쓰 그란데[뻬께냐]? Do you have a bigger[smaller] size?
너무 길어요 [짧아요].	**Es demasiado largo [corto].** 에쓰 데마씨아도 라르고[꼬르또] This is too long[short].
제 사이즈가 아니었어요.	**No era mi talla.** 노 에라 미 따야 It didn't fit me.
죄송해요, 나중에 다시 올게요.	**Lo siento, vendré otro día.** 로 씨엔또, 벤드레 오뜨로 디아 I'm sorry. I'll come back later.

유행에 민감한 당신에게는 이 표현을

지금 가장 잘 나가는 거 있나요?
¿Tiene algo que se lleve mucho ahora?
띠에네 알고 께 쎄 예베 무쵸 아오라?
Which one is popular?

도움이 되는 단어장 WORD

사이즈	talla 따야	길다	largo 라르고	널널하다	ancho 안쵸
		짧다	corto 꼬르또	꽉 끼다	estrecho 에쓰뜨레쵸
크다	grande 그란데	긴팔	manga larga 만가 라르가	마음에 들다	me va bien 메 바 비엔
		반팔	manga corta 만가 꼬르따	두껍다	grueso 그루에쏘
작다	pequeño 뻬께뇨	민소매	sin mangas 씬 만가쓰	얇다	fino 삐노

79

즐겁게 나만의 패션 스타일을 찾아봅시다.

⌒ 점원에게 물어봅시다 ⌒

사이즈를 조절해 주실 수 있나요?	**¿Puede arreglar la talla?** 뿌에데 아레글라르 라 따야? Can you adjust the size?
얼마나 걸리나요?	**¿Cuánto tardaría?** 꾸안또 따르다리아? How long does it take?
다른 색[프린트] 있나요?	**¿Tiene otro color [estampado]?** 띠에네 오뜨로 꼴로르[에쓰땀빠도]? Do you have another color [print]?
검은색으로 있나요?	**¿Tiene en negro?** 띠에네 엔 네그로? Do you have black one? 참고 P.83
색만 다른 같은 것이 있나요?	**¿Tiene el mismo en otros colores?** 띠에네 엘 미쓰모 엔 오뜨로쓰 꼴로레쓰? Do you have the same one in other colors?
순금[순은]인가요?	**¿Es de oro puro [de plata]?** 에쓰 데 오로 뿌로 [데 쁠라따]? Is this pure gold [silver]?
이건 뭐로 만들어진 건가요?	**Éste, ¿de qué está hecho?** 에쓰떼 에 께 에쓰따 에쵸? What is this made of?
<u>실크[캐시미어]</u>로 된 걸 찾고 있어요.	**Estoy buscando algo en seda [cachemira].** 에쓰또이 부쓰깐도 알고 엔 쎄다[카체미라] I'd like something made of silk [cashmere].
방수인가요?	**¿Es impermeable?** 에쓰 임뻬르메아블레? Is this waterproof?

도움이 되는 단어장 WORD				
	단단하다	**duro** 두로	리넨	**lino** 리노
	솜	**algodón** 알고돈	밝은 색	**color claro** 꼴로르 끌라로
부드럽다 **suave** 쑤아베	실크	**seda** 쎄다	어두운 색	**color oscuro** 꼴로르 오쓰꾸로

80

☐ 부탁합니다. ☐ , por favor. 뽀르 빠보르 ☐ , please.	패션 Moda 모다

camiseta
까미쎄따

● 【티셔츠】

chaqueta
챠께따

● 【외투】

abrigo
아브리고

● 【코트】

blusa
블루싸

● 【블라우스】

jersey
헤르쎄이

● 【스웨터】

cárdigan
까르디간

● 【카디건】

falda
빨다

● 【치마】

vestido
베쓰띠도

● 【원피스】

vestido de fiesta
베쓰띠도 데
삐에쓰따

● 【드레스】

camisa
까미싸
● 【셔츠】

camisola
까미쏠라
● 【캐미솔】

pantalones
빤딸로네쓰
● 【바지】

pantalones vaqueros
빤딸로네쓰 바께로쓰
● 【청바지】

estola
에쓰똘라
● 【스톨】

pañuelo
빠뉴엘로
● 【스카프】

corbata
꼬르바따
● 【넥타이】

bufanda
부빤다
● 【목도리】

sombrero
쏨브레로
● 【모자】

gafas de sol
가빠쓰 데 쏠
● 【선글라스】

cartera
까르떼라
● 【지갑】

guantes
구안떼쓰
● 【장갑】

sujetador
쑤헤따도르
● 【브래지어】

braguitas
브라기따쓰
● 【팬티】

calcetines
깔쎄띠네쓰
● 【양말】

medias
메디아쓰
● 【스타킹】

물빨래 가능한가요?	**¿Es lavable?** 에쓰 라바블레? Is this washable?
조금 더 싼[비싼] 것 있나요?	**¿Tiene algo más barato [caro]?** 띠에네 알고 마쓰 바라또[까로]? Do you have a little cheaper[more expensive] one?

즐겁게 나만의 패션 스타일을 찾아봅시다.

계산할 때

전부 얼마인가요?	**¿Cuánto es en total?** 꾸안또 에쓰 엔 또딸? How much is it in total?
세금 포함인가요?	**¿Están incluidos los impuestos?** 에쓰딴 인끌루이도쓰 로쓰 임뿌에쓰또쓰? Does it include tax?
신용 카드로 결제 가능한 가요?	**¿Acepta esta tarjeta de crédito?** 아쎕따 에쓰따 따르헤따 데 끄레디또? Do you accept this credit card?
면세로 살 수 있나요?	**¿Puedo comprarlo sin impuestos?** 뿌에도 꼼쁘라를로 씬 임뿌에쓰또쓰? Can I buy it tax-free?
세관 신고서 주실 수 있나요?	**¿Puede darme los impresos para declarar en la aduana?** 뿌에데 다르메 로쓰 임쁘레쏘쓰 빠라 데끌라라르 엔 라 아두아나? Can I have a customs form?
계산서에 실수가 있는 것 같아요.	**Creo que la cuenta está equivocada.** 끄레오 께 라 꾸엔따 에쓰따 에끼보까다 I think there is a mistake in this bill.
거스름돈이 잘못 됐어요.	**Me ha dado mal el cambio.** 메 아 다도 말 엘 깜비오 You gave me the wrong change.

환불, 교환, 클레임이 있다면

얼룩이 있는데요, 이거 교환 가능한가요?	**Tiene una mancha, ¿podría cambiármelo?** 띠에네 우나 만챠 뽀드리아 깜비아르멜로? I'd like to return this because it has a stain.
이건 제가 구매한 것과 다른 거예요.	**Éste es diferente al que compré.** 에쓰떼 에쓰 디뻬렌떼 알 께 꼼쁘레 This is different from what I bought.
전혀 사용하지 않았어요.	**No lo he usado todavía.** 노 로에 우싸도 또다비아 I haven't used it at all.

82

LOOK

있나요?

¿Tiene _____ ?

띠에네 _____?

Do you have _____ ?

색
Color
꼴로르

negro
네그로
● 【검은색】

blanco
블랑꼬
● 【흰색】

rojo
로호
● 【빨간색】

azul
아쑬
● 【파란색】

amarillo
아마리요
● 【노란색】

verde
베르데
● 【초록색】

rosa
로싸
● 【분홍색】

naranja
나란하
● 【주황색】

morado
모라도
● 【보라색】

marfil
마르삘
● 【아이보리색】

beige
베이지
● 【베이지색】

marrón
마론
● 【갈색】

dorado
도라도
● 【금색】

plateado
쁠라떼아도
● 【은색】

무늬
Diseño
디쎄뇨

a rayas
아 라이야쓰
● 【줄무늬】

de cuadros
데 꾸아드로쓰
● 【체크무늬】

de lunares
데 루나레쓰
● 【물방울무늬】

estampado a flores
에쓰땀빠도 아
쁠로레쓰
● 【꽃무늬】

liso
리쏘
● 【민무늬】

a la moda
아 라 모다
● 【유행하는】

마음에 드는 구두나 가방을 사러 가고 싶어요.

스페인에는 예쁘고 세련된 구두와 가방이 한가득!
점원과 대화하며 즐겁게 쇼핑해 볼까요?

> 구두 가게에서

이걸로 36짜리 있나요?	**¿Tiene la 36 de éste?** 띠에네 라 뜨렌따 이 쎄이스 데 에쓰떼? Do you have this in 36? <div align="right">참고 P.78</div>
조금 꽉 끼는[널널한] 것 같네요.	**Creo que me queda un poquito estrecho [ancho].** 끄레오 께 메 께다 운 뽀끼또 에쓰뜨레쵸[안쵸] This is a little bit tight [loose].
발끝이 조이네요.	**Las puntas de los pies me aprietan.** 라쓰 뿐따쓰 데 로쓰 삐에쓰 메 아쁘리에딴 My toes hurt.
이거 반 치수 더 큰 것 있나요?	**¿Lo tiene media talla más grande?** 로 띠에네 메디아 따야 마쓰 그란데? Do you have a half-size bigger than this?
굽이 너무 높은[낮은] 것 같아요.	**Creo que los tacones son demasiado altos [bajos].** 끄레오 께 로쓰 따꼬네쓰 손 데마씨아도 알또쓰[바호쓰] I think the heels are too high [low].
딱 제 사이즈에요!	**¡Es justo mi talla!** 에쓰 후쓰또 미 따야 This is perfect.
이거 정말 마음에 드네요.	**Éste me gusta mucho.** 에쓰떼 메 구쓰따 무쵸 I like this one.

도움이 되는 단어장 WORD

구두	zapatos 싸빠또쓰	뮬 슈즈	zapatos mula 싸빠또쓰 물라	롱부츠	botas largas 보따쓰 라르가쓰
하이힐	zapatos de tacón 싸빠또쓰 데 따꼰	발레리나 슈즈	bailarinas 바일라리나쓰	스니커즈	zapatillas de deporte 싸빠띠야쓰 데 데뽀르떼
샌들	sandalias 싼달리아쓰	부츠	botas 보따쓰	캔버스화	de tela 데 뗄라
		쇼트 부츠	botines 보띠네쓰	가죽	de cuero 데 꾸에로
		하프 부츠	botas medianas 보따쓰 메디아나쓰	편한	comodos 꼬모도쓰

가방 가게에서

사무용 검은 가방을 원해요.	**Quisiera un bolso negro para trabajo.** 끼씨에라 운 볼쏘 네그로 빠라 뜨라바호 I'd like a black bag for work. 참고 P.83
버튼[지퍼]이 달린 걸 원해요.	**Quiero uno con botones [cremallera].** 끼에로 우노 꼰 보또네쓰 [끄레마예라] I want one with buttons [zippers].
더 큰[작은] 사이즈 있나요?	**¿Tiene una talla más grande [pequeña]?** 띠에네 우나 따야 마쓰 그란데 [뻬께냐]? Do you have a bigger [smaller] one?
다른 색 있나요?	**¿Tiene otro color?** 띠에네 오뜨로 꼴로르? Do you have a different color?
새것 있나요?	**¿Tiene uno nuevo?** 띠에네 우노 누에보? Do you have a new one?
어떤 게 잘 팔리나요?	**¿Cuál se lleva más?** 꾸알 쎄 예바 마쓰? Which one is popular?
선명한 색을 원해요.	**Quisiera algo de colores vivos.** 끼씨에라 알고 데 꼴로레쓰 비보쓰 I'd like one in vivid color.
주머니나 칸막이가 있는 상품이 있나요?	**¿Tiene alguna prenda con bolsillos o compartimentos?** 띠에네 알구나 쁘렌다 꼰 볼씨요쓰 오 꼼빠르띠멘또쓰? Do you have one that has pockets or compartments?

도움이 되는 단어장 WORD

	여행용	para viajar 빠라 비아하르	지퍼	cremallera 끄레마예라
	사무용	para el trabajo 빠라 엘 뜨라바호	가죽	de cuero 데 꾸에로
핸드백	bolso de mano 볼쏘 데 마노	평상시용	uso diario 우쏘 이다리오	캔버스	de tela 데 뗄라
숄더백	bolsos al hombro 볼쏘쓰 알 옴브로	끈 있는 [없는]	con [sin] tirantes 꼰[씬] 띠란떼쓰	방수	impermeable 임뻬르메아블레
캐리어	maleta 말레따	주머니	bolsillo 볼씨요	작은	talla pequeña 따야 뻬께냐

85

액세서리도 사러 가 봅시다.

스페인에서만 만나 볼 수 있는 센스가 넘치는 액세서리와 수예용품.
내 것도 사고, 선물용으로도 사고, 몇 가지 둘러보다 보면 모두 사고 싶어져요.

마음에 드는 액세서리를 찾아봅시다

이 반지 좀 보여 주실 수 있나요?	**¿Puede enseñarme este anillo?** 뿌에데 엔쎄냐르메 에쓰떼 아니요? Coud I see this ring?
이 보석은 뭔가요?	**¿Qué es esta piedra?** 께 에쓰 에쓰따 삐에드라? What is this stone?
몇 캐럿인가요?	**¿Cuántos quilates tiene?** 꾸안또쓰 낄라떼쓰 띠에네? What carat is this?
스페인산인가요?	**¿Es de producción española?** 에쓰 데 쁘로둑씨온 에쓰빠뇰라? Is this made in Spain?
금속으로 된 부분이 순금 [순은]인가요?	**¿La parte metálica es de oro puro [plata pura]?** 라 빠르떼 메딸리까 에쓰 데 오로 뿌로 [쁠라따 뿌라]? Is the metal part pure gold [silver]?
착용해 봐도 될까요?	**¿Puedo probármelo?** 뿌에도 쁘로바르멜로? May I try this on?
선물용으로 포장해 주세요.	**Envuélvalo para regalo, por favor.** 엔부엘발로 빠라 레갈로, 뽀르 빠보르 Please make it a gift.
각각 따로 포장해 주세요.	**Envuélvamelo por separado, por favor.** 엔부엘바멜로 뽀르 쎄빠라도 뽀르 빠보르 Please wrap these individually.
리본을 올려 주실 수 있나요?	**¿Podría ponerle una cinta?** 뽀드리아 뽀네를레 우나 씬따? Could you put some ribbons?
안 깨지도록 포장해 주실 수 있나요?	**¿Puede envolverlo para que no se rompa?** 뿌에데 엔볼베를로 빠라 께 노 쎄 롬빠? Could you wrap it not to break?

		부탁합니다. LOOK
	, por favor.	
	뽀르 빠보르	
	, please.	

액세서리
Accesorios
악쎄쏘리오쓰

anillo
아니요
● 【반지】

---

collar
꼬야르

● 【목걸이】

pulsera
뿔쎄라

● 【팔찌】

pañuelo
빠뉴엘로
● 【스카프】

pendientes
뻰디엔떼쓰
● 【귀걸이】

---

broche
브로체

reloj de pulsera
렐로흐 데 뿔쎄라

diadema
디아데마
● 【머리띠】

alfiler de corbata
알빌레르 데 꼬르바따
● 【넥타이핀】

● 【브로치】

● 【손목시계】

brazalete
브라쌀레떼
● 【팔찌】

gemelos
헤멜로쓰
● 【커프스 버튼】

원포인트 반지 사이즈에 주의하자!

한국과 스페인은 사이즈 표기가 조금씩 다릅니다.
또 브랜드별로도 다른 경우도 있기 때문에 반드시 껴 보고 구매해야 합니다.

한국	7	8	9	10	11	12	13
스페인	47	48	49	50	51	52	53

참고 P.150

도움이 되는 단어장
WORD

		스팽글	**lentejuelas** 렌떼후엘라쓰	펄	**perla** 뻬를라
		레이스	**encaje** 엔까헤	루비	**rubi** 루비
금	**oro** 오로	지르코니아	**zirconia** 씨르꼬니아	사파이어	**zafiro** 싸삐로
은	**plata** 쁠라따	유리	**cristal** 끄리쓰딸	토파즈	**topacio** 또빠씨오
백금	**platino** 쁠라띠노	다이아몬드	**diamante** 디아만떼	터키석	**turquesa** 뚜르께싸
캐럿	**quilate** 낄라떼	에메랄드	**esmeralda** 에쓰메랄다	자수정	**amatista** 아마띠쓰따

메르카도에서 맛있는 것을 사 봅시다.

신선한 식재료와 꽃을 파는 가게들이 늘어선 '메르카도(시장)'는 보고 있는
것만으로도 활기가 넘칩니다. 현지 사람들과 뒤섞여 유유히 산책해 봅시다.

메르카도에서 말을 걸어 봅시다

오렌지 <u>4</u>개랑 메론 1개 주세요.	**Cuatro naranjas y un melón, por favor.** 꾸아뜨로 나란하쓰 이 운 멜론 뽀르 빠보르 Four oranges and a melon, please. 참고 P.150
딸기 <u>200g</u> 주세요.	**Doscientos gramos de fresas, por favor.** 도쓰씨엔또쓰 그라모쓰 데 쁘레싸쓰, 뽀르 빠보르 200 grams of strawberries, please. 참고 P.150
이 치즈 1장 주세요.	**Una loncha de este queso, por favor.** 우나 론챠 데 에쓰떼 께쏘, 뽀르 빠보르 A slice of this cheese, please.
이렇게 1조각이요.	**Un trozo así.** 운 뜨로쏘 아씨 Could I have a chunk of these?
제철 야채[과일]이 뭔가요?	**¿Cuá es la verdura [fruta] del tiempo?** 꾸알 에쓰 라 베르두라[브루따] 델 띠엠뽀? Which vegetable [fruit] is in season now?
원산지가 어디인가요?	**¿De dónde es este producto?** 데 돈데 에쓰 에쓰떼 쁘로두끄또? Where is this made?
이거 딱 하나만 살 수 있나요?	**¿Puedo comprar sólo uno?** 뿌에도 꼼쁘라르 쏠로 우노? Can I buy just one of these?
포장해 주실 수 있나요?	**¿Puede envolverlo?** 뿌에데 엔볼베를로? Could you wrap it?
전부 얼마인가요?	**¿Cuánto es en total?** 꾸안또 에쓰 엔 또딸? How much is it in total?
이 가격, 1kg 가격인가요?	**Este precio, ¿es por un kilo?** 에쓰떼 쁘레씨오 에쓰 뽀르 운 낄로? Is this the price for one kilogram?

그라나다산 사프란 1봉지 주
Un sobre de azafrán
de Granada, por favor.
운 쏘브레 데 아싸프란
데 그라나다 뽀르 삐

시식해 봐도 될까요?
¿Puedo probar?
뿌에도 쁘로바르?

메르카도, 벼룩시장에서의 회화의 핵심은?
활기가 넘치는 메르카도에서는 호기 있게 말을 걸면 기분 좋은 서비스를 기대할 수 있을지도 몰라요! 또 벼룩시장에서는 용기 내서 가격 흥정에 도전해 봐요!

여러 가지 수량을 재는 단위

3 euros por kilo 뜨레쓰 에우로쓰 뽀르 낄로	1kg 에 3유로	1 euro por ramo 우노 에우로 뽀르 라모	한 다발에 1유로

un bote 운 보떼	한 병	una caja 우나 까하	한 상자	una bolsa 우나 볼싸	한 주머니
un paquete 우나 빠께떼	한 팩	uno 우노	하나	un red 운 레드	한 망
una cesta 우나 쎄스따	한 바구니	una cabeza 우나 까베싸	한 그루	una docena 우나 도쎄나	한 타

벼룩시장에서 흥정하기 도전!

안녕하세요.
Hola.
올라

무엇을 도와드릴까요?
¿Puedo ayudarle?
뿌에도 아유다를레?

이 물건은 옛날 건가요?
¿Este objeto es antiguo?
에쓰떼 오브헤또 에쓰 안띠구오?

20세기 물건이에요.
Es del siglo 20.
에쓰 델 씨글로 벤띠.

얼마인가요?
¿Cuánto cuesta?
꾸안또 꾸에쓰따?

3개사시면 10유로에 드릴게요.
Si compra tres se lo dejo a diez euros.
씨 꼼쁘라 뜨레쓰 쎄 로 데호 아 디에쓰 에우로쓰

조금 더 싸게해 주실 수 있나요?
¿Puede ser más barato?
뿌에데 쎄르 마쓰 바라또?

알겠습니다. 7유로에 드릴게요.
De acuerdo, se lo dejo en siete euros.
에 아꾸에르도, 쎄 로 데호 엔 씨에떼 에우로쓰

스페인 디자인의 굿즈를 기념품으로

통통 튀는 재미있는 물건부터 세련되고 심플한 디자인의 물건까지
스페인 디자인의 잡화에는 스페인다움이 담겨 있습니다.

이것과 같은 것 있나요?
¿Tiene uno igual que éste?
띠에네 우노 이구알 께 에쓰떼?

마스코트
mascota
마쓰꼬따
상자에서 얼굴만 내미는 모양이 유니크.

양초
vela
벨라
화분이나 소용돌이 모양의 참신한 디자인.

탁상용 청소기
limpiador de escritorio
림삐아도르 데 에쓰끄리또리오
청소도 즐거워지는 무당벌레 모양.

오른쪽에서 세 번째 것 좀 보여 주세요.
Por favor, enséñeme el tercero de la derecha.
뽀르 빠보르 엔쎄녜메 엘 떼르쎄로 데 라 데레챠

냄비 잡이
toma ollas
또마 오야쓰
부엌에 있는 것만으로도 요리 시간이 즐거워진다.

각각 다른 색을 고르는 것도 좋아요

다른 색을 사고 싶을 경우는 "tiena otro color?(띠에네 오뜨르 꼴로르?-다른 색이 있나요?)"라고 물어봅시다.

안 깨지게 포장해 주실 수 있나요?
¿Puede envolverlo para que no se rompa?
뿌에데 엔볼베를로 빠라 께 노 쎄 롬빠?

양철 장난감
juguetes de hojalata
후게떼쓰 데 오할라따
올드 아메리칸 스타일의
인테리어에 제격.

양철통
lata
라따
초콜릿을 넣어 두면
딱이다.

소금통
salero
쌀레로
사랑스러운 모양의 소금,
후추, 설탕 조미료통.

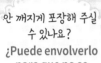

인형
muñeco
무녜꼬
배를 누르면 소리가 나는
부드러운 고무 인형.

앞치마
delantal
델란딸
타파스나 바르셀로나의
기념물이 모티브.

전부
얼마인가요?
¿Cuánto es todo?
꾸안또 에쓰 또도?

슈퍼마켓이나 백화점에서 기념품 쇼핑하기

기념품을 사는 것이 망설여진다면 꼭 슈퍼마켓이나 백화점에 가 보세요
스페인에서만 볼 수 있는 식료품, 귀여운 일용품 등 저렴하고 좋은 물건들을 꼭 찾을 수 있을 거예요.

올리브 오일
aceite de oliva
아쎄이떼 데 올리바

여러 요리에 쓸 수 있는 올리브
오일은 기념품으로 딱 좋다.

빠에야 향신료
condimento de paella
꼰디멘또 데 빠에야

집에서 손쉽게 본고장의 맛을
재현할 수 있다.

피파
pipa
삐빠

해바라기 씨를 볶은 것 껍질을
벗겨 속만 먹는다.

네우라스
Neulas
네우라쓰

얇은 쿠키 생지를 구워 롤 형태
로 만 과자.

파테
paté
빠떼

소금을 뿌린 안초비맛 파테.
자꾸만 손이 간다.

와인식초
vinagre de vino
비나그레 데 비노

와인 특유의 좋은 향이 있는
와인 비니거. 가스파초 등을
만들 때 조미료로 쓴다

도움이 되는 단어장 WORD					
		향신료	especia 에쓰뻬씨아	바질	albahaca 알바하까
		후추	pimienta 삐미엔따	아티초크	alcachofa 알까쵸빠
와인	vino 비노	소금	sal 쌀	아보카도	aguacate 아구아까떼
잼	mermelada 메르멜라다	양파	cebolla 쎄보야	계란	huevo 우에보
사프란	azafrán 아싸쁘란	감자	patata 빠따따	버터	mantequilla 만떼끼야
차	te 떼	토마토	tomate 또마떼	우유	leche 레체

슈퍼마켓이나 백화점에서 쇼핑할 때의 핵심을 알려 드립니다.

꼭 영업일 확인하기
일요일, 공휴일은 휴업하는 가게가 많다. 가고자 하는 가게는 사전에 확인을 하자.

저녁에는 혼잡
저녁이 되면 쇼핑하는 사람들이 많아 계산대에 행렬이 늘어서는 경우도 있다.

계산대 시스템은?
한국과는 꽤 다른 점이 많다. 주변 사람들이 하는 모습을 참고하자.

장바구니를 지참
쇼핑백이 유료인 경우도 있으니 장바구니를 꼭 지참해서 가자.

토마토크림
crema de tomate
끄레마 데 또마떼

신선한 맛. 파스타를 만들 때도, 소스로도 좋다.

캐모마일 차
té de manzanilla
떼 데 만싸니야

스페인에서 가장 자주 마시는 허브티 중 하나.

감자칩
patatas fritas
빠따따쓰 쁘리따쓰

한국에서는 볼 수 없는 생햄 맛 포테이토 칩.

비스코쵸
bizcocho
비쓰꼬쵸

스페인식 구운 과자. 촉촉하면서 가벼운 식감.

츄파춥스
chupa chups
츄빠 춥쓰

추억의 사탕은 원래 스페인산. 패키지는 살바도르 달리 디자인이다.

핸드크림
crema de manos
끄레마 데 마노쓰

오렌지를 배합한 향이 좋은 스페인제 핸드크림.

즐겁게 쇼핑합시다

조리 식품 코너는 어디인가요?	**¿Dónde está la sección de comidas preparadas?** 돈데 에쓰따 라 섹씨온 데 꼬미다쓰 쁘레빠라다쓰? Where is the deli section?
이 가게의 독자적인 상품이 있나요?	**¿Tiene productos originales?** 띠에네 쁘로두끄또쓰 오리히날레쓰? Do you have any original products?
아침에 몇 시에 여나요?	**¿A qué hora abren por la mañana?** 아 께 오라 아브렌 뽀르 라 마냐나? What time do you open in the morning?

LOOK

을/를 찾고 있어요.

Estoy buscando [ ].

에쓰또이 부쓰깐도 [ ]

I'm looking for [ ].

잡화, 일용품
Artículos diversos.
Uso diario
아르띠꿀로쓰 디베르쏘스
우쏘 디아리오

una tetera
우나 떼떼라

● 【찻주전자】

---

una taza
우나 타싸

● 【머그컵】

una taza y platillo
우나 따싸 이 쁠라띠요

● 【컵과 받침대】

un vaso
운 바쏘

● 【컵】

un pimentero y salero
운 삐멘떼로 이 쌀레로

● 【후추통과 소금통】

---

un bol
운 볼

● 【볼】

un reloj de cocina
운 렐로흐 데 꼬씨나

● 【키친 타이머】

un delantal
운 델란딸

● 【앞치마】

un salvamanteles
운 살바만뗄레쓰

● 【깔개】

---

una vela
우나 벨라

● 【양초】

funda de agenda
뿐다 데 아헨다

● 【수첩 커버】

una cartera
우나 까르떼라

● 【지갑】

un monedero
운 모네데로

● 【동전 지갑】

---

un neceser
운 네쎄쎄르

● 【파우치】

un espejo
운 에쓰뻬호

● 【거울】

ganchillo
간치요

● 【코바늘】

paquetes de pañuelos de papel
빠께떼쓰 데 빠뉴엘로쓰 데 빠뻴

● 【티슈 박스】

---

un portaretratos
운 뽀르따레뜨라또쓰

● 【액자】

un reloj digital
운 렐로흐 디히따르

● 【디지털 시계】

un reloj
운 렐로흐

● 【시계】

un imán
운 이만

● 【자석】

un calendario
운 깔렌다리오

● 【달력】

un cuaderno
운 꾸아데르노

● 【공책】

un cuaderno de notas
운 꾸아데르노 데 노따쓰

● 【메모장】

un bolígrafo
운 볼리그라뽀

● 【볼펜】

llaveros
야베로쓰

● 【키홀더】

tarjetas postales
따르헤따쓰 뽀쓰딸레쓰

● 【엽서】

revistas
레비쓰따쓰

● 【잡지】

bandeja para gafas
반데하 빠라 가빠쓰

● 【안경집】

una alfombrilla de ratón
우나 알뽐브리야 데 라똔

● 【마우스 패드】

una guitarra de flamenco
우나
기따라
데 쁠라멘꼬

● 【플라멩코 기타】

un adorno
운 아도르노

● 【장식품】

cerámica de Sevilla
쎄라미까 데 세비야

● 【세비야 사기그릇】

marquetería
마르께떼리아

● 【기목세공】

damasquinado
다마쓰끼나도

● 【상감세공】

un juguete de hojalata
운 후게떼 데 오할라따

● 【양철 장난감】

식품
Comestibles
꼬메쓰띠블레쓰

azafrán
아싸쁘란

● 【사프란】

condimentos
꼰디멘또쓰

● 【향신료】

sal
쌀

● 【소금】

vinagre balsámico
비나그레
발싸미꼬

● 【발사믹 식초】

anchoas
안쵸아쓰

● 【멸치】

latas de atún
라따쓰 데 아뚠

● 【참치 캔】

vino
비노

● 【와인】

스페인산 올리브 오일을 사 봅시다.

스페인의 기후와 토양은 올리브 재배에 최적화되어 있어 스페인의 올리브 오일 생산량은
세계 1위입니다. 천혜의 기후에서 자란 향 좋은 올리브 오일을 살펴봅시다.

마스 타레스
Mas Tarrés
아르베키나 종을 사용
해 가벼운 맛. 견과류
와 같은 맛이 난다.

스페인산
올리브 오일

스페인의 올리브 오일은
종류가 풍부하니 꼭 이것
저것 둘러봅시다.

다우로
Dauro
수확 후 4시간 이내에
짜내고 여과를 하지
않아 신선하고 과일향
이 있다.

만자니야
Manzanilla
잘 익은 올리브의 과
일향을 맛보고 싶다면
추천.

세고르베 노스트럼
Segorbe Nostrum
시에라 네바다 산맥 주
변의 올리브를 사용.
향이 좋고 단맛이 있다.

프리멈
Primum
스페인산 올리브 오일
의 최고봉으로, 가장
인기가 있는 최상급
오일.

메드
Med
마드리드 근교 알베키
나산의 올리브 오일은
향이 강하고 맛이 진
한 것이 특징.

올리브를 사용한 굿즈

보습 효과 (좌) 와
자외선 차단 효과
(우) 가 있는 입술
보호제.

올리브 엑기스가 들어
간 비누. 기념품으로
딱이다.

96

:한 올리브 오일은 어떤 건가요?

¿Cuál es el aceite de oliva [ ] ? 꾸알 에쓰 엘 아쎄이떼 데 올리바 [ ]?

단	dulce 둘세	산미가 적은	menos ácido 메노쓰 아씨도	싱글프레스	primera presión 쁘리메라 쁘레씨온
과일 맛의	afrutado 아쁘루따도	부드러운 맛의	sabor suave 싸보르 쑤아베	콜드프레스	presión fría 쁘레씨온 쁘리아
향료 맛의	a especia 아 에쓰뻬씨아	논 필터	sin filtrar 씬 삘뜨라르	엑스트라 버진	extra virgen 엑쓰뜨라 비르헨
신선한	fresco 쁘레쓰꼬	자연스러운 맛	sabor natural 싸보르 나뚜라르		

오가닉 인증이란?
유기 재배의 올리브를 사용한 것으로 Agricultura Biologica(아그리꿀뚜라 비올로히까-유기농업)라고 표시되어 있다. 심사에 통과하지 못하면 표시할 수 없다.

마음에 드는 향을 찾아봅시다

조금 더 자연스러운[신선한] 맛인 것 있나요?
¿Tiene uno con un sabor más natural [fresco]?
띠에네 우노 꼰 운 싸보르 마쓰 나뚜랄[쁘레쓰꼬]?
Do you have one with more natural [fresh] scent?

안달루시아산인가요?
¿Es un producto de Andalucía?
에쓰 운 쁘로두끄또 데 안달루씨아?
Is it a product of Andalusia?

직접 손으로 딴 올리브가 있나요?
¿Tiene olivas recogidas a mano?
띠에네 올리바쓰 레꼬히다쓰 아 마노?
Do you have hand-picked olives?

이걸로 할게요!
¡Me quedo con este!
메 께도 꼰 에쓰떼
I'll take this.

친환경 식품 증명서 있나요?
¿Tiene certificado de producto orgánico?
띠에네 쎄르띠삐까도 데 쁘로두끄또 오르가니꼬?
Do you have certified organic product?

도움이 되는 단어장 WORD

맛	sabor 싸보르	압축 가공	prensado 쁘렌싸도
		익은	maduro 마두로	여과	filtrado 삘뜨라도
올리브 오일	aceite de oliva 아쎄이떼 데 올리바	손 수확	recolectado a mano 레꼴렉따도 아 마노	산미	acidez 아씨데쓰
향기	aroma 아로마	유기농업	Agricultura Biológica 아그리꿀뚜라 비올로히까	시식	degustación 데구쓰따씨온

마음에 드는 화장품을 사는 방법을 알아 둡시다.

스페인에서 인기 있는 화장품은 올리브 오일 등을 사용한 천연 화장품입니다.
여행지의 건조한 공기에 노출되었던 피부가 촉촉하고 부드럽게 윤기가 납니다.

스페인 화장품을 고르는 방법은?
피부가 민감한 사람도 안심할 수 있는 천연 화장품을 추천
합니다. 올리브 오일이나 알로에, 아몬드를 사용한 것 등 다
양한 천연 소재 화장품이 있습니다.

화장품을 찾아봅시다

파운데이션 크림을 찾고 있어요.	**Estoy buscando** base de maquillaje. 에쓰또이 부쓰깐도 바쎄 데 마끼야헤 I'm looking for a foundation cream.
이거 민감성 피부에 사용 가능한가요?	**¿Se puede usar en piel sensible?** 쎄 뿌에데 우싸르 엔 삐엘 쎈씨블레? Can this be used on sensitive skin?
아침[저녁]용인가요?	**¿Es de uso diurno [nocturno]?** 에쓰 데 우쏘 디우르노[녹뚜르노]? Is it for daytime-use [night time-use]?
첨가물이 들어 있나요?	**¿Lleva aditivos?** 예바 아디띠보쓰? Does it use any antiseptics?

점원에게
물어봅시다.

이건 무엇을 위한 제품인가요[어떻게 사용하나요]?
¿Este producto para qué sirve [cómo puedo usarlo]?
에쓰떼 쁘로두끄도 빠라 께 씨르베[꼬모 뿌에도 우싸를로]?
What is this for? [How can I use this?]

화장품 라벨에 표시된 단어장 WORD		주름	arrugas 아루가쓰	무향	sin perfume 씬 뻬르뿌메
		모공	poros 뽀로쓰	방부제 무첨가	sin preservantes 씬 쁘레쎄르반떼쓰
안티에이징	anti edad 안띠 에다드	식물성	vegetal 베헤딸	보존료 무첨가	sin conservantes 씬 꼰쎄르반떼쓰
주름 제거	anti manchas 안띠 만챠쓰	무색	incoloro 인꼴로로	친환경	orgánico 오르가니꼬

스페인에서 저렴한 화장품을 찾는 방법
저렴한 화장품을 찾는다면 큰 슈퍼의 화장품 코너를 가봅시다. 바디로션 등은 1개의 사이즈가 크기 때문에 가지고 가는 것을 생각해 많이 사지 않도록 주의합니다!

한국에서는 못 구하는 화장품 있나요?

¿Tiene cosméticos que no haya en coreano?
띠에네 꼬쓰메띠꼬쓰 께 노 아야 엔 꼬레아?
Do you have any cosmetics that isn't available in Korea?

이거 써 봐도 될까요?

¿Puedo probármelo?
뿌에도 쁘로바르멜로?
Can I try this?

자외선 차단되나요?

¿Protege de los rayos UV [ultravioleta]?
쁘로떼헤 데 로쓰 라이요쓰 우베[울뜨라비올레따]?
Does it block UV rays?

이 색이랑 비슷한 립스틱 있나요?

¿Tiene un pintalabios de un color parecido a éste?
띠에네 운 삔따라비오쓰 데 운 꼴로르 빠레씨도 아 에쓰떼?
Do you have lipsticks close to this color?

이 색들만 있나요?

¿Sólo tiene estos colores?
쏠로 띠에네 에쓰또쓰 꼴로레쓰?
Are there any other colors?

가장 인기 많은 것이 뭔가요?

¿Cuál es el más popular?
꾸알 에쓰 엘 마쓰 뽀뿔라르?
Which one is popular?

이것 좀 보고 싶어요.

Quisiera ver éste.
끼씨에라 베르 에쓰떼
I'd like to see this.

선물용으로 포장 가능한가요?

¿Puede envolverlo para regarlo?
뿌에데 엔볼베를로 빠라 레갈로?
Could you wrap this as a gift?

이거 5개 사고 싶어요.

Quisiera comprar cinco de éste.
끼씨에라 꼼쁘라르 씬꼬 데 에쓰떼
I want five of these.

참고 P.150

LOOK

	있나요?

¿Tiene [   ] **?**
띠에네 [   ]?
Do you have [   ]?

기초 화장품
Productos cosméticos de base
브로두끄또쓰 꼬쓰메띠꼬쓰 데 바쎄

---

crema facial
끄레마 빠씨알
● 【페이스 크림】

suero facial
쑤에로 빠씨알
● 【페이셜 세럼】

---

crema de labios
끄레마 데 라비오쓰
● 【립크림】

loción cosmética
로씨온 꼬쓰메띠까
● 【로션】

loción de leche
로씨온 데 레체
● 【밀크 로션】

crema protectora solar
끄레마 브로펙또라 쏠라
● 【선크림】

máscara y bolsa facial
마쓰까라 이 볼싸 빠씨알
● 【마스크팩】

crema hidratante
끄레마 이드라딴떼
● 【수분 크림】

crema de ojos
끄레마 데 오호쓰
● 【아이 크림】

crema de día
끄레마 데 디아
● 【데이 크림】

crema de noche
끄레마 데 노체
● 【나이트 크림】

바디와 헤어제품
cuidado corporal y de cabello
꾸이다도 꼬르뽀랄 이 데 까베요

---

jabón
하봉
● 【비누】

desmaquillador
데쓰마끼야도르
● 【클렌징 크림】

jabón limpiadora facial
하봉 림삐아도라 빠씨알
● 【세안제】

crema de manos
끄레마 데 마노쓰
● 【핸드크림】

perfume
뻬르뿌메
● 【향수】

aceite corporal
아쎄이떼 꼬르뽀랄
● 【바디 오일】

champú
챠뿌
● 【샴푸】

crema corporal
끄레마 꼬르뽀랄
● 【바디 크림】

suavizante
수아비싼떼
● 【린스】

tratamiento capilar
뜨라따미엔또 까빌라르
● 【헤어 트리트먼트】

gel de ducha
헬 데 두챠
● 【샤워젤】

sal de baño
쌀 데 바뇨
● 【목욕 소금】

peeling
삘링
● 【필링】

loción aromatizador de rosa
로씨온 아로마띠싸도르 데 로싸
● 【로즈 미스트】

aceite de oliva
아쎄이떼 데 올리바
● 【올리브 오일】

새 <u>향수</u> 있나요?

¿Tiene algún perfume nuevo?
띠에네 알군 뻬르뿌메 누에보?
Do you have a new perfume?

페이셜 세럼 샘플 있나요?

¿Tiene una muestra de suero facial?
띠에네 우나 무에쓰뜨라 데 쑤에로 빠씨알?
Do you have a sample of serum?

LOOK

어떤 [   ] 를 추천하시나요?

¿Qué [   ] me recomienda?

께 [   ] 메 레꼬미엔다?

Which [   ] do you recommend?

aceite aromático 아쎄이떼 아로마띠꼬 ●【아로마 오일】	**aceite de jojoba** 아쎄이떼 데 호호바 ●【호호바 오일】
aceite de argan 아쎄이떼 데 아르간 ●【아르간 오일】	**aceite german de trigo** 아쎄이떼 헤르만 데 뜨리고 ●【밀 배아 오일】

화장품
cosméticos
꼬쓰메띠꼬쓰

gel aromático 헬 아로마띠꼬 ●【아로마 젤】	**manteca de karité** 만떼까 데 까리떼 ●【시어 버터】		**pintalabios** 삔따라비오쓰 ●【립스틱】
aceite esencial 아쎄이떼 에쎈씨알 ●【에센셜 오일】	**crema de manteca de karité** 끄레마 데 만떼까 데 까리떼 ●【시어 버터 크림】		
máscara de pestañas 마쓰까라 데 뻬쓰따냐쓰 ●【마스카라】	**manicura** 마니꾸라 ●【매니큐어】	**colorete** 꼴로레떼 ●【루즈】	**delineador** 델리네아도르 ●【아이라이너】
		sombra de ojos 쏨브라 데 오호쓰 ●【아이섀도우】	**base de maquillaje** 바쎄 데 마끼야헤 ●【파운데이션】
polvos de maquillaje 뽈보쓰 데 마끼야헤 ●【파우더】	**líquido de maquillaje** 리끼도 데 마끼야헤 ●【리퀴드 파운데이션】	**lápiz de cejas** 라삐쓰 데 쎄하쓰 ●【아이브로우】	**brillo de lábios** 브리요 데 라비오쓰 ●【립글로스】
crema de base 끄레마 데 바쎄 ●【베이스 크림】	**corrector cosmético** 꼬렉또르 꼬쓰메띠꼬 ●【컨실러】	**lápiz de lábios** 라삐쓰 데 라비오쓰 ●【립 펜슬】	**delineador líquido** 델리네아도르 리끼도 ●【리퀴드 아이라이너】
corrector de ojeras 꼬렉또르 데 오헤라쓰 ●【컬러 컨트롤】	**aplicador de sombra** 아쁠리까도르 데 쏨브라 ●【브러시】	**algodón** 알고돈 ●【솜】	**a prueba de agua** 아 쁘루에바 데 아구아 ●【방수】

도움이 되는 단어장 WORD

		미백	**piel blanca** 삐엘 블랑까	다크서클	**ójeras** 오헤라쓰
		자외선	**rayos UV** 라이요쓰 우베	건조	**seco** 쎄꼬
여드름	**acné** 아끄네	알러지	**alergia** 알레르히아	수분 공급	**hidratante** 이드라딴떼
칙칙한 피부	**piel apagada** 삐엘 아빠가다	콜라겐	**colágeno** 꼴라헤노	지성 피부	**piel grasa** 삐엘 그라싸
모공	**poros** 뽀로쓰	비타민	**vitamina** 비따미나	민감성 피부	**piel sensible** 삐엘 쎈씨블레
연약함	**flacidez** 쁠라씨데쓰	천연 성분	**ingredientes naturales** 인그레디엔떼쓰 나뚜랄레쓰	건성 피부	**piel seca** 삐엘 쎄까

공연이나 엔터테인먼트를 감상하고 싶어요.

한 번 정도는 보고 싶은 열정 넘치는 플라멩코의 세계.
바나 클럽 등의 밤을 즐기는 장소를 만끽해 봅시다.

예약~공연장에서

플라멩코 쇼를 보고 싶어요.	**Quisiera ver un espectáculo de flamenco.** 끼씨에라 베르 운 에쓰뻭따꿀로 데 쁠라멩꼬 I'd like to see a flamenco.
타블라오는 어디 있나요?	**¿Dónde hay un tablao?** 돈데 아이 운 따블라오? Where is tablao?

> **타블라오란?**
> 플라멩코를 보면서 술이나 식사를 할 수 있는 곳을 말합니다.

어떤 것이 가장 인기가 많나요?	**¿Cuál es más popular?** 꾸알 에쓰 마쓰 뽀뿔라르? Which one is popular?
성인 2명 입장권이요.	**Dos entradas de adulto.** 도쓰 엔뜨라다쓰 데 아둘또 Two tickets for adult, please.

참고 P.150

이 좌석 비어 있나요?	**¿Está libre este asiento?** 에쓰따 리브레 에쓰떼 아씨엔또? Is this seat available?
현장 판매 입장권 있나요?	**¿Hay entradas para hoy?** 아이 엔뜨라다쓰 빠라 오이? Do you have a walk-up ticket?
몇 시에 시작하나요?	**¿A qué hora comienza?** 아 께 오라 꼬미엔싸? What time does it start?
가장 싼[비싼] 좌석이 어떤 건가요?	**¿Cuál es el asiento más barato [caro]?** 꾸알 에쓰 엘 아씨엔또 마쓰 바라또 [까로]? Which seat is the cheapest [most expensive]?
따로 떨어져서 앉아도 상관없어요.	**No nos importa que sean asientos separados.** 노 노쓰 임뽀르따 께 쎄안 아씨엔또쓰 쎄빠라도쓰 We can sit separately.
공연은 언제 끝나요?	**¿A qué hora termina la función?** 아 께 오라 떼르미나 라 뿐씨온? What time does it end?

플라멩코에서 꼭 듣게 되는 "오레!"라는 할레오(기합)는 "좋다!"라는 의미입니다.

플라멩코를 관람해 봅시다

🌹 춤 baile 바일레

인간의 희로애락을 몸 전체를 사용해 춤으로 표현합니다. 브라세오(손이나 손끝, 팔의 움직임)와 사파테아드(발재간)를 때로는 격렬하게, 때로는 하늘하늘하게 춥니다.

🌹 노래 cante 깐떼

있는 힘을 다해 부르짖듯이 영혼의 끝에서 끌어 올리며 부르는 칸테의 구성에는 터질 듯한 소리로 노래 부르거나 가락을 들려 주는 '메리스마' 창법 등 여러 가지가 있습니다.

🌹 터치 toque 또께

스페인어로 기타 연주를 뜻하며, 강력한 인상을 주는 라스게아드(손톱으로 뜯는 반주법)가 유명한데 플라멩코에서만 볼 수 있습니다.

원포인트 타블라오에 가면 알아 두어야 할 매너

먼저 예약을 합시다

인기 있는 타블라오는 반드시 예약합시다. 호텔의 컨시어지에서도 가능합니다. 쇼가 심야에 진행되는 곳도 많으므로 돌아가는 길은 택시를 이용합시다.

복장은?

바르셀로나 등 대도시에는 쇼업한 대극장형 타블라오도 있어, 드레스 코드가 다소 필요하지만 대부분의 타블라오에서는 캐쥬얼한 복장도 괜찮습니다!

사진을 찍어도 괜찮을까?

쇼 중간에는 촬영이 금지되며, 마지막 5~10분 정도 촬영이 허가되는 경우가 많지만 동영상 촬영은 원칙적으로 금지입니다. 플래시를 터트리지 않고 촬영하는 것이 가능한 타블라오도 있습니다.

쇼 중간에 신경써야 할 것은?

리듬을 타는 손박자(파르마)를 하고 싶어도 반주자나 무용수의 집중을 흐트러트릴 수 있으므로 주의합니다. "오레" 등의 기합도 하지 않는 편이 좋습니다.

도움이 되는 단어장 WORD		갈채	jaleo 할레오	정열적인	apasionado 아빠씨오나도
		손장단	palmas 빨마쓰	스텝	paso 빠쏘
타블라오	tablao 따블라오	리듬	ritmo 리뜨모	상연	representación 레쁘레쎈따씨온
스테이지	escenario 에쓰쎄나리오	표현	expresión 엑쓰쁘레씨온	악기	instrumento musical 인쓰뜨루멘또 무씨깔

103

공연이나 엔터테인먼트를 감상하고 싶어요.

여기서 입장권 예약을 할 수 있나요?	**¿Puedo reservar una entrada aquí?** 뿌에도 레쎄르바르 우나 엔뜨라다 아끼? Can I make a ticket reservation here?
아직 입장권을 구할 수 있나요?	**¿Puedo conseguir todavía entradas?** 뿌에도 꼰쎄구이르 또다비아 엔뜨라다쓰? Can I still get a ticket?
공연이 몇 시에 시작하나요?	**¿A qué hora empieza el espectáculo?** 아 께 오라 엠삐에싸 엘 에쓰뻭따꿀로? When does the show start?
좌석 배치표를 볼 수 있을까요?	**¿Podría ver la distribución de asientos?** 뽀드리아 베르 라 디쓰뜨리부씨온 데 아씨엔또쓰? Can I see the seating plan?
자리로 안내해 주실 수 있나요?	**¿Puede llevarme a mi asiento?** 뿌에데 예바르메 아 미 아씨엔또? Could you take me to my seat?
택시를 불러 주실 수 있나요?	**¿Podría llamarme un taxi?** 뽀드리아 야마르메 운 딱씨? Could you call me a taxi?

술집에서

예약 안 했습니다.	**No tengo reserva.** 노 뗑고 레쎄르바 I don't have a reservation.

도움이 되는 단어장 WORD					
		댄스	danza 단싸	좌석표	plano de asientos 쁠라노 데 아씨엔또쓰
		뮤지컬	musical 무씨깔	프로그램	programa 쁘로그라마
오페라	ópera 오뻬라	사전 판매 티켓	entrada de venta anticipada 엔뜨라다 데 벤따 안띠씨빠다	팸플릿	folleto 뽀예또
극장	teatro 떼아뜨로	당일권	billete para hoy 비예떼 빠라 오이	입구	entrada 엔뜨라다
발레	ballet 발레	좌석	asiento 아씨엔또	출구	salida 쌀리다

어느 위치를 추천해 주시나요?
¿Qué zona me recomienda?
께 쏘나 메 레꼬미엔다

메뉴 좀 주시겠어요?	**¿Me da un menú, por favor?** 메 다 운 메누 뽀르 빠보르? Can I have a menu, please?
남는 좌석 있나요?	**¿Tiene mesas libres?** 띠에네 메싸쓰 리브레쓰 Can we get a table?
재떨이 좀 갈아 주실 수 있나요?	**¿Puede cambiar el cenicero?** 뿌에데 깜비아르 엘 쎄니쎄로? Could you change the ashtray?
입장료가 얼마인가요?	**¿Cuánto cuesta la entrada?** 꾸안또 꾸에쓰따 라 엔뜨라다? How much is the admission?
예약해야 하나요?	**¿Tengo que hacer reserva?** 뗑고 께 아쎄르 레쎄르바? Do I need a reservation?
라이브 공연 있나요?	**¿Tiene actuaciones en directo?** 띠에네 악뚜아씨오네쓰 엔 디렉또? Do you have live performance?
오늘 사람이 많나요?	**¿Está lleno hoy?** 에쓰따 예노 오이? Is it crowded today?

도움이 되는 단어장 WORD

플라멩코	flamenco 쁠라멩꼬	라이브 공연	actuaciones en directo 악뚜아씨오네쓰 엔 디렉또	스카치위스키	escocés 에쓰꼬쎄쓰
나이트클럽	club nocturno 끌루브 녹뚜르노	카바레	cabaré 까바레	버번위스키	bourbon 보우르본
디스코	discoteca 디쓰꼬떼까	공연비	precio del espectáculo 쁘레씨오 델 에쓰뻭따꿀로	칵테일	cocktail 꼭떼일
		좌석료	precio del asiento 쁘레씨오 델 아씨엔또	맥주	cerveza 쎄르베싸
		위스키	whisky 위쓰끼	콜라	coca cola 꼬까 꼴라

참고 P.52

스페인의 스포츠에 열광해 봅시다.

스페인은 국기(國技)인 투우와 축구가 유명한 나라입니다.
모처럼 왔으니 열광적인 엔터테인먼트를 즐겨 봅시다.

스페인의 국기(國技),
투우를 보러가 봅시다.

투우는 소와 사람의 생사를 건 신성한 의식입니다. 돌진해 오는 소에 대해 3명의 투우사들(피카도르, 반텔레로, 마타도르)은 도망가지 않고 과감하게 맞서 싸웁니다.

투우는 3부 구성의 옴니버스 극입니다. 한 번의 투우에서 3명의 투우사가 두 번씩 소를 흥분시켜, 총 여섯 번의 싸움이 이어집니다.

투우를 좀 더 즐기기 위한
스토리 해설

1 투우사들의 입장
팡파르와 함께 투우사들이 입장합니다. 출연자 전원이 경기장에 서고, 그 후에 소가 등장합니다.

2 카포테의 경기
카포테란 앞을 핑크, 뒤를 노란색으로 물들인 망토입니다. 투우사가 이것을 양손에 들고 소를 다루며 성격이나 반사 신경 등을 판단합니다.

3 피카도르의 장
방어구를 입은 말을 타고, 긴 창을 든 피카도르가 등장합니다. 소가 말에 뿔을 들이받으려고 하는 순간을 엿보며, 소의 혹을 찌릅니다.

4 반텔레로의 장
돌진을 이어가는 소와 반텔레로가 공격을 주고받으며 반텔레로가 접근합니다. 2개의 작살을 세 번, 피카도르와 같은 자리에 찌릅니다.

5 물레타의 장
상처 입은 소를 향해 마타도르가 등장합니다. 물레타(빨간 천)를 한 손에 들고 화려하게 소를 다룹니다.

6 진실의 순간
목덜미가 정면이 보이는 상태가 되면 마타도르는 소의 숨통을 끊습니다. 이렇게 소는 절명하게 되며 이것을 '진실의 순간'이라고 부릅니다.

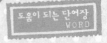
도움이 되는 단어장
WORD

투우장	plaza de toros 쁠라싸 데 또로쓰	투우 모래터	ruedo 루에도	물레타	muleta 물레따
		투우사	torero 또레로	그늘 좌석	asiento de sombra 아씨엔또 데 쏨브라
		뿔	cuerno 꾸에르노	양지 좌석	asiento de sol 아씨엔또 에 쏠

리가 에스파뇰라의 시합을 보러 가 봅시다.

세계 최고의 리그, 리가 에스파뇰라의 매력은 무엇보다도 적극적이고 공격적인 시합 전개에 있습니다. 스페인 전국을 흥분의 도가니로 만들고 사람들은 골 하나에 일희일비합니다. 메시 등 세계적인 톱스타가 모여 있는 것도 큰 매력 중 하나입니다.

원포인트 스페인의 주요 스타디움

캄 노우 경기장
Estadio Camp Nou

지역팀 F.C.바르셀로나의 홈 그라운드로 약 10만 명을 수용할 수 있는 유럽 최대의 전용 스타디움입니다. 무수히 많은 트로피가 전시된 박물관도 함께 있습니다.

스타디움 견학 투어

로커룸이나 시합 전에 선수들이 기도하는 예배당 등을 견학할 수 있으며, 선수와 같은 공간에 있는 것이 가능합니다.

산티아고 베르나베우 경기장
Estadio Santiago Bernabeu

하얀 유니폼의 색 때문에 '엘 브랑코'라고 불리며, 절대적인 인기를 가진 레알 마드리드의 본거지입니다. 9만 명을 수용 가능한 거대 스타디움입니다.

스타디움 견학 투어

스타디움 최고층의 파노라마를 볼 수 있고, 로커룸이나 벤치, 박물관 등을 견학할 수 있습니다.

도움이 되는 단어장 WORD					
시합	partido 빠르띠도	유니폼	equipación 에끼빠씨온
경기장	estadio 에쓰따디오	축구공	balón de fútbol 발롱 데 뿌뜨볼	선수	jugador 후가도르
팀	equipo 에끼뽀	홈그라운드	en casa 엔 까싸	감독	entrenador 엔뜨레나도르
구단	club 끌루브	반칙	falta 빨따	팬	fan/espectador 빤/에쓰뻭따도르
		당일권	entrada para hoy 엔뜨라다 빠라 오이	심판	árbitro 아르비뜨로

107

호텔에서 쾌적하게 지내고 싶어요

여행을 더 충실하고 재미있게 보내기 위해 호텔에서의 시간도 소중하게 보냅시다.
호텔에 있는 동안 자주 쓰이는 표현들을 모아 봤습니다.

호텔 도착이 늦어질 것 같을 때

늦게 도착할 것 같아요. 하지만
예약은 취소하지 말아 주세요!

¡Llegaré con retraso, pero no cancele mi reserva, por favor!
예가레 꼰 레뜨라쏘 뻬로 노 깐쎌레 미 레쎄르바 뽀르 빠보르
I'll be arriving late, but please hold the reservation!

체크인을 해 봅시다

체크인을 하고 싶어요.

Quisiera registrarme.
끼씨에라 레지쓰뜨라르메
I'd like to check in.

> 스페인에는 프라도 르라고
> 불리는 고성이나 귀족의
> 집, 수도원 등을 호텔로 개
> 조한 국영 호텔이 있습니
> 다. 이런 곳에서는 비교적
> 괜찮은 가격으로 숙박할
> 수 있습니다.

예약했어요.

Tengo una reserva.
뗑고 우나 레쎄르바
I have a reservation.

침대 2개 있는 트윈 룸, 맞
죠?

Es una habitación doble con dos camas, ¿verdad?
에쓰 우나 아비따씨온 도블레 꼰 도쓰 까마쓰 베르다드?
It's a twin room, isn't it?

전경이 좋은 방을 원해요.

Quisiera una habitación con buenas vistas.
끼씨에라 우나 아비따씨온 꼰 부에나쓰 비쓰따쓰
I want a room with a nice view.

한국어 할 줄 아시는 분
계세요?

¿Hay alguien que hable coreano?
아이 알기엔 께 아블레 꼬레아노?
Is there anyone who speaks Korean?

귀중품을 보관해 주실 수
있나요?

¿Podría guardarme los objetos de valor?
뽀드리아 구아르다르메 로쓰 오브헤또쓰 데 발로르?
Could you store my valuables?

호텔 체크아웃은 몇 시인
가요?

¿A qué hora se debe dejar el hotel?
아 께 오라 쎄 데베 데하르 엘 오뗄?
When is the check out time?

이 호텔에는 어떤 편의 시
설들이 있나요?

¿Qué clase de instalaciones tiene el hotel?
께 끌라쎄 데 인쓰딸라씨오네쓰 띠에네 엘 오뗄?
What kind of facilities do you have in this hotel?

자판기는 어디에 있나요?

¿Dónde están las máquinas expendedoras?
돈데　　에쓰딴 라쓰 마끼나쓰　　엑쓰뻰데도라쓰?
Where is the vending machine?

이 근처에 괜찮은 식당을 아시나요?

¿Conoce algún buen restaurante cerca?
꼬노쎄　　알군　부엔　레쓰따우란떼　　쎄르까?
Do you have any good restaurants near here?

호텔은
이렇게 되어
있습니다.

룸서비스
servicio de habitaciones
쎄르비씨오 데 아비따씨오네쓰

객실에서 전화로 주문을 받아 음식이나 음료수를 제공하는 서비스.

로비
vestíbulo
베쓰띠불로

현관이나 프런트와 가까운 곳에 있어 일행을 기다리거나 간단한 휴식을 취할 수 있는 공간으로 투숙객들이 자유롭게 이용 가능한 공간.

콘시어지
conserjería
꼰쎄르헤리아

투숙객을 응대하고 관광 정보를 제공하거나 투어 신청 및 고객들의 요구 사항을 접수하는 곳.

포터
mozo de equipajes
모쏘 데 에끼빠헤쓰

호텔에 도착한 차량에서 투숙객의 짐을 프런트로 운반해 준다.

프런트 데스크
recepcionista
레쎕씨오니쓰따

체크인, 체크아웃, 정산, 환전 등의 접수 업무를 담당하고 귀중품 보관 등의 업무도 한다.

벨맨
botones
보또네쓰

투숙객의 짐을 운반하거나 고객들을 방으로 안내하는 역할을 한다. 호텔에 따라 포터의 업무도 한다.

보관소
guardarropa
구아르다로빠

투숙객의 짐을 맡아 주는 역할을 한다. 체크인 전이나 체크아웃 후에 이용 가능하다.

방으로 안내해 드리겠습니다.
Le enseño la habitación.
레　엔쎄뇨　라 아비따씨온

가방을 옮겨 드리겠습니다.
Le llevo las maletas.
레　예보　라쓰 말레따쓰

엘리베이터는 이쪽에 있습니다.
El ascensor está aquí.
엘 아쎈쏘르　에쓰따 아끼

안녕하세요.
Hola.

호텔에서 쾌적하게 지내고 싶어요

방 안에서

샤워기를 어떻게 쓰는지 알려 주실 수 있나요?

¿Podría enseñarme cómo se usa la ducha?
뽀드리아 엔쎄냐르메 꼬모 쎄 우싸 라 두챠?
Could you show me how to use this shower?

김 여사님, 들어가도 되겠습니까?

Señorita Kim, ¿se puede pasar?
쎄뇨리따 킴 쎄 뿌에데 빠싸르?
Ms. Kim, may I come in?

들어오세요. / 잠시만 기다려 주세요.

Entre, por favor. / Espere un momento, por favor.
엔뜨레 뽀르 빠보르 / 에쓰뻬레 운 모멘또 뽀르 빠보르
Come in. / Just a moment, please.

이 방은 415호입니다.

Ésta es la habitación cuatro uno cinco.
에쓰따 에쓰 라 아비따씨온 꾸아뜨로 우노 씬꼬
This is Room 415.

참고 P.150

내일 아침 6시에 깨워 주세요.

Por favor, despiérteme mañana a las 6 de la mañana.
뽀르 빠보르 데쓰삐에르떼메 마냐나 아 라쓰 쎄이쓰 데 라 마냐나
Please wake me up at six tomorrow morning.

참고 P.152

알겠습니다.

Muy bien, señorita.
무이 비엔 쎄뇨리따
Sure.

목욕 타월 좀 가져다 주세요.

Por favor, tráigame un toalla de baño.
뽀르 빠보르 뜨라이가메 운 또아야 데 바뇨
Please bring me a new bath towel.

최대한 빨리 부탁드려요.

Lo más pronto posible, por favor.
로 마쓰 쁘론또 뽀씨블레 뽀르 빠보르
As soon as possible, please.

룸서비스 부탁드려요.

Servicio de habitaciones, por favor.
쎄르비씨오 데 아비따씨오네쓰 뽀르 빠보르
Room service, please.

피자랑 커피 주세요.

Quisiera una pizza y un café.
끼씨에라 우나 삐싸 이 운 까뻬
I'd like a pizza and a coffee.

물이랑 얼음 좀 가져다 주세요.

Por favor, tráigame agua y hielo.
뽀르 빠보르 뜨라이가메 아구아 이 이엘로
Please bring me some ice cubes and water.

호텔에서 지켜야 할 매너를 알아 둡시다.

1 체크인에서 체크아웃까지
도착이 늦어지거나 외출 후 늦게 돌아올 경우는 반드시 사전에 연락하자.

2 복장
호텔은 공공장소이다. 슬리퍼나 샤워 가운차림으로 방 밖을 돌아다니지 않도록 하자.

3 귀중품 관리는 자기 책임
귀중품은 가지고 다니거나 객실 내 금고나 프런트에 맡기는 것이 좋다.

4 팁에 대해
베드 메이킹이나 콘시어지를 이용했을 때는 1~2유로 정도의 팁을 준다.

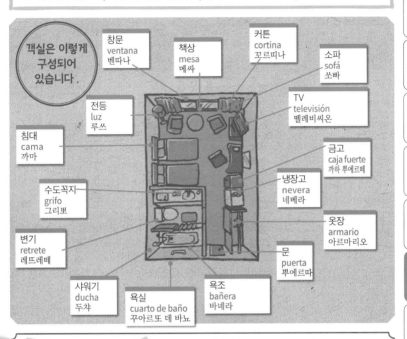

객실은 이렇게 구성되어 있습니다.

창문 ventana 벤따나
책상 mesa 메싸
커튼 cortina 꼬르띠나
소파 sofá 쏘빠
전등 luz 루쓰
TV televisión 뗄레비씨온
침대 cama 까마
금고 caja fuerte 까하 뿌에르떼
수도꼭지 grifo 그리뽀
냉장고 nevera 네베라
옷장 armario 아르마리오
변기 retrete 레뜨레떼
문 puerta 뿌에르따
샤워기 ducha 두챠
욕실 cuarto de baño 꾸아르또 데 바뇨
욕조 bañera 바녜라

곤란한 일이 생겼을 때 바로 사용하는 표현

샤워기가 작동하지 않아요.
La ducha no funciona.
라 두챠 노 뿐씨오나

방을 바꾸고 싶어요.
Por favor, quería cambiar de habitación.
뽀르 빠보르 께리아 깜비아르 데 아비따씨온

뜨거운 물이 안 나와요.
No sale agua caliente.
노 쌀레 아구아 깔리엔떼

화장실 수조가 작동하지 않아요.
La cisterna no funciona.
라 씨쓰떼르나 노 뿐씨오나

전기가 안 들어와요.
No hay corriente eléctrica.
노 아이 꼬리엔떼 엘렉뜨리까

밖에 나왔는데 열쇠를 안에 두고 왔어요.
Me he quedado fuera y la llave está dentro.
메 에 께다도 뿌에라 이 라 야베 에쓰따 덴뜨로

즉시 누군가를 보내 주실 수 있나요?
¿Puede enviar a alguien enseguida?
뿌에데 엔비아르 아 알기엔 엔쎄기다?

111

호텔에서 쾌적하게 지내고 싶어요.

호텔 시설 및 서비스

환전하고 싶어요.

Quisiera cambiar dinero.
끼씨에라 깜비아르 디네로
I'd like to exchange money.

식당이 어디에 있나요?

¿Dónde está el salón comedor?
돈데 에쓰따 엘 쌀론 꼬메도르?
Where is the restaurant?

몇 시에 닫나요?

¿A qué hora cierra?
아 께 오라 씨에라?
What time does it close?

예약해야 하나요?

¿Necesito reserva?
네쎄씨또 레쎄르바?
Do I need a reservation?

아침 식사가 가능한 카페 테리아가 있나요?

¿Hay alguna cafetería para desayunar?
아이 알구나 까뻬떼리아 빠라 데싸유나르?
Is there a cafeteria for breakfast?

잠시 이 짐 좀 맡아 주실 수 있나요?

¿Podría guardarme el equipaje un momento?
뽀드리아 구아르다르메 엘 에끼빠헤 운 모멘또?
Could you store this baggage for a while?

항공 우편으로 이 편지 좀 보내 주세요.

Por favor, envíe esta carta por correo aéreo.
뽀르 빠보르 엔비에 에쓰따 까르따 뽀르 꼬레오 아에레오
Please send this letter by air mail.

한국으로 팩스를[이메일 을] 보내고 싶어요.

Quisiera enviar un fax [email] a Corea.
끼씨에라 엔비아르 운 빡스[이메일] 아 꼬레아
I'd like to send a fax[an e-mail] to Korea.

인터넷 사용 가능한가요?

¿Puedo usar internet?
뿌에도 우싸르 인떼르네뜨?
Can I access the Internet in this hotel?

얼마인가요?

¿Cuánto cuesta?
꾸안또 꾸에쓰따?
How much does it cost?

방에서 와이파이 잡히나 요?

¿Hay conexión wifi en la habitación?
아이 꼬넥씨온 위삐 엔 라 아비따씨온?
Can I use WiFi in the room?

금고를 어떻게 사용하는지 말해 주실 수 있나요?	**¿Podría decirme cómo se usa la caja fuerte?** 뽀드리아 데씨르메 꼬모 쎄 우싸 라 까하 뿌에르떼? Could you tell me how to use the safety deposit box?
콘센트를 못 찾겠어요.	**No encuentro el enchufe.** 노 엔꾸엔뜨로 엘 엔츄뻬 Could you tell me where the outlet is?
저에게 온 메시지 있나요?	**¿Ha llegado algún mensaje para mí?** 아 예가도 알군 멘싸헤 빠라 미? Are there any messages for me?
택시 좀 불러 주실 수 있나요?	**¿Podría llamarme un taxi?** 뽀드리아 야마르메 운 딱씨? Please get me a taxi.
이 호텔의 주소가 적힌 명함을 원해요.	**Quisiera una tarjeta con la dirección de este hotel.** 끼씨에라 우나 따르헤따 꼰 라 디렉씨온 데 에쓰떼 오뗄 Could I have a card with the hotel's address?
공항으로 가는 버스 있나요?	**¿Hay autobuses para ir al aeropuerto?** 아이 아우또부쎄쓰 빠라 이르 알 아에로뿌에르또? Is there a bus that goes to the airport?
드라이기 좀 빌릴 수 있을까요?	**¿Puede prestarme un secador de pelo?** 뿌에데 쁘레쓰따르메 운 쎄까도르 데 뻬로? Can I borrow a dryer?
테이블 하나를 예약하고 싶어요.	**Quisiera reservar una mesa.** 끼씨에라 레쎄르바르 우나 메싸 I'd like to reserve a restaurant.
몸이 안 좋아요.	**Me encuentro mal.** 메 엔꾸엔뜨로 말 I feel sick.
의사 좀 불러 주세요.	**Por favor, llame a un médico.** 뽀르 빠보르 야메 아 운 메디꼬 Call a doctor, please.
옆방이 너무 시끄러워요.	**La habitación de al lado hace mucho ruido.** 라 아비따씨온 데 알 라도 아쎄 무쵸 루이도 It is noisy next door.
주차를 하고 싶어요.	**Quisiera usar el parking.** 끼씨에라 우싸르 엘 빠르낑 I'd like to use the parking.

113

호텔에서 쾌적하게 지내고 싶어요.

호텔에서 조식을 먹을 때

방에서 아침식사를 할 수 있나요?	**¿Podría tomar el desayuno en la habitación?** 뽀드리아 또마르 엘 데싸유노 엔 라 아비따씨온? Can I eat breakfast in the room?
아침 8시에 가져다 주세요.	**Por favor, tráigalo a las ocho de la mañana.** 뽀르 빠보르 뜨라이갈로 아 라쓰 오쵸 데 라 마냐나 Please bring it at eight in the morning. 참고 P.152
크루아상이랑 오렌지 주스 부탁드려요.	**Cruasans y zumo de naranja, por favor.** 끄루아싼 이 쑤모 데 나란하 뽀르 빠보르 I'd like some croissants and an orange juice, please.
아침은 뷔페식인가요?	**¿El desayuno es estilo bufet?** 엘 데싸유노 에쓰 에쓰띨로 부뻬드? Is breakfast a buffet style?
아침식사는 몇 시에 시작하나요?	**¿A qué hora empieza el desayuno?** 아 께 오라 엠삐에싸 엘 데싸유노? What time does breakfast start?

체크아웃을 합시다

체크아웃을 하고 싶어요.	**Quisiera dejar el hotel.** 끼씨에라 데하르 엘 오뗄? I'd like to check out, please.
저는 415번 방의 김이에요.	**Soy Kim, de la habitación 415.** 쏘이 킴 데 라 아비따씨온 꾸아뜨로 씨엔또쓰 낀쎄 It's Kim in Room 415. 참고 P.150
계산이 잘못되었어요.	**La cuenta está mal.** 라 꾸엔따 에쓰따 말 I think there is a mistake in this bill.
룸서비스를 시킨 적이 없어요.	**No he usado el servicio de habitaciones.** 노 에 우싸도 엘 쎄르비씨오 데 아비따씨오네쓰 I didn't order room service.
국제 전화를 사용한 적이 없어요.	**No he hecho llamadas internacionales.** 노 에 에쵸 야마다쓰 인떼르나씨오날레쓰 I didn't make any international phone calls.

감사합니다. 지내는 동안 정말 좋았어요.	**Gracias. He disfrutado mucho de mi estancia.** 그라씨아쓰 에 디쓰쁘루따도 무쵸　데 미 에쓰딴씨아 Thank you. I really enjoyed my stay.
미니바에서 주스를 하나 먹었어요.	**He tomado un zumo del minibar.** 에 또마도　운 쑤모　델 미니바르 I had a bottle of juice from the mini bar.
귀중품 다시 주세요.	**Quisiera recoger mis objetos de valor.** 끼씨에라　레꼬헤르 미쓰 오브헤또쓰 데 발로르 I'd like my valuables back.
방에 뭔가 두고 왔어요.	**Me he olvidado algo en la habitación.** 메 에 올비다도　알고 엔 라 아비따씨온 I left something in my room.
신용 카드로 결제하고 싶어요.	**Quisiera pagar con tarjeta de crédito.** 끼씨에라　빠가르 꼰　따르헤따 데 끄레디또 I'd like to pay by credit card.
이 신용 카드 사용 가능한가요?	**¿Se puede usar esta tarjeta de crédito?** 쎄 뿌에데 우싸르 에쓰따 따르헤따 데 끄레디또 ? Do you accept this credit card?
현금으로 결제할게요.	**Pagaré en efectivo.** 빠가레　엔 에뻭띠보 I'd like to pay by cash.
하루 더 묵고 싶어요.	**Quisiera alargar un día más mi estancia.** 끼씨에라　알라르가르 운 디아 마쓰　미 에쓰딴씨아 I'd like to extend my stay.

도움이 되는 단어장 WORD

		이불	edredón 에드레돈	화장지	papel higiénico 빠뻴 이히에니꼬
		매트리스	colchón 꼴촌	옷걸이	percha 뻬르챠
물	agua 아구아	에어컨	aire acondicionado 아이레 아꼰디씨오나도	슬리퍼	zapatillas 싸빠띠야쓰
온수	agua caliente 아구아 깔리엔떼	샴푸	champú 챰뿌	유리컵	vaso 바쏘
베개	almohada 알모아다	비누	jabón 하봉	드라이기	secador 쎄까도르
시트	sábanas 싸바나쓰	수건	toalla 또아야	재떨이	cenicero 쎄니쎄로

입국 심사에 필요한 표현은 이렇습니다.

공항 aeropuerto
아에로뿌에르또

현지 공항에 도착하면 먼저 입국 심사를 하게 됩니다. 쓰는 표현이 대부분 정해져 있기 때문에 연습하여 자연스럽게 입국합시다. 여권 등 필요한 것을 준비하는 것도 잊지 마세요!

입국 심사란?

EU자국 내의 여권 소지자와 그 이외 (Autres Passeports)로 부스가 나뉘어 있기 때문에, 외국인(EU 이외) 카운터 쪽으로 가서 줄을 섭니다. 또, 입국 심사의 경우 여행 목적이나 체류 기간을 묻는 경우도 있습니다. 스탬프를 찍지 않은 경우도 종종 있기 때문에 필요하다면 찍어달라고 해야 합니다.

입국 조사에서 제출해야 하는 것들입니다.
● 여권
● 출입국 카드(셍겐 협정 가맹국을 경유한 경우는 불필요)
● 돌아갈 때의 항공권(요구받았을 경우 제시)

세관에 제출해야 할 것들입니다.
● 여권
● 세관 신고서 : 면세 범위라면 검사는 필요 없습니다. 그대로 출구로 가면 됩니다.

셍겐 협정 가맹국 간의 이동은 출입국 수속이 간소화되어 있습니다.

여권 좀 보여 주시겠습니까?
¿Puedo ver su pasaporte, por favor?
뿌에도 베르 쑤 빠싸뽀르떼 뽀르 빠보르?
May I see your passport, please?

여행 목적이 무엇입니까?
¿Cuál es el propósito de su visita?
꾸알 에쓰 엘 쁘로뽀씨또 데 쑤 비씨따?
What's the purpose of your visit?

관광입니다. / 출장입니다.
Turismo. / Negocios.
뚜리쓰모 / 네고씨오쓰
Sightseeing. / Business.

며칠 동안 머무르실 겁니까?
¿Cuánto tiempo va a quedarse?
꾸안또 띠엠뽀 바 아 께다르쎄?
How long are you going to stay?

<u>10일</u> 정도입니다.
Unos 10 días.
우노쓰 디에쓰 디아쓰
About ten days.

참고 P.150

어디에 머무르시나요?
¿Dónde piensa quedarse?
돈데 삐엔싸 께다르쎄?
Where are you staying?

플라자 호텔입니다. / (남자)친구[(여자)친구] 집에서요.
En el hotel Plaza. / En casa de un amigo [una amiga].
엔 엘 오뗄 쁠라싸 / 엔 까싸 데 운 아미고[우나 아미가]
Plaza Hotel. / My friend's house.

입국 절차

1 도착
공항에 도착하여 안내에 따라 입국 심사대로 이동한다.

2 입국심사
외국인(EU 이외) 카운터에 줄을 서고 입국 심사를 받는다.

3 짐찾기
항공사, 편명을 확인하고 맡겼던 위탁 수하물을 찾는다.

4 세관
짐을 가지고 필요 서류를 제출하고 세관 검사대로 간다. 구매한 물건들의 가격이 면세 범위 이내라면 그대로 통과한다. 아닌 경우는 반드시 세관 절차를 거친다.

5 도착 로비
세관을 빠져나와 게이트를 나오면 도착 로비가 나온다.

환승하는 경우

탑승구가 어디인가요?

¿Dónde está la puerta de embarque?
돈데   에쓰따 라 뿌에르따 데   엠바르께?
Where is the boarding gate?

위탁 수하물을 잃어버린 경우

위탁 수하물을 잃어버린 경우에는 먼저 'LOST & FOUND' 카운터를 찾습니다. 항공권과 수하물표를 직원에게 보여 주고 문제를 해결합니다. 바로 찾지 못하는 경우에는 짐을 숙박하는 호텔에 보내 달라고 합시다. 만일을 대비해 하루 분의 세면 도구나 속옷, 화장품 등을 미리 준비해 두는 것도 좋습니다.

세관에서 수하물에 대해 물어볼 수도 있어요.

제 여행 가방이 아직 도착하지 않았습니다.

Mi maleta no ha llegado todavía.
미 말레따   노 아 예가도   또다비아
My suitcase hasn't arrived yet.

찾는 대로 호텔로 보내 주세요, 부탁합니다.

Por favor, envíemela al hotel tan pronto como la localice.
뽀르 빠보르 엔비에멜라 알 오뗄 딴 쁘론또 꼬모 라 로깔리쎄
Please deliver it to my hotel as soon as you've located it.

제 여행 가방이 파손되었습니다.

Mi maleta está dañada.
미 말레따   에쓰따 다냐다
My suitcase is damaged.

친구를 위한 선물입니다. / 개인 소지품입니다.

Un regalo para mi amigo [amiga]. / Mis objetos personales.
운 레갈로 빠라 미 아미고[아미가] / 미쓰 오브헤또쓰 뻬르쏘날레쓰
A present for my friend. / My personal belongings.

도움이 되는 단어장 WORD			
	수하물 수취소	recogida de equipajes 레꼬히다 데 에끼빠헤쓰	수령증 resguardo 레쓰구아르도
도착 llegada 예가다	세관	aduanas 아두아나쓰	검역 cuarentena 꾸아렌떼나
	도착 로비	sala de llegadas 쌀라 데 예가다쓰	면세/ 과세 sin impuesto / con impuestos 씬 임뿌에쓰또 / 꼰 임뿌에쓰또쓰
입국 inmigración 인미그라씨온	입국 신고서	tarjeta de desembarque 따르헤따 데 데쓰엠바르께	세관 신고서 tarjeta de declaración 따르헤따 데 데끌라라씨온

기내에서 보다 쾌적하게 보내기 위해 ▌기내 en el avión
엔 엘 아비온

비행기에 탈 때부터 해외여행이 시작된 것입니다.
여행 가기 전부터 표현들을 익혀 비행기 안에서부터 외국인 승무원에게 말을 걸어 봐요.

기내에서

비행기에서 쾌적하게 보내기 위해 무언가 불편한 사항이 있다면 바로 승무원에게 알립시다.

기내에 들고 타면 편리한 물건

● 슬리퍼
● 마스크
● 걸칠 옷
● 귀마개
● 안대
● 베개
● 상비약
● 콘택트렌즈 세정액 & 보존액
● 안약 & 인공눈물
● 목캔디
● 물티슈
● 미스트 또는 스킨
● 칫솔&치약
● 가이드북 &회화책
● 부종 방지 양말

액체류는 반입 제한이 있기 때문에, 들고 탈 때는 사전에 확인하세요.

거기 제 자리인 것 같아요.

Creo que éste es mi asiento
끄레오 께 에쓰떼 에쓰 미 아씨엔또
I think you are in my seat.

말라가 행 다른 비행편으로 환승할 거에요.

Haré escala para Málaga .
아레 에쓰깔라 빠라 말라가
I'll connect with another flight to Malaga.

몸이 좋지 않아요.

Me encuentro mal.
메 엔꾸엔뜨로 말
I feel sick.

모니터가 작동하지 않아요.

La pantalla no funciona.
라 빤따야 노 뿐씨오나
The monitor is not working.

여기에 제 가방을 놔둬도 될까요?

¿Puedo poner aquí mi equipaje?
뿌에도 뽀네르 아끼 미 에끼빠헤?
Can I put my baggage here?

좌석을 뒤로 젖혀도 될까요?

¿Puedo reclinar mi asiento?
뿌에도 레끌리나르 미 아씨엔또?
Can I recline my seat?

화장실이 어디 있습니까?

¿Dónde está el servicio?
돈데 에쓰따 엘 쎄르비씨오?
Where's the restroom?

기내 방송을 알아들을 수 있어요!

안전벨트를 착용해 주세요.
Por favor, abróchese el cinturón.
뽀르 빠보르 아브로체쎄 엘 씬뚜론
Please fasten your seat belts.

좌석을 원상태로 돌려놔 주세요.
Por favor, vuelva el asiento a su posición original.
뽀르 빠보르 부엘바 엘 아씨엔또 아 쑤 뽀씨씨온 오리히날
Please put your seat back to its original position.

좌석으로 돌아가 주세요.
Por favor, vuelva a su asiento.
뽀르 빠보르 부엘바 아 쑤 아씨엔또
Please get back to your seat.

책상을 원상태로 돌려놔 주세요.
Por favor, ponga la mesa en su posición original.
뽀르 빠보르 뽕가 라 메싸 엔 쑤 뽀씨씨온 오리히날
Please put your table back to its original position.

뭔가 부탁하고 싶을 때는?

좌석에 있는 '승무원 호출' 버튼을 누르면 주변 사람들에게 폐를 끼치지 않고도 승무원을 부를 수 있습니다.

기내에서 술을 마실 때는 지상에 있을 때보다 쉽게 취합니다. 너무 많이 마시지 않도록 주의합니다.

무사히
도착했습니다!

베개랑 담요 부탁드려요.
Una almohada y una manta, por favor.
우나 알모아다 이 우나 만따 뽀르 빠보르
Could I have a pillow and a blanket?

춥습니다[덥습니다].
Tengo frío [calor].
뗑고 쁘리오[깔로르]
I feel cold [hot].

오렌지 주스[맥주] 부탁드려요.
Zumo de naranja [Cerveza], por favor.
쑤모 데 나란하[쎄르베싸] 뽀르 빠보르
Orange juice [Beer], please.

식사 시간에 깨우지 말아 주세요.
Por favor, no me despierte para comer.
뽀르 빠보르 노 메 데쓰삐에르떼 빠라 꼬메르
Don't wake me up for the meal service.

이것 좀 치워 주시겠습니까?
¿Puede llevarse esto?
뿌에데 예바르쎄 에쓰또?
Could you take this away?

도움이 되는 단어장 WORD				
		창가석	asiento de ventana 아씨엔또 데 벤따나	시차 diferencia horaria 디뻬렌씨아 오라리아
		통로석	asiento de pasillo 아씨엔또 데 빠씨요	구역질 náuseas 나우쎄아쓰
사용 중	ocupado 오꾸빠도	좌석 번호	número de asiento 누메로 데 아씨엔또	비상구 salida de emergencia 쌀리다 데 에메르헨씨아
자리가 빔	libre 리브레	현지 시간	hora local 오라 로깔	약 medicina 메디씨나

기본 회화

관광

맛집

쇼핑

뷰티

엔터테인먼트

호텔

교통수단

기본 정보

단어장

119

드디어 귀국 날입니다.

공항 aeropuerto
아에로뿌에르또

출발 약 2시간 전부터 체크인이 가능하므로 여유롭게 공항으로 갑시다.
현지인들과 대화를 나눌 수 있는 것도 이것이 마지막! 생각이 닿는 곳까지 이야기해 봅시다.

공항으로 향합시다.

출발 2시간 전에 공항에 도착해 면세 수속이나 탑승 수속을 이륙 1시간 전까지 마칩시다. 입국 때와 마찬가지로 솅겐 협정 가맹국을 경유하는 경우에는 스페인에서의 출국 심사는 불필요합니다.

이베리아 항공사 카운터는 어디에 있나요?
¿Dónde está el mostrador de Iberia?
돈데　 에쓰따 엘 모쓰뜨라도르　 데 이베리아?
Where is the Iberia Airline counter?

체크인 부탁드립니다.
Facture, por favor.
빡뚜레　　 뽀르 빠보르
Check in, please.

제 비행기 예약을 재확인하고 싶습니다.
Desearía confirmar mi vuelo.
데쎄아리아　 꼰삐르마르　 미 부엘로
I'd like to reconfirm my flight.

제 이름은 이범수예요.
Mi nombre es Bumsu Lee.
미 놈브레　　 에쓰 범수 리
My name is Bumsu Lee.

공항 체크인

이용하는 항공사의 체크인 카운터에서 체크인을 합시다. 항공권과 여권을 제시한 뒤 기내에 들고 갈 수 없는 짐은 위탁 수하물로 맡기고, 수하물 표와 탑승권을 꼭 챙깁시다.

제 항공편 번호는 8월 15일 서울로 가는 KLM 605 편이에요.
Mi número de vuelo es KLM 605 para Seoul el 15 de agosto.
미 누메로 데 부엘로 에쓰 까엘레에메 쎄이쓰 씬꼬 빠라 쎄울 엘 낀쎄 데 아고쓰또
My flight number is KLM 605 for Seoul on August 15th.　　참고 P.150, 151

서둘러야
할 때는...

죄송합니다. 비행기가 곧 출발해요.
Disculpe. Mi vuelo está a punto de salir.
디쓰꿀뻬　 미 부엘로 에쓰따 아 뿐또　 데 쌀리르
I'm sorry. My flight is leaving shortly.

창가석[복도석]으로 부탁드려요.
Asiento de ventanilla [pasillo], por favor.
아씨엔또　 데 벤따니야[빠씨요]　　　　 뽀르 빠보르
A window[An aisle] seat, please.

출국 수속 단계

1 공항 체크인
항공사 카운터에서 체크인. 짐 맡기기

2 면세 절차
고액의 물품을 사면서 면세분을 돌려받아야 하는 경우에는 스페인 또는 마지막에 출국하는 EU국가의 면세 카운터에서 접수를 진행한다. 수속 중에 구입한 상품이나 신고 서류가 필요하다. 기내 수하물에 들어가 있지 않은 경우는 체크인 전에 수속을 진행한다.

3 보안검사
짐을 X선 검색대에서 검사하고 게이트를 통과하며 소지품 검사도 한다.

4 출국심사
여권과 탑승권을 제출하고 출국 심사를 받는다. 끝나면 출국 로비로 간다.

공항에서는 항상 시간을 신경 써야 합니다. 모르는 것이 있으면 바로 공항 직원에게 물어봅시다.

다른 비행편으로 바꿀 수 있나요?
¿Puedo cambiar a otro vuelo?
뿌에도 깜비아르 아 오뜨로 부엘로?
Can I change the flight?

10번 게이트가 어디입니까?
¿Dónde está la puerta de embarque 10?
돈데 에쓰따 라 뿌에르따 데 엠바르께 디에쓰?
Where is Gate 10?

참고 P.150

이 항공편은 예정 시각에 출발하나요?
¿Saldrá este vuelo a la hora prevista?
쌀드라 에쓰떼 부엘로 아 라 오라 쁘레비쓰따?
Will this flight leave on schedule?

얼마나 늦어집니까?
¿Cuánto tiempo lleva de retraso?
꾸안또 띠엠뽀 예바 데 레뜨라쏘?
How long will it be delayed?

위탁 수하물 맡기기

가위나 손톱깎이 등 칼 종류는 기내 반입이 금지되어 있으므로 위탁 수하물로 맡겨야 합니다. 또 액체류 반입에는 제한 사항이 있기 때문에 화장품이나 의약품 또한 제한 대상입니다.

깨지기 쉬운 물건이 있습니다.
Contiene objetos frágiles.
꼰띠에네 오브헤또쓰 쁘라힐레쓰
I have a fragile item.

위탁 수하물 안에 깨지기 쉬운 물건이 있는 경우에는 관계자에게 미리 말해 주세요.

이건 제 기내 수하물이에요.
Éste es mi equipaje de mano.
에쓰떼 에쓰 미 에끼빠헤 데 마노
This is carry-on luggage.

비행기에 무사히 탔습니다!

짐을 꺼내도 될까요?
¿Puedo coger mi maleta?
뿌에도 꼬헤르 미 말레따?
Can I take out my luggage?

공항에서 시내로 이동

| | 기차 | tren 뜨렌 | | 버스 | autobús 아우또부쓰 | | 택시 | taxi 딱씨 |

공항에서 시내로는 다양한 루트로 갈 수 있습니다. 예산과 스케줄을 잘 따져서 선택합니다.
이 단계부터 현지인과 만날 기회가 늘어나므로 먼저 적극적으로 말을 걸어 봅시다.

타는 곳을 찾아봅시다.

도착하자마자 해외의 공항에
서는 길을 헤매는 경우가 허다
합니다. 대중교통을 타는 곳을
모르는 경우는 사람들에게 물
어봅시다.

자신이 없을 때는 반
드시 물어보도록 합
니다.

마드리드의 경우

공항에서 마드리드 시내까지
의 이동 수단으로는 노선 버
스, 지하철, 택시가 있습니다.
지하철은 그다지 안전하지 않
으므로 큰 짐을 들고 있는 경
우나 이른 아침, 심야에는 이
용을 피하는 편이 좋습니다.

바르셀로나의 경우

공항에서 바르셀로나 시내까지
의 이동 수단으로는 공항 버스,
노선 버스, 국철(렌페 RENFE),
택시가 있습니다. 큰 짐을 들고
있는 경우에는 공항 버스나 택시
를 이용하는 것을 추천합니다.

한국처럼 예정 시
간에 맞춰 오는
경우가 드물기 때
문에 주의!

손수레는 어디에 있나요?
¿Dónde están los carritos?
돈데 에쓰딴 로쓰 까리또쓰?
Where are the baggage carts?

스페인 국철 역은 어디에 있나요?
¿Dónde está la estación de Renfe?
돈데 에쓰따 라 에쓰따씨온 데 렌뻬?
Where is the station of Renfe?

시내로 가는 버스 있나요?
¿Hay algún autobús hasta la ciudad?
아이 알군 아우또부쓰 아쓰따 라 씨우다드?
Is there an airport bus to the city?

팔라스 호텔로 가는 버스는 어디서 탈 수 있나요?
¿Dónde puedo tomar el autobús para el hotel Palace?
돈데 뿌에도 또마르 엘 아우또부쓰 빠라 엘 오뗄 빨라쎄?
Where can I get the bus survice for the Palace Hotel?

얼미 간격으로 운행하나요?
¿Cada cuanto tiempo sale?
까다 꾸안또 띠엠뽀 쌀레?
How often does it run?

몇 시에 떠나나요?
¿A que hora sale?
아 께 오라 쌀레?
What time does it leave?

티켓은 어디서 살 수 있나요?
¿Dónde puedo comprar el billete?
돈데 뿌에도 꼼쁘라르 엘 비예떼?
Where is the ticket office?

길을 잃어 버리면 바로 대응 할 수 있도록 사전에 조사해 두고 호텔 근처의 지도나 주소, 호텔명을 써 놓은 메모를 가지고 있는 것이 편리합니다. 길을 잃었다면 빠르게 도움을 요청해요.

성인으로 한 장 주세요.
Un billete de adulto, por favor.
운 비예떼 에 아둘또 뽀르 빠보르
One adult, please.
참고 P.150

이 버스 세비야 가나요?
¿Este autobús va a Sevilla?
에쓰떼 아우또부쓰 바 아 쎄비야?
Does this bus to Sevilla?

다음 버스는 몇 시에 떠나나요?
¿A qué hora sale el próximo autobús?
아 께 오라 쌀레 엘 쁘록씨모 아우또부쓰?
What time does the next bus leave?

다음 정류장은 스페인 광장입니다.
Próxima parada Plaza de España.
쁘록씨마 빠라다 쁠라싸 데 에쓰빠냐
The next stop is Spain Square.
참고 P.32

택시 이용 방법

짐이나 사람이 많은 경우 바로 호텔까지 갈 수 있기 때문에 편리합니다. 이른 아침, 심야, 휴일에는 할증 요금이 붙습니다. 또 요금에는 주행한 거리에 공항으로 들어가는 비용과 수화물 비용 등이 붙습니다.

택시 정류장은 어디입니까?
¿Dónde está la parada de taxis?
돈데 에쓰따 라 빠라다 데 탁씨쓰?
Where is the taxi stand?

이 호텔까지 택시비가 얼마나 나오나요?
¿Cuánto cuesta ir en taxi hasta este hotel?
꾸안또 꾸에쓰따 이르 엔 딱씨 아쓰따 에쓰떼 오뗄?
How much does it cost to this hotel by taxi?

반드시 택시 승강장에 서 있는 택시를 이용합시다. 운행 중에는 미터기가 잘 작동하는지 체크하는 것도 잊지 않기!

(운전사에게)팔라스 호텔에서 내리고 싶습니다.
Quisiera apearme en el hotel Palace.
끼씨에라 아뻬아르메 엔 엘 오뗄 빨라쎄
I want to get off at Palace Hotel.

(운전사에게)트렁크에서 여행 가방을 내려 주시겠어요?
¿Puede sacar mi maleta del maletero?
뿌에데 싸까르 미 말레따 델 말레떼로?
Could you unload my suitcase from the trunk?

무사히
도착했습니다!

123

대중교통을 타고 이동하기

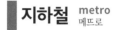

지하철 metro
메뜨로

마드리드나 바르셀로나의 관광은 주요 관광지를 효율적으로 갈 수 있는 지하철로 하면 좋습니다. 노선마다 색이 나뉘어져 있기 때문에 여행자들이 보기 편합니다.

타는 곳을 찾아봅시다.

먼저 지하철 간판을 찾아봅시다. 마드리드에서는 빨간 마름모꼴 안에 'METRO'라는 글자가. 바르셀로나에서는 하얀색 마름모꼴 안에 빨간 색 'M'이라는 글자가 써 있습니다.

지하철의 입구는 이쪽

지하철 티켓

개찰구를 통과할 때 화살표 방향으로 티켓을 넣습니다. 회수권은 뒷면에 날짜가 각인됩니다. 10회분의 회수권은 시내버스 등을 탈 때도 공통으로 사용할 수 있고, 여러 명이 공유하는 것도 가능해 편리합니다.

타기 전에 체크해야 할 것

자동 개찰구를 통해 플랫폼으로 진입합니다. 역내의 안내판에서 노선 번호와 행선지를 확인합시다.

안내판

안내판의 표시대로 움직이면 OK

매표소는 어디에 있나요?
¿Dónde está la venta de billetes?
돈데 에쓰따 라 벤따 데 비예떼쓰?
Where is the ticket office?

회수권 하나 주세요.
Un bono, por favor.
운 보노 뽀르 빠보르
I'd like to have a carnet?

시간표를 볼 수 있을까요?
¿Puedo ver el horario?
뿌에도 베르 엘 오라리오?
Can I see a schedule?

지하철 노선도를 주실 수 있나요?
¿Puede darme un plano del metro?
뿌에데 다르메 운 쁠라노 델 메뜨로?
Can I have a subway map?

가장 가까운 지하철역이 어디에 있나요?
¿Dónde está la estación de metro más cercana?
돈데 에쓰따 라 에쓰따씨온 데 메뜨로 마쓰 쎄르까나?
Where is the nearest subway station?

구엘 공원으로 가려면 어떤 역에서 내려야 하나요?
Para ir al Parque Güell, ¿en qué estación tengo que bajar?
빠라 이르 알 빠르께 구엘, 엔 께 에쓰따씨온 뗑고 께 바하르?
At which station do I have to get off to go to Park Guell? 참고 P.32

얼마나 걸리나요?
¿Cuánto tiempo se tarda?
꾸안또 디엠뽀 쎄 따르다?
How much time does it take?

지하철을 타는 방법은?

1 티켓을 산다
역 매표소나 담배 가게 등에서 구입이 가능하다.

2 개찰구를 통과한다
티켓을 자동 개찰기에 넣고 티켓을 뽑으며 회전 바를 밀고 통과한다.

3 승차 & 하차
지하철의 문은 대부분 직접 조작해 여는 수동 타입이다.

4 출구로
sortida(쌀리다-출구) / salida(쌀리다-출구) / Exit(출구) 안내에 따라 움직인다. 개찰구는 티켓을 넣지 않고 바를 미는 것만으로 통과한다.

차내에서는 짐을 양손으로 들지 말고 되도록 좌석에 둡시다. 이른 아침, 심야 등 사람이 많지 않은 시간대에는 이용을 피합시다.

내릴 때는?

차내 방송이 있지만, 몇 개 전의 역에서부터 내릴 준비를 하는 것이 좋습니다. 또 문은 수동식이므로 주의합니다.

지하철을 무사히 탔습니다!

환승해야 하나요?
¿Hay que hacer transbordo?
아이 께 아쎄르 뜨란쓰보르도?
Do I have to transfer?

프라도 미술관에 가려면 어떤 지하철 노선을 타야 하나요?
Para ir al Museo del Prado, ¿qué línea tengo que coger?
빠라 이르 알 무쎄오 델 쁘라도 께 리네아 뗑고 께 꼬헤르?
Which line should I take to go to Prado Museum? 참고 P.150

다음 역은 어디인가요?
¿Cuál es la próxima parada?
꾸알 에쓰 라 쁘록씨마 빠라다?
What is the next stop?

마지막 열차가 언제 떠나나요?
¿A qué hora sale el último tren?
아 께 오라 쌀레 엘 울띠모 뜨렌?
What time does the last train leave?

도움이 되는 단어장 WORD					
		매표소	venta de billetes 벤따 데 비예떼쓰	시간표	lista de horarios 리쓰따 데 오라리오쓰
		잔돈	cambio 깜비오	소요 시간	tiempo requerido 띠엠뽀 레께리도
티켓	billete 비예떼	개찰구	tornos de acceso 또르노쓰 데 악쎄쏘	역무원	personal de estación 뻬르쏘날 데 에쓰따씨온
회수권	bono [tarjeta] 보노[따르헤따]	승강장	andén 안덴	환승	transbordo 뜨란쓰보르도
자동 티켓 판매기 máquina expendedora automática de billetes 마끼나 엑쓰뺀데도라 아우또마띠까 데 비예떼쓰		안내판	panel de información 빠넬 데 인뽀르마씨온	입구	entrada 엔뜨라다
		노선도	plano del metro 쁠라노 델 메뜨로	출구	salida 쌀리다

대중교통을 타고 이동하기

기차
ferrocarril
빠로까릴

스페인의 철도망은 마드리드를 중심으로 방사형으로 펼쳐져 있어, 도시 간의 이동 시에 추천합니다. 목적지까지 가는 티켓을 사서 기차에 몸을 싣고, 여행의 풍경을 느껴 봅시다.

스페인의 기차에 대해

대부분의 노선을 망라하는 것은 RENFE(렌페)라고 불리는 스페인 국철입니다. 지역 색이 묻어나는 근교 열차부터 중·장거리 열차, 고속 열차 AVE가 있습니다. RENFE 이외에도 카탈루냐 철도, 바스크 철도 등의 사철이 있습니다.

AVE(아베)란?

시속 300km로 달리는 고속 철도입니다. 프랑스의 TGV의 기술을 도입해 승차감도 쾌적합니다. 전석 지정석으로, 좌석 등급에 따라 요금이 다릅니다.

주의할 것!

출발 시에는 벨도 방송도 없습니다. 그러니 구내의 안내판에서 출발 시간이나 플랫폼을 확인해 늦지 않도록 주의합니다. 또 차내에서 몇 번이고 표 검사를 하므로 티켓을 잃어버리지 않도록 주의합시다.

출발 표시판

출발은 Salida, 도착은 Liegadas 부분을 봅니다. 행선지는 Destino, 출발지는 Procedente 이고, 출발 시간은 hora, 플랫폼은 via입니다.

내일 10시 즈음에 톨레도로 가는 AVE 열차 좌석을 예약하고 싶어요.
Quería hacer una reserva para el AVE de mañana a las diez a Toledo.
께리아 아쎄르 우나 레쎄르바 빠라 엘 아베에 데 마냐나 아 라쓰 디에쓰 아 똘레도
I'd like to reserve a seat of AVE for Toledo which leaves around ten o'clock tomorrow.

어른 두 명 1등석 티켓 부탁드려요.
Dos billetes de adulto en preferente, por favor.
도쓰 비예떼쓰 데 아둘또 엔 쁘레뻬렌떼, 뽀르 빠보르
Two adult tickets on first class, please.   참고 P.150

현금 사용 가능한 티켓 판매기는 어떤 건가요?
¿Cuál es la máquina expendedora que acepta efectivo?
꾸알 에쓰 라 마끼나   엑쓰뻰데도라   께 악쎕따 에뻭띠보?
Which ticket machine accept cash?

티켓 판매기를 어떻게 사용하는지 알려 주세요.
Me enseña a usar la máquina expendedora, por favor.
메 엔쎄냐 아 우싸르 라 마끼나   엑쓰뻰데도라   뽀르 빠보르
Could you tell me how to use the ticket machine?

5번 승강장은 어디에 있나요?
¿Dónde está el andén cinco?
돈데   에쓰따 엘 안덴   씬꼬?
Where is the platform No. 5?   참고 P.150

말라가로 가는 기차가 이 승강장에서 떠나나요?
¿El tren para Málaga sale de este andén?
엘 뜨렌 빠라 말라가   쌀레 데 에쓰떼 안덴?
Does the train for Málaga leave from this platform?

2번 호차의 13A석을 찾고 있어요.
Busco el asiento 13A del coche 2.
부쓰꼬   엘 아씨엔또 뜨레쎄 아 델 꼬체 도쓰
I'm looking for a seat 13A on the car No. 2.   참고 P.150

기차를 타는 방법은?

1 티켓 예약 및 구입
AVE와 장거리 열차는 전석 지정석으로 예약이 필수다. 구입은 각 창구에서 한다.

2 홈으로
탈 열차의 플랫폼 번호를 표시판으로 확인한다. 개찰구가 없는 역도 많지만 있다면 개찰구를 통과하고 플랫폼으로 들어간다.

3 승차
열차 옆에 쓰여 있는 행선지를 확인하고 승차한다.

4 하차
도착역을 확인하고 하차한다. 개찰구가 없기 때문에 그대로 역을 빠져나오면 된다.

득이 되는 패스

장기간 스페인을 여행할 때 패스가 있으면 편리합니다. 패스는 현지에서 구입이 불가능하므로 한국의 여행사 등에서 미리 구입해 둡시다.

●유레일 글로벌 패스
유레일 가맹국에서 특급, 급행을 승차 할 수 있는 기차 패스입니다. 연속 이용 패스와 탑승일을 고를 수 있는 패스가 있습니다.

●유레일 스페인 패스
일부 열차를 제외하고 스페인 국내의 RENFE를 자유롭게 탈 수 있습니다. 사용 기간은 2개월 간 3~10일로, 1등석과 2등석이 있습니다.

패스를 사용해 지정석에 앉는 경우에는 창구에 제시하여 좌석 지정권을 받아야 합니다.

※철도는 제도나 시스템이 바뀌는 경우가 있습니다. 이용할 때는 사전에 꼭 확인하세요.

침대차로 예약을 바꾸고 싶어요.

Quería cambiar mi reserva a coche cama.
꼐리아 깜비아르 미 레쎄르바 아 꼬체 까마
I'd like to change my reservation to Sleeping Car?

다음 역은 세고비아인가요?

¿La próxima estación es Segovia?
라 쁘록씨마 에쓰따씨온 에쓰 쎄고비아?
Is the next station Segovia?

예약석 부탁드려요.

Un asiento reservado, por favor.
운 아씨엔또 레쎄르바도 뽀르 빠보르
I'd like a reserved seat, please.

도움이 되는 단어장 WORD			
왕복 티켓	billete de ida y vuelta 비예떼 데 이다 이 부엘따		
편도 티켓	billete de ida 비예떼 데 이다	서비스 안내 게시판	panel información servicios 빠넬 인뽀르마씨온 쎄르비씨오쓰
노선	línea 리네아	승강장	andén 안덴
		승강장 번호	número de andén 누메로 데 안덴

티켓 견본(예)

좌석 등급
T : Turista(2등석)
P : Preferente(1등석)
C : Club(특등석)
G : Gran Clase(침대 특등석)

승차일 · 출발 시간 · 도착 시간

차량 번호 · 출발역 · 도착역

차량 · 좌석

흡연차 : FUMA
금연차 : NO FUMA

운임

대중교통을 타고 이동하기

택시 taxi
딱씨

짐이 많을 때나 심야 시간 등에 택시는 여행자에게 중요한 교통 수단입니다.
이용 방법을 알아 두고 능숙하게 활용해 봐요.

택시를 찾아봅시다.

번화가에 있는 택시 승강장을 찾아봅시다. 역이나 광장 주변, 번화가의 도로변에 있습니다. 또 운행 중인 택시를 잡을 수 있습니다.

택시가 오면

앞 유리의 상부에 나온 곳에 'LLIURE' 나 'LIBRE' 가 있으면 빈차입니다. 야간은 지붕 위에 녹색 램프가 켜집니다.

행선지를 말합니다.

운전기사는 영어를 못하는 경우가 많습니다. 스페인어에 자신이 없다면 행선지를 적은 메모를 보여 주는 것이 좋습니다. 차가 움직이면 미터기가 잘 움직이는지 확인하세요.

택시를 불러 주실 수 있나요?
¿Podría llamarme un taxi?
뽀드리아 야마르메 운 딱씨?
Please call me a taxi

얼마 정도 나올까요?
¿Cuánto costará?
꾸안또 꼬쓰따라?
How much will it be?

> 달리는 택시를 잡는 경우 손을 뻗어서 잡아 주세요.

얼마나 걸리나요?
¿Cuánto tiempo se tarda?
꾸안또 띠엠뽀 쎄 따르다?
How long will it take?

이 주소로 가 주세요.
Lléveme a esta dirección, por favor.
예베메 아 에쓰따 디렉씨온 뽀르 빠보르
I want to go to this address.

프라도 미술관까지 가 주세요.
Al Museo del Prado, por favor.
알 무쎄오 델 쁘라도 뽀르 빠보르
I want to go to Prado Museum, please.

참고 P.32

서둘러 주세요.
Deprisa, por favor.
데쁘리싸 뽀르 빠보르
Please hurry.

트렁크에 제 짐을 넣어 주실 수 있나요?
¿Puede meter mi equipaje en el maletero?
뿌에데 메떼르 미 에끼빠헤 엔 엘 말레떼로?
Please put my luggage in the trunk.

인적이 드문 경우에는 짧은 거리라도 택시를 이용하는 것이 안전합니다. 다만 심야 택시는 혼자 타면 위험하므로 피합시다.

스페인 택시의 요금 시스템은?

'기본요금 + 1km당 가산'이 기본입니다. 심야, 이른 아침, 주말, 축일에는 할증이 붙습니다. 또 운행 중에 미터기에 표시된 요금 외에도 공항이나 역에 들어갈 때의 요금, 큰 짐에 대한 추가 요금 등이 도착 시에 가산됩니다.

여기서 멈춰 주실 수 있나요?
¿Puede parar aquí?
뿌에데 빠라르 아끼?
Stop here, please.

여기서 잠시만 기다려 주세요.
Espere aquí un momento, por favor.
에쓰뻬레 아끼 운 모멘또 뽀르 빠보르
Please wait here for a minute.

하차합시다.
목적지에 도착했다면 미터기나 영수증으로 요금을 확인하고 요금을 냅니다. 문은 자동으로 열리지 않으므로 내릴 때 꼭 문을 직접 열고 닫아야 합니다.

얼마인가요?
¿Cuánto es?
꾸안또 에쓰?
How much is it?

영수증 좀 주시겠어요?
¿Me hace un recibo?
메 아쎄 운 레씨보?
Could I have a receipt?

요금이 미터기에 찍힌 거랑 달라요.
El precio es distinto al que indica el taxímetro.
엘 쁘레씨오 에쓰 디쓰띤또 알 께 인디까 엘 딱씨메뜨로
The fare is different from the meter.

스페인 택시 활용법 & 트러블에 대해

택시가 잡히지 않을 때
이동 중인 택시나 택시 승강장에 세워진 택시가 없는 경우에는 택시 회사에 전화하여 택시를 부른다. 식사나 쇼핑한 장소에서 택시를 불러 달라고 한다.

팁은 ?
거스름돈의 동전이나 1유로 동전 정도면 좋다.

트러블을 피하려면
목적지까지 일부러 돌아가거나, 미터기 고장이라고 말하며 그 이상의 금액을 요구하는 경우에는 확실하게 클레임을 건다. 주행 중 미터기 작동을 확인하고, 호텔 등에서 어느 정도 드는지 미리 물어본다. 요금을 낼 때는 고액 지폐를 내지 않고, 반드시 영수증을 받아 요금을 내기 전에 확인하는 등의 습관을 기른다.

잃어버리는 물건이 없는지 주의

129

대중교통을 타고 이동하기

버스 autobús
아우또부쓰

현지인들의 발이 되는 버스를 타 봅시다.
이동의 선택지가 넓어지고, 익숙해지면 편리하게 탈 수 있습니다.

스페인의 버스

시내버스도 있고 스페인 전국에 세세한 노선망을 가진 중·장거리 버스도 있습니다. 시내버스는 지하철로 다니지 못하는 장소도 갈 수 있기 때문에 편리합니다.

중·장거리버스 타는 법

1) 티켓을 구입하러 창구로 버스 터미널에 있는 버스 회사 창구에서 행선지, 출발 시간, 인원수를 말하고 구입합니다.

2) 승차 & 하차
안내판 등에서 본인이 탈 버스의 승차 번호를 확인하고 타는 곳으로 갑니다. 출발 시간이 가까워지면 운전기사가 티켓 확인을 시작합니다. 티켓을 보여 주고 탑승합니다. 차내는 지정석입니다. 목적지가 종점이 아닌 경우에는 도착하면 알려 달라고 합시다.

구엘 공원으로 가는 버스들은 어디서 타나요?
¿Desde dónde salen los autobuses para el Parc Güell?
데쓰데 돈데 쌀렌 로쓰 아우또부쎄쓰 빠라 엘 빠르끄 구엘?
Where does the bus for Park Guell?
참고 P.32

티켓은 어디서 살 수 있나요?
¿Dónde puedo comprar el billete?
돈데 뿌에도 꼼쁘라르 엘 비예떼?
Where can I buy the ticket?

티켓은 탑승하고 살 수 있나요?
¿Puedo comprar el billete al subirme?
뿌에도 꼼쁘라르 엘 비예떼 알 쑤비르메?
Can I buy the ticket in the bus?

회수권 있나요?
¿Tiene un bono [una tarjeta]?
띠에네 운 보노[우나 따르헤따]?
Do you have a carnet?

이 버스 마드리드 완궁까지 가나요?
¿Va al Palacio Real este autobús?
바 알 빨라씨오 레알 에쓰떼 아우또부쓰?
Does this bus go to Royal Palace?
참고 P.32

카사 밀라에 가려면 어느 정거장에서 내려야 하나요?
Para ir a la Casa Milà, ¿en qué parada tengo que bajar?
빠라 이르 아 라 까싸 밀라 엔 께 빠라다 뗑고 께 바하르?
Where should I get off to go to Casa Milà?
참고 P.32

버스 노선도를 원해요.
Quisiera un plano de la línea de autobuses, por favor.
끼씨에라 운 쁠라노 데 라 리네아 데 아우또부쎄쓰 뽀르 빠보르
Can I have a bus route map?

노선버스 타는 법

1) 정류장 찾기
정류장에 표시된 정보를 통해 목적지로 가는 노선의 버스 정류장인지 확인합시다. 버스가 오면 전면의 상부에 표시된 노선 번호와 행선지를 확인하고 손을 들어 탈 의사를 밝힙니다.

2) 승차 & 하차
앞문으로 탑승하고 운전석 옆에 요금을 올려놓으면 티켓을 발행해 줍니다. 티켓을 차내 전방에 있는 체크 박스에 넣습니다. 회수권의 경우는 승차하면 그대로 체크 박스에 넣습니다. 정류장의 안내 방송이 딱히 없으므로 목적지 근처까지 오면 버저를 누릅니다. 내리는 곳을 모르는 경우는 운전기사에게 목적지를 말하고 알려 달라고 합시다. 하차 할 때는 뒷문으로 내립니다.

티켓 체크 박스. 회수권도 그대로 넣는다.

무사히 버스를 탔습니다!

여기까지 가려면, 어떤 호선을 타야 하나요?
Para ir hasta aquí, ¿qué línea tengo que coger?
빠라 이르 아쓰따 아끼 께 리네아 뗑고 께 꼬헤르?
Which line do I have to take to go there?

환승해야 하나요?
¿Hay que hacer transbordo?
아이 께 아쎄르 뜨란쓰보르도?
Do I have to transfer?

어디서 환승하나요?
¿Dónde tengo que hacer transbordo?
돈데 뗑고 께 아쎄르 뜨란쓰보르도?
Where should I transfer?

제대로 검표가 된 것처럼 보이지 않아요.
Parece que no se ha validado el billete.
빠레쎄 께 노 쎄 아 발리다도 엘 비예떼
I'm afraid my ticket won't get stamped.

구엘 공원에 도착했을 때 제게 알려 주세요.
Por favor, avíseme cuando lleguemos al Parc Güell.
뽀르 빠보르 아비쎄메 꾸안도 예게모쓰 알 빠르끄 구엘
Please tell me when we arrive at Park Guell.   참고 P.32

여기서 내릴게요.
Me bajo aquí.
메 바호 아끼
I'll get off here.

다음 정류장은 어디인가요?
¿Cuál es la próxima parada?
꾸알 에쓰 라 쁘록씨마 빠라다?
What is the next stop?

돌아가는 버스의 정류장은 어디에 있나요?
¿Dónde está la parada de autobús para volver?
돈데 에쓰따 라 빠라다 데 아우또부쓰 빠라 볼베르?
Where is the bus stop for going back?

환전은 이렇게 하세요.

화폐와 환전 moneda y cambio
모네다 이 깜비오

여행지에서 가장 중요한 것이 바로 돈입니다. 만일을 대비해 고액의 현금을 가지고 다니는 것은 피합시다. 소액을 낼 때나 팁을 내야 할 때는 현금으로, 큰돈을 내야 하는 경우에는 카드로 나누어 사용합시다.

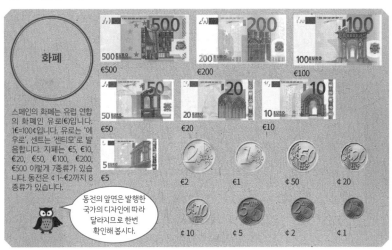

화폐

스페인의 화폐는 유럽 연합의 화폐인 유로(€)입니다. 1€=100¢입니다. 유로는 '에우로', 센트는 '센티모'로 발음합니다. 지폐는 €5, €10, €20, €50, €100, €200, €500 이렇게 7종류가 있습니다. 동전은 ¢1~€2까지 8종류가 있습니다.

동전의 앞면은 발행한 국가의 디자인에 따라 달라지므로 한번 확인해 봅시다.

한국에서 유로를 준비하기

한국 원을 유로로 환전하는 경우에는, 현지 환율이 더 좋은 경우도 있지만 스페인의 도착 시간에 따라서 환전이 불가능한 경우도 있으므로 어느 정도는 한국에서 준비해 가는 것이 좋습니다. 환전은 대부분 은행이나 공항의 은행 창구 등에서 가능하며 인터넷을 통해서 환전 신청을 할 수도 있습니다.

현지에서 환전할 때는?

여권 제시가 필요합니다. 재환전의 경우는 환전 시에 건네준 외화교환증명서가 필요한 경우도 있습니다. 환전은 공항, 호텔, 번화가의 은행, 환전소 등에서 가능합니다.

환전소는 어디에 있나요?

¿Dónde está la oficina para cambiar dinero?
돈데 에스따 라 오삐씨나 빠라 깜비아르 디네로?
Where is the money exchange?

원화로 500유로를 사고 싶어요.

Quisiera comprar 500 euros con wones.
끼씨에라 꼼쁘라르 끼니엔또쓰 에우로쓰 꼰 워네쓰
I'd like to buy 500 euros with won.   참고 P.150

유로는 어떻게 원하시나요?

¿Cómo los quiere?
꼬모 로쓰 끼에레?
How would you like it?

20유로 지폐 10개랑 50유로 지폐 6개로 부탁드려요.

En diez billetes de 20 euros y seis de 50, por favor.
엔 디에쓰 비예떼쓰 데 베인떼 에우로쓰 이 쎄이쓰 데 씬꾸엔따 뽀르 빠보르
I'd like ten 20 euro bills and six 50 euro bills.   참고 P.150

호텔에서의 환율은 그다지 좋지는 않지만 24시간 이용이 가능하기 때문에 편리합니다.

원화를 유로로 환전해 주실 수 있나요?
¿Puedo cambiar wones en euros?
뿌에도 깜비아르 워네쓰 엔 에우로쓰?
Can you change won into euro?

이 여행자 수표를 환전하고 싶어요.
Quisiera cambiar estos cheques de viaje.
끼씨에라 깜비아르 에쓰또쓰 체께쓰 데 비아헤
I'd like to cash this traveler's check.

이 지폐를 동전으로 교환해 주세요.
Por favor, cámbieme este billete en monedas.
뽀르 빠보르 깜비에메 에쓰떼 비예떼 엔 모네다쓰
Please change this bill into coins.

계산이 틀린 것 같아요.
Creo que la cuenta está mal.
끄레오 께 라 꾸엔따 에쓰따 말
I think this is incorrect.

영수증 주세요.
Deme el recibo, por favor.
데메 엘 레씨보 뽀르 빠보르
Could I have the receipt?

환전을 무사히 끝냈습니다!

20유로(지폐 10개) 주세요.
[10 billetes de] 20 euros, por favor.
[디에쓰 비예떼쓰 데]베인떼 에우로쓰 뽀르 빠보르
(Ten) 20 euro, please.

참고 P.150

신용 카드로 현금 서비스를 ?

국제 브랜드의 신용 카드나 그 제휴 신용 카드를 사용하면 길거리 여기저기에서 볼 수 있는 ATM기에서 현금 서비스가 가능하다. 필요한 금액만큼 인출할 수 있기 때문에 여유분의 현금이 없어도 걱정이 없다.

24시간 이용 가능한 ATM기가 있어 편리하지만 노상에 위치한 ATM기를 사용하거나 너무 늦은 시간에 이용하는 것은 피하는 것이 좋다.

1. 신용 카드를 넣는다.

2. '비밀번호를 눌러 주세요'
4개의 비밀번호(PIN)를 입력한다.

3. '인출 내용을 선택해 주세요'
현금 서비스를 원하는 경우에는 'WITHDRAWAL'를 선택한다.

4. '금액을 입력해 주세요'
숫자 버튼으로 금액을 입력하고 현금 서비스의 경우에는 'CREDIT'을 선택한다.

잔고 조회
계좌 이체
중지

현금 서비스
당좌예금에서
예금에서

편지나 소포를 보내 봅시다.

우편과 소포
correo y paquetería
꼬레오 이 빠께떼리아

해외에서 편지로 여행의 기분을 전하세요.
사 두었던 기념품을 소포로 보내면, 가벼운 몸으로 여행을 할 수 있겠죠.

우체국을 찾아요.

스페인의 우체국 Correos(꼬레오-우편)의 마크는 노란색 바탕에 파란색 왕관과 달팽이가 그려져 있습니다. 영업 시간은 지역에 따라 다르지만 월-금은 08:30~14:00, 토요일은 09:00~13:00가 일반적이고 일요일, 공휴일은 쉽니다.

우체국에서는?

창구에 들고 가면 무게를 잰 후에 요금을 알려 줍니다. 우표 구입은 우체국이나 호텔, 키오스크, 에스탄코(Estanco)라고 불리는 담배 가게에서 할 수 있습니다.

스페인의 우체통

일반적인 우편물은 노란색 우체통에 넣습니다. 빨리 보내야 하는 우편물일 경우에는 빨간색 우체통에 넣습니다.

우표는 어디서 살 수 있나요?
¿Dónde puedo comprar sellos?
돈데 뿌에도 꼼쁘라르 쎄요쓰?
Where can I buy some stamps?

우체국은 어디에 있나요?
¿Dónde está la oficina de correos?
돈데 에쓰따 라 오삐씨나 데 꼬레오쓰?
Where is the post office?

이걸 한국으로 보내고 싶어요.
Quería enviar esto a Corea.
께리아 엔비아르 에쓰또 아 꼬레아
I'd like to send this to Korea.

도착하는 데 며칠이 걸리나요?
¿Cuántos días tarda en llegar?
꾸안또쓰 디아쓰 따르다 엔 예가르?
How long does it take to get there?

속달 우편으로 부탁드려요.
Urgente, por favor.
우르헨떼, 뽀르 빠보르
Can you send it express?

한국에 보내는 데는 얼마인가요?
¿Cuánto cuesta hasta Corea?
꾸안또 꾸에쓰따 아쓰따 꼬레아?
How much is the postage to Korea?

항공으로는 50유로고, 선박으로는 40유로입니다.
Cincuenta euros por avión y quarenta euros por barco.
씬꾸엔따 에우로쓰 뽀르 아비온 이 꾸아렌따 에우로쓰 뽀르 바르꼬
Fifty euros by air, and forty euros by ship.
참고 P.150

국제 택배

우체국과 비교해서 비싸긴 하지만,
큰 짐을 보낼 수 있고 보험도 가능
합니다.

무사히
보냈습니다!

이 소포를 한국에 보내고 싶어요.

Quería enviar un paquete a Corea.

께리아 엔비아르 운 빠께떼   아 꼬레아

I'd like to send a package to korea.

박스랑 테이프 좀 받을 수 있을까요?

¿Me podría dar una caja y celo?

메   뽀드리아 다르 우나 까하 이 쎌로?

Could I have a box and a tape?

송장은 어떻게 채워야 하는지 알려 주실 수 있나요?

¿Me podría indicar cómo rellenar la factura?

메   뽀드리아 인디까르 꼬모   레예나르 라 빡뚜라?

Could you tell me how to write an invoice?

깨지기 쉬운 물건이 있어요.

Contiene objetos frágiles.

꼰띠에네 오브헤또쓰 쁘라힐레쓰

I have a fragile item.

주소 쓰는 방법

●엽서나 편지의 경우

보내는 사람은
한국어로 적어도
OK! 한국의
주소를 써도
좋습니다.

POST CARD

HONG GIL DONG
Ritz Madrid
Madrid. Spain

서울특별시 종로구 세종대로 1

김민수

Corea

POR AVIÓN

우표(우체국이나
호텔에서 구입)

받는 사람은
한국어로 써도
OK!

국가명은
대문자로 쓰기

대문자로 쓰기
(항공편이라는
의미)

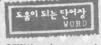

도움이 되는 단어장
WORD

우편엽서 **tarjeta postal** 따르헤따 뽀쓰딸	우표	**sello** 쎄요	파손 주의 **atención frágil** 아뗀씨온 쁘라힐
	봉서	**carta cerrada** 까르따 쎄라다	취급 주의 **manejar con cuidado** 마네하르 꼰 꾸이다도
	인쇄물	**documentos** 도꾸멘또쓰	소포 **paquete** 빠께떼

전화를 걸어 봅시다.

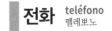

가고 싶은 곳을 확실하게 가기 위해, 레스토랑 등의 예약은 사전에 해 두는 것이 중요합니다.
긴급한 순간에도 전화를 사용하면 편리하고 안심이 되므로 전화거는 법을 마스터해 둡시다.

전화를 찾아봅시다.

공중전화는 현금은 물론 신용 카드, 전화 카드(키오스크 등)에서 구입 가능) 등을 사용할 수 있습니다. 국제 전화의 경우 대부분의 호텔 객실에서 다이얼 직통 국제 전화를 걸 수 있지만 수수료가 붙는 경우가 있습니다.

전화를 걸어봅시다.

※국제 전화

○ 다이얼 직통 전화

– 일반 전화

예) 서울 02-1234-5678에 걸 때

호텔에서 걸 때,
호텔의 외선 번호
        한국의 국가 번호
●-00-82-2-1234-5678
 ↑   ↑
국제 전화 지역 번호에서
식별 번호 첫 0을 빼고 누릅니다.

– 휴대전화

예) 010-1234-5678로 걸 때

호텔에서 걸 때,
호텔의 외선 번호
 │   한국의 국가 번호
●-00-82-10-1234-5678
 ↑   ↑
국제 전화 010에서 첫 0을
식별 번호 빼고 누릅니다.

○ 국제 전화 회사의 서비스
신용 카드나 전용 카드를 사용해 한국에 있는 국제 전화 서비스를 이용합니다.

※국내 전화
스페인의 전화번호는 9자리로, 같은 시내에 전화를 걸 때도 지역 번호를 포함한 모든 번호를 누릅니다.

공중전화가 어디에 있나요?
¿Dónde hay un teléfono público?
돈데   아이 운 뗄레뽀노 뿌블리꼬?
Where is the pay phone?

안녕하세요, 쉐라톤 호텔인가요?
Hola, ¿es el hotel Sheraton?
올라 에쓰 엘 오뗄 셰라똔?
Hello. Is this the Sheraton Hotel?

1102호에 있는 이유민 양에게 연락 연결 부탁드려요.
Póngame con la señorita Yumin Lee, habitación 1102, por favor.
뽄가메 꼰 라 쎄뇨리따 유민 리 아비따씨온 밀 씨엔또 도쓰 뽀르 바보르
May I speak to Ms. Yumin Lee in room 1102? 참고 P.150

잠시만 기다려 주세요.
Espere un momento, por favor.
에쓰뻬레 운 모멘또   뽀르 바보르
Just a moment, please.

메시지를 남길 수 있을까요?
¿Puedo dejar un mensaje?
뿌에도 데하르 운 멘싸헤?
Can I leave a message?

나중에 다시 연락할게요.
Llamaré más tarde.
야마레   마쓰 따르데
I'll call again later.

민우가 연락했다고 전해 주세요.
Dígale que le ha llamado Minwoo.
디갈레 께 레 아 야마도   민우
Please tell her that Minwoo called.

한국에서 스페인으로 국제전화를 걸 때는?

001 + 34 + 상대방 번호

국제전화   스페인국가
식별번호   번호

휴대 전화를 이용할 때

해외 로밍이 가능한 기종이라면 보통 사용하고 있는 휴대전화를 그대로 이용할 수 있습니다. 출발 공항에서 대여도 가능합니다. 다만 스페인 국내 전화를 자주 사용해야 하는 경우라면 프리페이드식 전화를 구입하는 것이 더 저렴합니다.

좀 더 천천히 말해 주시겠어요?

¿Podría hablar más despacio?

뽀드리아 아블라르 마쓰 데쓰빠씨오?

Could you speak more slowly?

죄송합니다. 잘못 걸었어요.

Disculpe, me he equivocado.

디쓰꿀뻬   메 에 에끼보까도

I'm sorry. I have the wrong number.

휴대전화를 빌리고 싶어요.

Quisiera alquilar un teléfono móvil.

끼씨에라   알낄라르 운 뗄레뽀노 모빌

I'd like to rent a cell phone.

전화 카드 좀 부탁드려요.

Una tarjeta de teléfono, por favor.

우나 따르헤따 데 뗄레뽀노   뽀르 빠보르

A phone card, please.

한국으로 수신자 부담 전화를 걸고 싶어요.

Quisiera hacer una llamada a cobro revertido a Corea.

끼씨에라 아쎄르 우나 야마다 아 꼬브로 레베르띠오 아 꼬레아

I'd like to make a collect call to Korea.

이 전화기로 연락 좀 해도 될까요?

¿Puedo llamar desde este teléfono?

뿌에도   야마르 데쓰데 에쓰떼 뗄레뽀노?

Can I make a call on this phone?

한국어를 쓰는 분이 계시나요?

¿Hay alguien que hable Coreano?

아이 알기엔   께 아블레 꼬레아노?

Is there anyone who speaks Korean?

전화를 무사히
끝냈습니다!

137

인터넷을 사용해 봅시다.

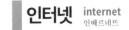

현지에서 정보를 얻을 때도 필요하고, 통신 수단으로도 필요한 인터넷.
여행지에서 인터넷을 이용하는 것을 빠뜨릴 순 없죠!

인터넷을 이용하려면?

● **호텔 시설을 이용**
호텔에 따라 객실에서 LAN이
나 WIFI 접속이 가능합니다.
또 투숙객이 이용 가능한 PC가
로비에 설치되어 있는 경우도
있습니다. 호텔 예약 시 확인해
보세요.

● **인터넷 카페(PC방)**
여행자가 많기 때문에 스페인에
서는 인터넷 카페를 찾는 것이
비교적 쉽습니다.

스마트폰은 전원
을 켜기만 해도 자
동으로 데이터를
보내는 경우가 있
어 모르는 사이에
고액의 요금이 책
정되는 경우가 있
습니다. 그러니 사
전에 설정을 잘 해
야 합니다.

이 호텔에서 인터넷을 사용할 수 있나요?
¿Puedo usar internet en este hotel?
뿌에도 우싸르 인떼르네뜨 엔 에쓰떼 오뗄?
Can I use the Internet in this hotel?

인터넷이 있는 장소가 이 근처에 있나요?
¿Hay algún locutorio de internet aquí cerca?
아이 알군 로꾸또리오 데 인떼르네뜨 아끼 쎄르까
Is there an Internet cafe around here?

제 컴퓨터로 연결할 수 있을까요?
¿Puedo conectarme desde mi ordenador?
뿌에도 꼬넥따르메 데쓰데 미 오르데나도르?
Can I use my own PC?

1시간에 얼마인가요?
¿Cuánto cuesta una hora ?
꾸안또 꾸에쓰따 우나 오라?
How much is it for an hour?

참고 P.152

이 컴퓨터는 한글이 호환되나요?
¿Funciona el idioma coreano
뿐씨오나 엘 이디오마 꼬레아노?
Can this PC display Korean characters?

무료 와이파이 있나요?
¿Tiene conexión de WiFi gratis?
띠에네 꼬넥씨온 데 위삐 그라띠쓰?
Do you have a free WiFi service?

랜선을 주실 수 있나요?
¿Puede dejarme un cable LAN?
뿌에데 데하르메 운 까블레 란?
Do you have a LAN cable?

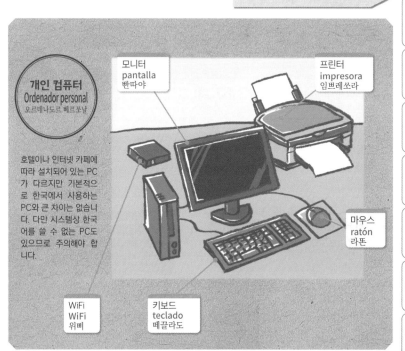

PC 사용 시 주의사항

PC방 등에 있는 PC를 이용하는 경우 개인 정보(패스워드 등)를 남기지 않도록 주의합시다.

개인 컴퓨터
Ordenador personal
오르데나도르 뻬르쏘날

호텔이나 인터넷 카페에 따라 설치되어 있는 PC가 다르지만 기본적으로 한국에서 사용하는 PC와 큰 차이는 없습니다. 다만 시스템상 한국어를 쓸 수 없는 PC도 있으므로 주의해야 합니다.

모니터
pantalla
빤따야

프린터
impresora
임쁘레쏘라

마우스
ratón
라똔

WiFi
WiFi
위삐

키보드
teclado
떼끌라도

문제 발생 시 바로 사용할 수 있는 표현

랜선(와이파이) 연결이 잘 되지 않아요.
한번 봐 주실 수 있나요?

**La conexión LAN [WiFi] no funciona bien.
¿Podría arreglarlo?**

라 꼬넥씨온 란 [위삐] 노 뿐씨오나 비엔.
뽀드리아 아레그라를로 ?

마우스가 잘 안 돼요 .
El ratón no funciona bien.
엘 라똔 노 뿐씨오나 비엔

- - - - - - - - - - - - - - - - - - -
장비가 멈췄어요 .
El equipo se ha bloqueado.
엘 에끼뽀 쎄 아 블로께아도

긴급 상황·트러블에 대비하자.

만일의 경우 자신의 몸을 보호하기 위해 알아 두면 좋은 표현을 모았습니다.
위험한 사태를 피하기 위해서 꼭 알아 둡시다.

도움을 요청할 때

도와주세요!
¡Socorro [Ayuda]!
쏘꼬로[아유다]
Help me!

멈춰요!
¡Basta!
바쓰따
Stop it!

저와 함께 가요!
¡Ven conmigo!
벤 꼰미고
Come with me!

들어봐요!
¡Escucha!
에쓰꾸챠
Listen!

경찰을 불러 줘요!
¡Llame a la policía!
야메 아 라 뽈리씨아
Call a police!

도둑이야!
¡Ladrón!
라드론
Thief!

저 남자[여자]를 잡아!
¡Cogedlo [Cogedla]!
꼬헤들로[꼬헤들라]
Catch that man[woman]!

누구 없어요?
¡Alguien!
알기엔
Somebody!

돈이 없어요.
No llevo dinero.
노 예보 디네로
I don't have any money.

이게 다예요.
Esto es todo.
에쓰또 에쓰 또도
That's all.

죽이지 말아 주세요!
¡No me hagas daño!
노 메 아가쓰 다뇨
Don't kill me!

나가!
¡Sal!
쌀
Get out!

의사를 불러 주세요!
Por favor, llámame a un médico.
뽀르 빠보르 야마메 아 운 메디꼬
Please call a doctor!

경고할 때

움직이지 마!
¡No te muevas!
노 떼 무에바쓰
Don't move!

멈춰!
¡Alto!
알또
Stop!

돈 내놔!
¡Dame el dinero!
다메 엘 디네로
Give me the money!

조용히 해!
¡Cállate!
까야떼
Be quiet!

손들어!
¡Arriba las manos!
아리바 라쓰 마노쓰
Hands up!

숨어!
¡Quédate oculto!
께다떼 오꿀또
Hide!

분실, 도난 시

여권을 잃어버렸어요.
He perdido el pasaporte.
에 뻬르디도 엘 빠싸뽀르떼
I lost my passport.

여기로 전화해 주세요.
Por favor, llame a este teléfono.
뽀르 빠보르 야메 아 에쓰떼 뗄레뽀노
Call here.

가방을 도난 당했어요.
Me han robado el bolso.
메 안 로바도 엘 볼쏘
I had my bag stolen.

한국어를 할 수 있는 분이 계시나요?
¿Hay alguien que hable coreano?
아이 알기엔 께 아블레 꼬레아노
Is there anyone speaks Korean?

한국 대사관이 어디에 있나요?
¿Dónde está la embajada de Corea?
돈데 에쓰따 라 엠바하다 데 꼬레아?
Where is the Korean Embassy?

141

긴급 상황 · 트러블에 대비하자.

경찰에 신고하고 싶습니다 .

Quería denunciarlo a la policía.
께리아   데눈씨아를로   아 라 뽈리씨아
I'd like to report it to the police.

도난 증명서를 만들어 주시겠어요 ?

¿Podría hacerme un certificado del robo?
뽀드리아 아쎄르메   운 쎄르띠삐까도   델 로보?
Could you make out a report of the theft?

제 짐을 못 찾겠어요 .

No encuentro mi equipaje.
노 엔꾸엔뜨로   미 에끼빠헤
I can't find my baggage.

그걸 어디서 잃어버렸는지 잘 기억이 안나요 .

No recuerdo bien dónde lo dejé.
노 레꾸에르도 비엔 돈데   로 데헤
I'm not sure where I lost it.

저기 있는 분실물 센터에 가서 이야기해 주세요 .

Por favor, vaya alli a comunicarlo a objetos perdidos.
뽀르 빠보르   바야   아의 아 꼬무니까를로   아 오브헤또쓰 뻬르디도쓰
Please report to lost-and-found over there.

찾으시는 대로 바로 호텔로 연락해 주세요 .

Por favor, en cuanto lo encuentren, contacten con mi hotel.
뽀르 빠보르   엔 꾸안또 로 엔꾸엔뜨란   꼰딱뗀   꼰 미 오뗄
Please call my hotel as soon as you find it.

어디에 이야기해야 하나요 ?

¿Dónde tendría que comunicarlo?
돈데 뗀드리아 께 꼬무니까를로?
Where should I report to?

택시에 제 가방을 두고 왔어요 .

Me olvidé un bolso en el taxi.
메 올비데 운 볼쏘 엔 엘 딱씨
I left my bag in the taxi.

여기에 캐리어를 두었는데 사라졌어요 .

Dejé la maleta aquí y ha desaparecido.
데헤 라 말레따 아끼 이 아 데싸빠레씨도
I left my suitcase here and now it's gone.

도움이 되는 단어장 WORD		전화	teléfono 뗄레뽀노	한국 대사관	Embajada de Corea 엠바하다 데 꼬레아
		돈	dinero 디네로	여권	pasaporte 빠싸뽀르떼
경찰	policía 뽈리씨아	주소	dirección 디렉씨온	소매치기	carterista 까르떼리쓰따
구급차	ambulancia 암불란씨아	여행자 수표	cheques de viaje 체께쓰 데 비아헤	보안 업체	seguridad privada 쎄구리다드 쁘리바다
분실물	objetos perdidos 오브헤또쓰 뻬르디도쓰	신용 카드	tarjeta de crédito 따르헤따 데 끄레디또	보험 회사	empresa de seguros 엠쁘레싸 데 쎄구로쓰

memo
신용 카드를 잃어버렸을 때 연락처

항공사

호텔

해외여행 보험

한국어가 가능한 의료 기관

memo

긴급 상황 · 트러블에 대비하자.

 아픈 기운, 부상

몸이 좋지 않아요 .
Me encuentro mal.
메 엔꾸엔뜨로   말
I feel sick.

어지러워요 .
Estoy mareada.
에쓰또이 마레아다
I feel dizzy.

열이 있는 것 같아요 .
Creo que tengo fiebre.
끄레오 께   뗑고   삐에브레
I think I have a fever.

칼에 손가락이 베였어요 .
Me he cortado el dedo con un cuchillo.
메 에 꼬르따도 엘 데도 꼰 운 꾸치요
I cut my finger with a knife.

건강 진단서를 원해요 .
Quería un certificado médico.
께리아   운 쎄르띠삐까도   메디꼬
Can I have a medical certificate?

발목이 삐었어요 .
Me he torcido el tobillo.
메   에 또르씨도 엘 또비요
I sprained my ankle.

손에 화상을 입었어요 .
Me he quemado la mano.
메   에 께마도   라 마노
I burned my hand.

두통이 있어요 .
Me duele la cabeza.
메 두엘레 라 까베싸
I have a headache.

구역질이 나요 .
Tengo náuseas.
뗑고   나우쎄아쓰
I feel nauseous.

배가 아파요 .
Me duele el estómago.
메 두엘레 엘 에쓰또마고
I have a stomachache.

이가 아파요 .
Me duelen los dientes.
메 두엘렌   로쓰 디엔떼쓰
I have a toothache.

팔이 부러진 것 같아요 .
Creo que me he roto el brazo.
끄레오 께 메 에 로또 엘 브라쏘
I think I broke my arm.

제 혈액형은 B형이에요 .
Mi grupo sanguíneo es el B.
미 그루뽀 싼기네오   에쓰 엘 베
My blood type is B.

머리	cabeza 까베싸	이빨	diente/muela 디엔떼/무엘라
관자놀이	sien 씨엔	턱	barbilla 바르비야
이마	frente 쁘렌떼	목	cuello 꾸에요
뺨	mejilla 메히야	목구멍	garganta 가르간따
눈	ojo 오호		
귀	oreja 오레하		
코	nariz 나리쓰		

☐ 아파요.
me duele ☐.
메 두엘레 ☐
☐ hurts.

발	pie 삐에
허벅지	muslo 무쓸로
무릎	rodilla 로디야
정강이	espinilla 에쓰삐니야
장딴지	pantorrilla 빤또리야
발목	tobillo 또비요
발끝	punta del pie 뿐따 델 삐에
발뒤꿈치	talón 딸론

어깨	hombro 옴브로
가슴	pecho 뻬쵸
배	barriga 바리가
팔	brazo 브라쏘
팔꿈치	codo 꼬도
손	mano 마노
손목	muñeca 무녜까
손가락	dedo 데도
손톱	uña 우냐
등	espalda 에쓰빨다
겨드랑이	sobaco 쏘바꼬
피부	piel 삐엘
하복부	bajo vientre 바호 비엔뜨레
명치	epigastrio 에삐가쓰뜨리오
배꼽	ombligo 옴블리고
허리	caderas 까데라쓰
엉덩이	culo 꿀로
음부	pubis 뿌비쓰

도움이 되는 단어장 WORD

염좌	torcedura 또르쎄두라	설사	diarrea 디아레아	치통	dolor de muelas 돌로르 데 무엘라쓰
수면부족	falta de sueño 빨따 데 쑤에뇨	감기	resfriado 레쓰쁘리아도	오한	escalofríos 에쓰깔로 쁘리오 쓰
		골절	fractura 쁘락뚜라	자상	herida cortante 에리다 꼬르딴떼
		시차증후군	cansancio debido al desfase horario 깐싼씨오 데비도 알 데쓰빠쎄 오라리오		

한국을 소개해 봅시다.

여행지에서 친해진 외국 사람들에게 그 나라 말로 한국을 소개해 봅시다.

	는 한국에서 매우 인기 있는 요리입니다.
	es un plato muy popular en Corea.
	에쓰 운 쁠라또 무이 뽀뿔라르 엔 꼬레아.

여행지에서 만난 사람이 한국에 대해 물어볼 수 있어요 그럴 땐 조금이라도 한국을 소개해 준다면 좋아할 거예요. 먼저 음식부터!

김밥 Kimbap 껌바쁘 김밥은 밥 위에 각종 재료를 얹고 김으로 말아서 먹는 음식입니다.

Kimbap es un plato con varias guarniciones y arroz enrollado en algas.
껌바쁘 에쓰 운 쁠라또 꼰 바리아쓰 구아르니씨오네쓰 이 아로쓰 엔로야도 엔 알가쓰

불고기 Bulgogi 불고기 간장과 설탕으로 만든 소스에 소고기와 각종 야채를 볶아서 만든 음식입니다.

Bulgogi es un plato con carne de vaca y verduras asadas con salsa de soja y azúcar.
불고기 에쓰 운 쁠라또 꼰 까르네 데 바까 이 베르두라쓰 아싸다쓰 꼰 쌀싸 데 쏘하 이 아쑤까르

비빔밥 Bibimbap 비빔바쁘 밥 위에 다양한 재료를 올리고 고추장 소스와 함께 비벼서 먹는 색이 다채로운 음식입니다.

Bibimbap-Es un plato colorido que se come con arroz cubierto de verduras y mezclado con pasta de chile coreana.
비빔바쁘-에쓰 운 쁠라또 꼴로리도 께 쎄 꼬메 꼰 아로쓰 꾸비에르또 데 베르두라쓰 이 메쓰끌라도 꼰 빠쓰따 데 칠레 꼬레아나

김치 Kimchi 껌치 채소를 소금에 절인 뒤 여러 가지 양념을 묻혀 먹는 한국의 가장 대표적인 음식입니다.

Kimchi es el alimento más conocido en Corea hecho con verduras saladas cubiertas con varios condimentos.
껌치 에쓰 엘 알리멘또 마쓰 꼬노씨도 엔 꼬레아 에초 꼰 베르두라쓰 쌀라다쓰 꾸비에르따쓰 꼰 바리오쓰 꼰디멘또쓰

삼계탕 Samgyetang 쌈계땅 닭과 인삼을 함께 오래 끓여서 먹는 한국 전통 음식입니다.

Samgyetang es un plato tradicional coreano hecho hirviendo pollo y ginseng juntos durante mucho tiempo.
쌈계땅 에쓰 운 쁠라또 뜨라디씨오날 꼬레아노 에초 이르비엔도 뽀요 이 진샌훈또쓰 두란떼 무쵸 띠엠뽀

| | 는 한국에서 매우 인기 있는 관광지입니다. |

| | es un lugar turístico muy popular en Corea. |
에쓰 운 루가르 뚜리쓰띠꼬 무이 뽀뿔라르 엔 꼬레아

Point 한국의 지명과 관광지는 대부분 한국어 발음 그대로 알려 줘도 괜찮으니 소개하기 편합니다. 소개할 장소가 어떤 곳인지를 먼저 알아 두어야겠죠?

명동 Myeongdong 명동 명동은 서울의 대표적인 쇼핑 거리로, 다양한 상점들이 있습니다.

Myeongdong es la calle comercial más conocida de Seúl, que tiene muchas tiendas.
명동   에쓰 라 까예 꼬메르씨알 마쓰 꼬노씨다 데 쎄울, 께   띠에네 무차쓰 띠엔다쓰

한강 공원 Parque del río Han-El 빠르께 델 리오 한-엘 한강은 서울에 있는 큰 강으로, 공원에서 다양한 체험을 할 수 있습니다.

Río Han es el gran río en Seúl, y la gente puede experimentar muchas cosas en el parque.
리오 한 에쓰 엘 그란 리오 엔 쎄울, 이 라 헨떼 뿌에데 엑쓰뻬리멘따르 무차쓰 꼬싸쓰 엔 엘 빠르께

인사동 Insadong 인싸동 서울에서 가장 한국적인 모습을 가지고 있는 곳입니다.

Insadong es el lugar con la vista coreana más auténtica de Seúl.
인싸동 에쓰 엘 루가르 꼰 라 비쓰따 꼬레아나 마쓰 아우뗀띠까 데 쎄울

제주도 Isla de Chechu 이쓸라 데 체추 한국에서 가장 큰 섬으로, 다양한 문화 활동을 할 수 있습니다.

Isla de Chechu es la isla más grande de Corea, donde se pueden realizar diversas actividades culturales.
이쓸라 데 체추 에쓰 라 이쓸라 마쓰 그란데 데 꼬레아, 돈데 쎄 뿌에덴 레알리싸르 디베르싸쓰 악띠비다데쓰 꿀뚜랄레쓰

부산 Busan 부싼 한국에서 두 번째로 큰 도시로, 바다를 즐길 수 있습니다.

Busan es la segunda ciudad más grande de Corea donde se pueden disfrutar del mar.
부싼 에쓰 라 쎄군다 씨우다드 마쓰 그란데   데 꼬레아 돈데   쎄 뿌에덴 디쓰쁘루따르 델 마르

한국을 소개해 봅시다.

□□□□ 는 한국의 전통 문화입니다.

□□□□ es una cultura tradicional en Corea.

□□□□ 에쓰 우나 꿀뚜라 뜨라디씨오날 엔 꼬레아

Point 전통문화를 소개하는 것은 조금 어려울 수도 있지만 몸짓으로 설명하면서 상대방에게 알려 준다면 더 좋아하겠죠.

한복 Hanbok 한보끄 한국의 전통적인 의상으로 남자는 저고리와 바지, 여자는 저고리와 치마를 입습니다.

Hanbok es una vestimenta tradicional coreana, el hombre usa un jeogori y un pantalón,
한보끄 에쓰 우나 베쓰띠멘따 뜨라디씨오날 꼬레아나, 엘 옴브레 우싸 운 저고리 이 운 빤딸론
y la mujer usa un jeogori y una falda.
이 라 무헤르 우싸 운 저고리 이 우나 빨다

사물놀이 Samulnori 싸물노리 북, 장구, 징, 꽹과리로 하는 전통 음악 놀이입니다.

Samulnori es un género de música instrumental tradicional con buk,
싸물노리 에쓰 운 헤네로 데 무씨까 인쓰뜨루멘딸 뜨라디씨오날 꼰 부끄
changu, jing, y un kkwaenggwari.
창구   징   이 운 꽹과리

판소리 Pansori 빤쏘리 노래와 이야기로 이루어진 한국의 민속 음악입니다.

Pansori es una música tradicional coreana con una canción y una historia.
빤쏘리   에쓰 우나 무씨까 뜨라디씨오날 꼬레아나 꼰   우나 깐씨온 이 우나 이쓰또리아

태권도 Taekwondo 때꿘도 손과 발을 이용한 한국의 전통 무예입니다.

Taekwondo es un arte marcial coreano tradicional que utiliza las manos y los pies.
때꿘도   에쓰 운 아르떼 마르씨알 꼬레아노 뜨라니씨오날 께 우띨리싸 라쓰 마노쓰 이 로쓰 삐에쓰

한글 Hangul 한굴 한국을 대표하는 문자입니다.

Hangul es la letra que representa a Corea.
한굴   에쓰 라 레뜨라 께 레쁘레쎈따 아 꼬레아.

148

| 한국의 인구는 <u>5200만</u> 정도입니다. | **La población de Corea es de unos** 5200 millones.
라 뽀블라씨온 데 꼬레아 에쓰 데 우노쓰 씬꾸엔따 이 도쓰 미요네쓰
The population of korea is about 52 million. 참고 P.150 |

| 한국의 수도는 서울입니다. | **La capital de Corea es Seúl.**
라 까삐딸 데 꼬레아 에쓰 쎄울
The capital of Korea is Seoul. |

| <u>여름</u>이 되면, 한국에는 비가 많이 내립니다. | **Cuando es** verano, **llueve mucho en Corea.**
꾸안도 에쓰 베라노, 유에베 무쵸 엔 꼬레아
During the summer time, it rains a lot in Korea. 참고 P.151 |

| 남산 서울 타워는 한국의 관광 명소입니다. | **La torre de Namsan es un lugar turistico de Corea.**
라 또레 데 남싼 에쓰 운 루가르 뚜리쓰띠꼬 데 꼬레아
Namsan Seoul Tower is a tourist attraction in Korea. |

| BTS는 한국의 유명한 아이돌 그룹입니다. | **BTS es una boyband coreana muy famosa.**
베떼에쎄 에쓰 우나 보이반드 꼬레아나 무이 빠모싸
BTS is a famous Korean idol group. |

| 한국은 어디에서나 인터넷을 이용할 수 있습니다. | **Hay WIFI en cualquier lugar de Corea.**
아이 위삐 엔 꾸알끼에르 루가르 데 꼬레아
Internet access in possible anywhere in Korea. |

| <u>한글</u>은 세종대왕이 만든 한국 고유의 글자입니다. | **Hangul es la letra coreana nativa creada por Sechong el Grande.**
한굴 에쓰 라 레뜨라 꼬레아나 나띠바 끄레아다 뽀르 쎄총 엘 그란데.
Hangul is an intrinsik Korean writing system created by King Sejong. |

| 서울은 산이 많아서 등산을 즐길 수 있습니다. | **Hay muchas montañas en Seúl, y la gente puede disfrutar de la escalada.**
아이 무차쓰 몬따냐쓰 엔 쎄울, 이 라 헨떼 뿌에데 디쓰쁘루따르 데 라 에쓰깔라다
Seoul is surrounded by a mountainous landscape that allows hiking experience. |

| 한국은 전 세계에서 유일한 분단 국가입니다. | **Corea es el único país dividido en el mundo.**
꼬레아 에쓰 엘 우니꼬 빠이쓰 디비디도 엔 엘 문도
Korea is the only divided country in the world. |

| 김치는 발효 식품으로, 다양한 종류가 있습니다. | **Kimchi es un alimento fermentado, y hay muchos tipos.**
낌치 에쓰 운 알리멘또 뻬르멘따도, 이 아이 무쵸쓰 띠뽀쓰
Kimchi is a fermented food, and there are numerous kinds. |

| 대중교통 환승을 무료로 이용할 수 있습니다. | **La transferencia de transporte público es gratuita.**
라 뜨란쓰뻬렌씨아 데 뜨란쓰뽀르떼 뿌블리꼬 에쓰 그라뚜이따
Transferring Public transportation is free. |

| 한국에서는 늦은 시간까지 음식점이 열려 있습니다. | **Los restaurantes en Corea están abiertos hasta tarde.**
로쓰 레쓰따우란떼쓰 엔 꼬레아 에쓰딴 아비에르또쓰 아쓰따 따르데
In Korea, the restaurants are open late at night. |

기본 단어를 자유자재로 써 봅시다.

숫자, 월, 요일이나 시간 등 어떤 상황에도 필요한 기본적인 단어는
사전에 알아 둔다면 여행지에서 아주 편리합니다.

숫자

0	1	2	3	4
cero	uno	dos	tres	cuatro
쎄로	우노	도쓰	뜨레쓰	꾸아뜨로
5	**6**	**7**	**8**	**9**
cinco	seis	siete	ocho	nueve
씬꼬	쎄이쓰	씨에떼	오쵸	누에베
10	**11**	**12**	**13**	**14**
diez	once	doce	trece	catorce
디에쓰	온쎄	도쎄	뜨레쎄	까또르쎄
15	**16**	**17**	**18**	**19**
quince	dieciséis	diecisiete	dieciocho	diecinueve
낀쎄	디에씨쎄이쓰	디에씨씨에떼	디에씨오쵸	디에씨누에베
20	**21**	**22**	**30**	**40**
veinte	veintiuno	veintidós	treinta	cuarenta
베인떼	벤띠우노	벤띠도쓰	뜨레인따	꾸아렌따
50	**60**	**70**	**77**	**80**
cincuenta	sesenta	setenta	setenta y siete	ochenta
씬꾸엔따	쎄쎈따	쎄뗀따	쎄뗀따 이 씨에떼	오첸따
88	**90**	**100**	**1000**	**10000**
ochenta y ocho	noventa	cien	mil	diez mil
오첸따 이 오쵸	노벤따	씨엔	밀	디에쓰 밀
10만	**100만**	**2배**	**3배**	
cien mil	un millón	doble	triple	
씨엔 밀	운 미욘	도블레	뜨리쁠레	

첫 번째	두 번째		세 번째
primero	segundo		tercero
쁘리메로	쎄군도		떼르쎄로

여러 번
사용해서
외워 둡시다!

150

스페인어 숫자의 기본

◆ 숫자 '1'은 uno[우노]이지만 '하나의~'일 때는 남성 명사 앞에는 un[우노], 여성 명사 앞에는 una[우나]를 사용합니다.
◆ 31 이후의 두 자리 수는 십의 자리와 일의 자리를 접속사 y로 연결한 형태가 됩니다.
◆ '100'은 cien[씨엔]이지만, 뒤에 숫자가 계속되면 '100의'라는 의미의 ciento[씨엔또]가 됩니다.
◆ 각 자리의 구분은 ','가 아닌 '.'로 나타내므로 천의 경우는 '1.000'으로 씁니다.

월, 계절

1월	2월	3월	4월
enero	febrero	marzo	abril
에네로	뻬브레로	마르쏘	아브릴
5월	6월	7월	8월
mayo	junio	julio	agosto
마요	후니오	훌리오	아고쓰또
9월	10월	11월	12월
septiembre	octubre	noviembre	diciembre
쎕띠엠브레	옥뚜브레	노비엠브레	디씨엠브레
봄	여름	가을	겨울
primavera	verano	otoño	invierno
쁘리마베라	베라노	오또뇨	인비에르노

저는 한국으로 2월 9일에 돌아가요.	**Vuelvo a Corea el nueve de febrero.** 부엘보 아 꼬레아 엘 누에베 데 뻬브레로 I'm going back to Korea on February 9 th.

요일

일	월	화	수	목	금	토
domingo	lunes	martes	miércoles	jueves	viernes	sábado
도밍고	루네쓰	마르떼쓰	미에르꼴레쓰	후에베쓰	비에르네쓰	싸바도

평일	휴일	공휴일
día laborable	día festivo	fiesta nacional
디아 라보라블레	디아 페쓰띠보	피에쓰따 나씨오날

오늘은[내일은 / 어제는] 무슨 요일인가요?	**¿Qué día es hoy [es mañana／era ayer]?** 께 디아 에쓰 오이[에쓰 마냐나 ／ 라 아예르]? What day is today[is tomorrow ／ was yesterday]?
오늘은[내일은 / 어제는] 월요일입니다.	**Hoy es [Mañana es／Ayer era] lunes.** 오이 에쓰 [마냐나 에쓰 ／ 아예르 에라] 루네쓰 Today is[Tomorrow is ／ Yesterday was] Monday.

151

기본 단어를 자유자재로 써 봅시다.

때

아침	정오	저녁	밤	오전
mañana	mediodía	tarde	noche	mañana
마냐나	메디오디아	따르데	노체	마냐나

오후	어제	오늘	내일	모레
tarde	ayer	hoy	mañana	pasado mañana
따르데	아예르	오이	마냐나	빠싸도 마냐나

1일 전	2일 후	세 번째의	1시간
un día antes	dos días después	el tercero	una hora
운 디아 안떼쓰	도쓰 디아쓰 데쓰뿌에쓰	엘 떼르쎄로	우나 오라

시간

시	분	반시	전(후)
hora	minuto	media hora	menos, antes / después
오라	미누또	메디아 오라	메노쓰 안떼쓰/데쓰뿌에쓰

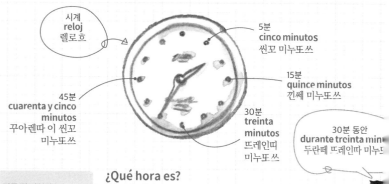

시계
reloj
렐로흐

5분
cinco minutos
씬꼬 미누또쓰

15분
quince minutos
낀쎄 미누또쓰

45분
cuarenta y cinco minutos
꾸아렌따 이 씬꼬 미누또쓰

30분
treinta minutos
뜨레인따 미누또쓰

30분 동안
durante treinta min
두란떼 뜨레인따 미누

지금 몇 시인가요?	**¿Qué hora es?** 께 오라 에쓰? What time is it now?
언제 시작하나요?	**¿A qué hora empieza?** 아 께 오라 엠삐에싸? What time does it start?

8시 20분	**a las ocho y veinte** 아 라쓰 오쵸 이 베인떼 eight twenty	어제 11시	**ayer a las once** 아예르 아 라쓰 온쎄 yesterday at eleven
9시 반	**nueve y treinta [media]** 누에베 이 뜨레인따[메디아] nine thirty	10시 5분 전	**diez menos cinco** 디에쓰 메노쓰 씬꼬 five to ten
오전 11시	**once de la mañana** 온쎄 데 라 마냐나 eleven a.m.	15분 후	**quince minutos después** 낀쎄 미누또쓰 데쓰뿌에쓰 fifteen minutes later

측량 단위의 차이

○길이

미터	인치	피트	야드	마일
1	39.37	3.28	1.094	0.00062
0.025	1	0.083	0.028	0.0000158
0.305	12	1	0.333	0.000189
0.914	36	3	1	0.00057
1609.3	63360	5280	1760	1

○무게

그램	킬로그램	온스	파운드
1	0.001	0.035	0.002
1000	1	35.274	2.205
28.3495	0.028	1	0.0625
453.59	0.453	16	1

○부피

cc	리터	쿼터	갤런(미국)
1	0.001	0.0011	0.00026
1000	1	1.056	0.264
946.36	0.946	1	0.25
3785.4	3.785	4	1

○속도

킬로	마일	노트	킬로	마일	노트
10	6.2	5.4	60	37.3	32.4
20	12.4	10.8	70	43.5	37.8
30	18.6	16.2	80	49.7	43.2
40	24.9	21.6	90	55.9	48.6
50	31.1	27.0	100	62.1	54.0

(쏙쏙) 스페인어 강좌

Lesson 문법

스페인어는 원칙적으로 영어와 동일한 어순이며 알파벳을 그대로 발음하면 대체로 의미가 통하므로 한국인에게는 배우기 쉬운 언어입니다. 명사나 형용사에 성이 있거나, 동사를 활용하거나 하는 복잡한 측면도 있지만 실제 여행에서 어려운 문법을 사용해 의사소통을 할 필요까지는 없습니다. 가장 필요한 것은 딱딱한 표현을 사용한다고 하더라도 상대방에게 자신의 의사를 전달하려고 하는 마음과 약간의 배짱일지도 몰라요.

1. 스페인어의 알파벳

● 스페인어에서 사용하는 알파벳은 아래와 같습니다. 각각의 알파벳에는 대문자와 소문자가 있습니다.

Aa [아]   Bb [베]   Cc [쎄]   Dc [데]   Ee [에]   Ff [에뻬]   Gg [헤]   Hh [아체]

Ii [이]   Jj [호따]   Kk [까]   Ll [엘레]   Mm [에메]   Nn [에네]   Ññ [에녜]

Oo [오]   Pp [뻬]   Qq [꾸]   Rr [에레]   Ss [에쎄]   Tt [떼]   Uu [우]

Vv [우베]   Ww [도블레 우베]   Yy [예/이그리에가]   Zz [쎄따]

※이전에는 위에 쓴 알파벳 이외에 ch[체]와 ll[예예]라고 불리는 문자도 사용했지만 최근에는 1글자가 아닌 2글자로서 취급하고 있습니다.

※이전에 Y는 '이그리에가'(그리스어의 이)로 불렸지만, 2010년에 '예, 제' 로 이름이 바뀌었습니다.

2. 회화 표현의 시작은 의문사부터

누군가에게 무언가를 부탁하고 싶을 때 편리하게 사용할 수 있는 의문사를 알아 둡시다.

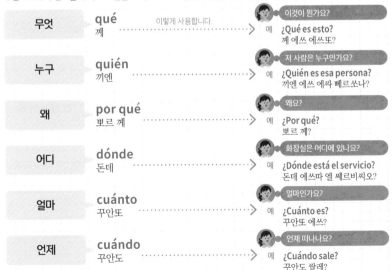

무엇	qué 께	이렇게 사용합니다.	예	이것이 뭔가요? ¿Qué es esto? 께 에쓰 에쓰또?
누구	quién 끼엔		예	저 사람은 누구인가요? ¿Quién es esa persona? 끼엔 에쓰 에싸 뻬르쏘나?
왜	por qué 뽀르 께		예	왜요? ¿Por qué? 뽀르 께?
어디	dónde 돈데		예	화장실은 어디에 있나요? ¿Dónde está el servicio? 돈데 에쓰따 엘 쎄르비씨오?
얼마	cuánto 꾸안또		예	얼마인가요? ¿Cuánto es? 꾸안또 에쓰?
언제	cuándo 꾸안도		예	언제 떠나나요? ¿Cuándo sale? 꾸안도 쌀레?

154

3. 세 가지 기본 문장을 외워 둡시다.

긍정문, 의문문, 부정문의 기본 문장을 마스터하면 기본적인 회화 표현을 할 수 있습니다.

1. ~입니다

어순의 기본은 영어와 같습니다.
주어 (나는, 당신은 등) + 동사 (~합니다) + 목적어 등 (~을/를)의 어순이 기본입니다.

> 예 Usted habla inglés. (당신은 영어를 합니다.)
> 우쓰떼드 아블라 잉글레쓰

> Soy coreana. (저는 한국인입니다.)
> 쏘이 꼬레아나
> → 스페인어에서는 가끔 주어가 생략됩니다.

2. ~입니까?

의문문을 만드는 방법은 2가지가 있습니다.
①그대로 어미를 올려 발음하는 것, ②'의문사 + 동사 + 주어 + 목적어~?'의 형태를 갖춘 문장을 만드는 것입니다.

> 예 ①¿Usted habla coreano? (당신은 한국어를 합니까?)
> 우쓰떼드 아블라 꼬레아노?
>
> ②¿Qué es esto? (이건 뭔가요?)
> 께 에쓰 에쓰또?

3. ~가 아닙니다

부정문은 ①'no를 동사 앞에 둔다', ②'no이외의 부정어를 쓴다' 이 2가지의 경우가 있습니다.

> 예 ①No hablo español. (저는 스페인어를 못합니다.)
> 노 아블로 에쓰빠뇰
>
> ②No lo sabe nadie. (아무도 모른다. [no와 부정어 사용])
> 노 로 싸베 나디에
> Nadie lo sabe. (아무도 모른다. [no 생략])
> 나디에 로 싸베

4. 문장 요소를 넣어 말해 봅시다.

¿Puedo...? ~해도 될까요?
뿌에도

> 예 ¿Puedo fumar aquí? (여기서 담배를 피워도 될까요?)
> 뿌에도 뿌마르 아끼?

¿Podría....? ~해 주실 수 있나요?
뽀드리아

> 예 ¿Podría repetirlo una vez más? (한번더 반복해 주실 수 있나요?)
> 뽀드리아 레뻬띠를로 우나 베쓰 마쓰?

원포인트 주어와 동사의 관계를 시원하게 마스터하자!

그리 복잡하게 생각하지 말고 '주어가 바뀌면 동사도 바뀐다' 정도로 인식하면 됩니다.

● **인칭대명사**
인칭대명사는 '사람'에게 쓰며, 영어와 같은 1-3 인칭에 각각의 단수와 복수가 있습니다. 또 3인칭에는 중성형이 있습니다.

● **주어의 인칭대명사는 생략**
스페인어에서는 주어의 인칭대명사는 3 인칭의 usted, ustedes 이외에는 생략하는 것이 보통입니다.

● 표에 따르면 주어에 따라 동사의 어미가 변합니다. ser(쎄르)는 영어의 be 동사 (~ 이다)와 같은 동사로 성질 등 변하지 않는 형태를 보여 줍니다.

주어	동사 : ser (원형)
yo / 요 (나)	soy / 쏘이
tú / 뚜 (너)	eres / 에레쓰
él / 엘 (그)	es / 에쓰
ella / 에야 (그녀)	
usted / 우쓰떼드 (당신)	
nosotros / 노쏘뜨로쓰 (우리)	somos / 쏘모쓰
vosotros / 보쏘뜨로쓰 (너희)	sois / 쏘이쓰
ellos[ellas] / 에요쓰[에야쓰] (그[그녀]들)	son / 쏜
ustedes / 우쓰떼데쓰 (당신들)	

단어장

Korean ⟶ Spanish

	ㄱ
가게	tienda 띠엔다
가격	precio 쁘레씨오
가격	precios 쁘레씨오쓰
가격표	tarifa 따리빠
가격표	etiqueta de precios 에띠께따 데 쁘레씨오쓰
가구	muebles 무에블레쓰
가구점	tienda de muebles 띠엔다 데 무에블레쓰
가까운	cerca 쎄르까
가난한	pobre 뽀브레
가능성	posible 뽀씨블레
가라오케	karaoke 까라오께
가로등길	paso alumbrado 빠쏘 알룸브라도
가면	máscara 마스카라
가방	bolsa 볼싸
가방	bolso 볼쏘

가벼운	ligero 리헤로
가솔린	gasolina 가쏠리나
가수	cantante 깐딴떼
가스	gas 가쓰
가위	tijeras 띠헤라쓰
가을	otoño 오또뇨
가이드	guía 기아
가이드 투어	turismo con guía 뚜리쓰모 꼰 기아
가이드비	precio de guía 쁘레씨오 데 기아
가전제품	producto electrónico 쁘로둑또 엘렉뜨로니꼬
가정	familia 빠밀리아
가져오다	traer 뜨라에르
가죽	cuero 꾸에로
가죽	piel 삐엘
가죽 재킷	chaqueta de piel 차께따 데 삐엘
가죽 제품	artículos de cuero 아르띠꿀로쓰 데 꾸에로

각자 부담 하다	pagar a escote 빠가르 아 에쓰꼬떼
간격	intervalo 인떼르발로
간단한 식사	comida ligera 꼬미다 리헤라
간장	salsa de soja 쌀싸 데 쏘하
간판	letrero 레뜨레로
간헐적인	intermitente 인떼르미뗀떼
간호사 (남성)	enfermera 엔뻬르메라
간호사 (여성)	enfermero 엔뻬르메로
감기	resfriado 레쓰쁘리아도
감기약	medicina para resfriado 메디씨나 빠라 레쓰쁘리아도
감독	director 디렉또르
감사하다	agradecer 아그라데쎄르
감자	patatas 빠따따쓰
갓 만든	recién hecho 레씨엔 에쵸
강	río 리오
강의	curso 꾸르쏘

강의	clases 끌라쎄쓰	거절하다	rechazar 레차싸르	검사	inspección 인쓰뻭씨온
강판으로 간	rallado 라야도	거주자	residentes 레씨덴떼쓰	검역	cuarentena 꾸아렌떼나
강하다	fuerte 뿌에르떼	거즈	gasa 가싸	겉옷	chaqueta 챠께따
같은	igual 이구알	거짓말	mentira 멘띠라	게시판	tablón de anuncios 따블론 데 아눈씨오쓰
개	perro 뻬로	걱정	solicitud 쏠리씨뚜드	겨울	invierno 인비에르노
개관 시간	horario de apertura 오라리오 데 아뻬르뚜라	건강	salud 쌀루드	결국	últimamente 울띠마멘떼
개구리	rana 라나	건강 검진	reconocimiento médico 레꼬노씨미엔또 메디꼬	결혼	matrimonio 마뜨리모니오
개별 요금	pago por separado 빠고 뽀르 쎄빠라도	건강 진단서	certificado médico 쎄르띠삐까도 메디꼬	경기장	estadio deportivo 에쓰따디오 데뽀르띠보
개성	individualidad / originalidad 인디비두알리다드/ 오리히날리다드	건강이 나쁘다	encontrarse mal 엔꼰뜨라르쎄 말	경로	ruta 루따
		건강한	sano 싸노	경비	guardia 구아르디아
개인실	habitación individual 아비따씨온 인디비두알	건물	edificio 에디삐씨오	경쟁	competición 꼼뻬띠씨온
개인용	uso privado 우쏘 쁘리바도	건물 도면	plano del edificio 쁠라노 델 에디삐씨오	경제	economía 에꼬노미아
개점 시간	horario comercial 오라리오 꼬메르씨알	건설하다	edificar 에디삐까르	경찰	policía 뽈리씨아
개찰구	tornos de acceso 또르노쓰 데 악쎄쏘	거성 피부	piel seca 삐엘 쎄까	경찰관	agente de policía 아헨떼 데 뽈리씨아
갤러리, 회랑	galería 갈레리아	건전지	pila 삘라	경찰서	comisaría de policía 꼬미싸리아 데 뽈리씨아
거리	distancia 디쓰딴씨아	건축	construcción 꼰쓰뜨룩씨온	경치가 좋다	buen paisaje 부엔 빠이싸헤
거리/도시	calle / ciudad 까예/씨우다드	건축가	arquitecto 아르끼떽또	계단	escaleras 에쓰깔레라쓰
거북이	tortuga 또르뚜가	걷다	andar 안다르	계란 프라이	huevos fritos 우에보쓰 쁘리또쓰
거울	espejo 에쓰뻬호	걸다	apostar 아뽀쓰따르	계산	cuenta 꾸엔따

한국어	스페인어	한국어	스페인어	한국어	스페인어
계산대	caja registradora 까하 레히쓰뜨라도라	고양이	gato 가또	골프 코스	campo de golf 깜뽀 데 골쁘
계산하다	calcular 깔꿀라르	고운	mono 모노	공공요금	terifa de servicios públicos 떼리빠 데 쎄르비씨오쓰 뿌블리꼬쓰
계속하다	continuar 꼰띠누아르	고원	meseta 메쎄따		
계약	contrato 꼰뜨라또	고장	avería 아베리아	공기	aire 아이레
계약서	documento contrato 도꾸멘또 꼰뜨라또	고장 나다	averiarse 아베리아르쎄	공복, 배고픔	hambre 암브레
계절	estación 에쓰따씨온	고장 난	averiado 아베리아도	공부	estudio 에쓰뚜디오
계좌 번호	número de cuenta bancaria 누메로 데 꾸엔따 방까리아	고장 난	fuera de servicio 뿌에라 데 쎄르비씨오	공사	obra 오브라
		고찰	pensamiento 뻰싸미엔또	공석	asiento libre 아씨엔또 리브레
계획	plan 쁠란	고치다	curar / reparar 꾸라르 / 레빠라르	공식 휴일	día festivo 디아 뻬쓰띠보
고갈	agotamiento 아고따미엔또	고통	dolor 돌로르	공실	habitación libre 아비따씨온 리브레
고객	cliente 끌리엔떼	고향	pueblo natal 뿌에블로 나딸	공용 샤워	ducha compartida 두챠 꼼빠르띠다
고등	calidad superior 깔리다드 쑤뻬리오르	고혈압	hipertensión 이뻬르뗀씨온	공용실	habitación compartida 아비따씨온 꼼빠르띠다
고등학생	alumno de bachillerato 알룸노 데 바치에라또	곤충	insecto 인쎅또	공용 화장실	lavabo compartido 라바보 꼼빠르띠도
고래	ballena 바예나	골동품	antigüedades 안띠게다데쓰	공원	parque 빠르께
고르다	elegir 엘레히르	골동품점	tienda de antigüedades 띠엔다 데 안띠게다데쓰	공작새	pavo real 빠보 레알
고무	goma 고마			공장	fábrica 빠브리까
고무줄	goma 고마	골절	fractura de hueso 쁘락뚜라 데 우에쏘	공중목욕탕	baño compartido 바뇨 꼼빠르띠도
고무 지우개	goma de borrar 고마 데 보라르	골프	golf 골쁘	공중전화	teléfono público 뗄레뽀노 뿌블리꼬
고속도로	autopista 아우또삐쓰따	골프공	pelota de golf 뻴로따 데 골쁘	공중화장실	lavabo público 라바보 뿌블리꼬

158

공증하다	endosar 엔도싸르	광장	plaza 쁠라싸	구멍	agujero 아구혜로
공항	aeropuerto 아에로뿌에르또	교과서	libro de texto 리브로 데 떽쓰또	구명조끼	chaleco salvavidas 찰레꼬 쌀바비다쓰
공항세	tasas aeroportuarias 따싸쓰 아에로뽀르뚜아리아쓰	교수	profesor 쁘로페쏘르	구운	asado 아싸도
과일	fruta 쁘루따	교실	clase 끌라쎄	구입	compras 꼼쁘라쓰
과자	dulce 둘세	교외	afueras 아뿌에라쓰	구입하다	comprar 꼼쁘라르
과학	ciencia 씨엔씨아	교육	educación 에두까씨온	구토	vómito 보미또
관광	turismo 뚜리쓰모	교차로	cruce 끄루쎄	구토 백	bolsa para vómito 볼싸 빠라 보미또
관광 버스	autobús turístico 아우또부쓰 뚜리쓰띠꼬	교통사고	accidente de tráfico 악씨덴떼 데 뜨라삐꼬	구토하다	vomitar 보미따르
관광 안내소	oficina de información y turismo 오삐씨나 데 인뽀르마씨온 이 뚜리쓰모	교통 체증	atasco de tráfico 아따쓰꼬 데 뜨라삐꼬	국가	nación 나씨온
		교환	cambio 깜비오	국경	frontera nacional 쁘론떼라 나씨오날
관광지	sitio turístico 씨띠오 뚜리쓰띠꼬	교환	intercambio 인떼르깜비오	국기	bandera nacional 반데라 나씨오날
관광 크루즈	crucero turístico 끄루쎄로 뚜리쓰띠꼬	교환수	operador 오뻬라도르	국내선	vuelo nacional 부엘로 나씨오날
관광 투어	tour turístico 또우르 뚜리쓰띠꼬	교환하다	cambiar 깜비아르	국내의	nacional 나씨오날
관광 팸플릿	folleto turístico 뽈예또 뚜리쓰띠꼬	교회	iglesia 이글레씨아	국도	chaqueta 챠께따
관람석	gradería 그라데리아	구간	trayecto 뜨라예끄또	국립 공원	parque nacional 빠르께 나씨오날
관리	administración 아드미니쓰뜨라씨온	구경	visita 비씨따	국립의	nacional 나씨오날
관리인	administrador 아드미니쓰뜨라도르	구급차	ambulancia 암불란씨아	국무총리	primer ministro 쁘리메르 미니쓰뜨로
관세	aduana 아두아나	구름	nubes 누베쓰	국산 맥주	cerveza nacional 쎄르베싸 나씨오날
광고	anuncio 아눈씨오	구름이 낀	nublado 누블란도	국수	fideos 삐데오쓰

159

국적	nacionalidad 나씨오날리다드	그림책	libro ilustrado 리브로 일루쓰뜨라도	기념비	monumento conmemorativo 모누멘또 꼰메모라띠보
국제	internacional 인떼르나씨오날	그저께	anteayer 안떼아예르		
국제선	Vuelo internacional 부엘로 인떼르나씨오날	극장	teatro 떼아뜨로	기념우표	sello conmemorativo 쎄요 꼰메모라띠보
		근육	músculo 무쓰꿀로	기념일	día aniversario 디아 아니베르싸리오
국제 운전면허	licencia de conducir internacional 리쎈씨아 데 꼰두씨르 인떼르나씨오날	금	oro 오로	기념품	souvenir 쑤베니르
		금고	caja de fuerte 까하 데 뿌에르떼	기념품점	tienda de souvenirs 띠엔다 데 쑤베니르쓰
국제 전화	llamada internacional 야마다 인떼르나씨오날	금고	caja fuerte 까하 뿌에르떼	기다리다	esperar 에쓰뻬라르
국회 의사당	congreso nacional 꼰그레쏘 나씨오날	금연	no fumador 노 뿌마도르	기록해 두다	tomar nota 또마르 노따
굴뚝	chimenea 치메네아	금연석	asiento de no fumadores 아씨엔또 데 노 뿌마도레쓰	기름	aceite 아쎄이떼
굽다	asado 아싸도	금연차	vagón de no fumadores 바곤 데 노 뿌마도레쓰	기부	donación 도나씨온
굽다	asar 아싸르	금지	prohibición 쁘로이비씨온	기쁜	alegre 알레그레
귀걸이	pendientes 뻰디엔떼쓰	급료	sueldo 쑤엘도	기사	artículo 아르띠꿀로
귀금속	metal precioso 메딸 쁘레씨오쏘	기간	duración 두라씨온	기술	técnica 떼끄니까
귀중품	objetos de valor 오브헤또쓰 데 발로르	기계	máquina 마끼나	기술자	ingeniero 인헤니에로
규칙	reglamento 레글라멘또	기관	instituciones 인쓰띠뚜씨오네쓰	기억하다	recordar 레꼬르다르
그램	gramo 그라모	기관사	conductor 꼰둑또르	기온	temperatura 뗌뻬라뚜라
그룹	grupo 그루뽀	기관지염	bronquitis 브롱끼띠쓰	기장	comandante 꼬만단떼
그리다	dibujar 디부하르	기내 수하물	equipaje de mano 에끼빠헤 데 마노	기저귀	pañales 빠냘레쓰
그림	cuadro 꾸아드로	기내식	comida durante el vuelo 꼬미다 두란떼 엘 부엘로	기차	tren 뜨렌

기차역	estación de tren 에쓰따씨온 데 뜨렌	꽃병	jarrón 하론	날생선	pescado crud 뻬쓰까도 그루도
기타	guitarra 기따라	꽃집	floristería 쁠로리쓰떼리아	날씨	tiempo 띠엠뽀
기후	clima 끌리마	꿀	miel 미엘	날짜	fecha 뻬차
긴	largo 라르고	꿈	sueño 쑤에뇨	남녀	hombre y mujer 옴브레 이 무헤르
긴급	urgencia 우르헨씨아	끓다	hervir 에르비르	남녀 공용	uso mixto 우노 믹쓰또
긴급한	urgente 우르헨떼	끝	cabo 까보	남자	hombre 옴브레
긴팔	manga larga 만가 라르가	끝내다	terminar 떼르미나르	남자아이	chico 치꼬
길	camino 까미노		ㄴ	남쪽	sur 쑤르
길	calle 까예	나가다	salir 쌀리르	남편	marido 마리도
길에서	en el camino 엔 엘 까미노	나라	país 빠이쓰	납세	pago de impuestos 빠고 데 임뿌에쓰또쓰
깃발	bandera 반데라	나이	edad 에다드	납작하게 하다	aplastar 아쁠라쓰따르
까맣다	negro 네그로	나이트클럽	cabaré 까바레	낮추다	rebaja 레바하
까무러치다	sorprenderse 쏘르쁘렌데르쎄	나이트클럽	club nocturno 끌루브 녹뚜르노	내년	próximo año 쁘록씨모 아뇨
깡통 따개	abrelatas 아브렐라따쓰	나일론	nailon 나일론	내리다	bajar 바하르
깨끗한	limpio 림삐오	나중을 위해 남겨 두다	guardar para después 구아르다르 빠라 데쓰뿌에쓰	내복약	medico internista 메디꼬 인떼르니쓰따
깨지기 쉬운	frágil 쁘라힐			내선	línea interior 리네아 인떼리오르
껌	chicle 치끌레	난방	calefacción 깔레빠씨온	내용	contenido 꼰떼니도
꼭 맞다	ajustado 아후쓰따도	난치병	enfermedad crónica 엔뻬르메다드 그로니까	내일	mañana 마냐나
꽃	flor 쁠로르	날	día 디아	내일 오후에	mañana por la tarde 마냐나 뽀르 라 따르데

161

내일 저녁에	mañana por la noche 마냐나 뽀르 라 노체	농업	agricultura 아그리꿀뚜라	다이아몬드	diamante 디아만떼
내일 해 질 무렵에	mañana al atardecer 마냐나 알 아따르데쎄르	높다	alto 알또	다쳤다	herido 에리도
냄비	olla 오야	놓다	soltar 쏠따르	단단하다	duro 두로
냄새나다	oler 올레르	뇌	cerebro 쎄레브로	단어	palabra 빨라브라
냅킨	servilleta 쎄르비예따	뇌졸중	apoplejía 아뽀쁠레히아	단체 여행	viaje del grupo 비아헤 델 그루뽀
냉방 장치가 있는	con aire acondicionado 꼰 아이레 아꼰디씨오나도	뇌진탕	conmoción cerebral 꼰모씨온 쎄레브랄	단풍	hojas coloradas 오하쓰 꼴로라다쓰
냉장고	frigorífico 쁘리고리삐꼬	눈	nieve 니에베	닫다	cerrar 쎄라르
넓은	ancho 안쵸	눈물	lágrima 라그리마	닫히다	cerrarse 쎄라르쎄
넓히다	expandir 엑쓰빤디르	눕다	acostarse 아꼬쓰따르쎄	닫힌	cerrado 쎄라도
넥타이	corbata 꼬르바따	뉴스	noticias 노띠씨아쓰	달	luna 루나
노랑	amarillo 아마리요			달걀	huevo 우에보
노래	canción 깐씨온	**ㄷ**		달다	dulce 둘쎄
노래하다	cantar 깐따르	다도	ceremonia del té 쎄레모니아 델 떼	달력	calendario 깔렌다리오
노선도	plano de líneas 쁠라노 데 리네아쓰	다루다	manejar 마네하르	닭고기	carne de pollo 까르네 데 뽀요
노인	persona mayor 뻬르쏘나 마요르	다른 쪽에	en el otro lado 엔 엘 오뜨로 라도	담당	encargado 엔까르가도
놀다	jugar 후가르	다리	puente 뿌엔떼	담배	tabaco 따바꼬
놀이	juego 후에고	다시 연락하다	devolver la llamada 데볼베르 라 야마다	담배를 피우다	fumar tabaco 뿌마르 따바꼬
농담	broma 브로마	다음 달	próximo mes 쁘록씨모 메쓰	담요	manta 만따
농민	agricultor 아그리꿀또르	다음의	siguiente 씨기엔떼	답하다	responder 레쓰뽄데르
		다음 주	próxima semana 쁘록씨모 쎄마나		

당기다	tirar 띠라르
당뇨병	diabetes 디아베떼쓰
당일 투어	visita turística de un día 비씨따 뚜리쓰띠까 데 운 디아
당일치기 여행	viaje de un día 비아헤 데 운 디아
대기	atmósfera 아뜨모쓰뻬라
대기자 명단	lista de espera 리쓰따 데 에쓰뻬라
대기실	sala de espera 쌀라 데 에쓰뻬라
대로	avenida 아베니다
대사관	embajada 엠바하다
대성당	catedral 까떼드랄
대통령	presidente 쁘레씨덴떼
대학	universidad 우니베르씨다드
대학 교수	profesor universitario 쁘로뻬쏘르 우니베르씨따리오
대학생	estudiante universitario 에쓰뚜디안떼 우니베르씨따리오
대형 차량	coche grande 꼬체 그란데
더 머물기	estancia continuada 에쓰딴씨아 꼰띠누아다
더 싸다	más barato 마쓰 바라또
더 작다	más pequeño 마쓰 뻬께뇨

더 좋다	mejor 메호르
더 크다	más grande 마쓰 그란데
더러움	mancha 만차
더럽다	sucio 쑤씨오
더블 룸	habitación doble 아비따씨온 도블레
더위	calor 깔로르
도난 증명서	denuncia de robo 데눈씨아 데 로보
도둑	ladrón 라드론
도둑맞은 물건	objeto robado 오브헤또 로바도
도로	carretera 까레떼라
도로 지도	plano de carreteras 쁠라노 데 까레떼라쓰
도보	a pie 아 삐에
도서관	biblioteca 비블리오떼까
도시	ciudad 씨우다드
도시로	a la ciudad 아 라 씨우다드
도시의	de la ciudad 데 라 씨우다드
도시의	urbano 우르바노
도시 지도	mapa de la ciudad 마빠 데 라 씨우다드
도자기점	tienda de cerámicas 띠엔다 데 쎄라미까쓰

도착	llegada 예가다
도착 시간	hora de llegada 오라 데 예가다
도착 지연	llegada con retraso 예가다 꼰 레뜨라쏘
도착하다	llegar 예가르
독서등	lámpara de lectura 람빠라 데 렉뚜라
돈	dinero 디네로
돌	roca 로까
돌다	girar 히라르
돕다	ayudar 아유다르
동료	compañero 꼼빠녜로
동물	animales 아니말레쓰
동물원	zoológico 쑤올로히꼬
동반	compañía 꼼빠니야
동상	estatua de bronce 에쓰따뚜아 데 브론쎄
동전	moneda 모네다
동전 반환 레버	mecanismo de devolución de monedas 메까니쓰모 데 데볼루씨온 데 모네다쓰
동전 투입구	ranura para insertar monedas 라누라 빠라 인쎄르따르 모네다쓰

동전지갑	monedero 모네데로	등록	registro 레히쓰뜨로	라벨	etiqueta 에띠께따
동쪽	este 에쓰떼	디자이너	diseñador 디쎄냐도르	라이터	encendedor 엔쎈데도르
되돌리다	devolver 데볼베르	디자인	diseño 디쎄뇨	라켓	raqueta 라께따
된장	pasta de miso 빠쓰따 데 미쏘	디저트	postre 뽀쓰뜨레	램프	lámpara 람빠라
두고가다	dejar en un lugar 데하르 엔 운 루가르	디저트 스푼	cuchara de postre 꾸차라 데 뽀쓰뜨레	레귤러 가솔린	gasolina regular 가쏠리나 레굴라르
두드러기	urticaria 우르띠까리아	디지털 카메라	cámara digital 까마라 디히딸	레몬	limón 리몬
두통	dolor de cabeza 돌로르 데 까베싸	딜러	representante comercial 레쁘레쎈딴떼 꼬메르씨알	레벨	nivel 니벨
둥근	redondo 레돈도			레스토랑	restaurante 레쓰따우란떼
뒤	detrás 데뜨라쓰	따뜻한 물	agua caliente 아구아 깔리엔떼	레이온	rayón 라이욘
뒤집다	volver 볼베르	따로 계산하다	pagar por separado 빠가르 뽀르 쎄빠라도	레코드점	tienda de discos 띠엔다 데 디쓰꼬쓰
드라마	drama 드라마	따로따로	por separado 뽀르 쎄빠라도	렌즈	lentes 렌떼쓰
드라이기	secador de pelo 쎄까도르 데 뻴로	딸	hija 이하	렌터카	coche de alquiler 꼬체 데 알낄레르
드라이 클리닝	lavado en seco 라바도 엔 쎄꼬	땀	sudor 쑤도르	로마자	letra latina 레뜨라 라띠나
드레스	vestido de fiesta 베쓰띠도 데 삐에쓰따	떨어지다	caer 까에르	로비	lobby 로비
드레스 코드	código de vestimenta 꼬디고 데 베쓰띠멘따	뜨겁다	caluroso 깔루로쏘	로션	loción cosmética 로씨온 꼬쓰메띠까
득점판	marcador 마르까도르	뜨겁다	caliente 깔리엔떼	룰렛	ruleta 룰레따
듣다	escuchar 에쓰꾸차르	**ㄹ**		룸메이트	compañero de habitación 꼼빠녜로 데 아비따씨온
등	espalda 에쓰빨다	라디오	radio 라디오	룸서비스	servicio de habitaciones 쎄르비씨오 데 아비따씨오네쓰
등기 우편	carta certificada 까르따 쎄르띠삐까다	라떼	café con leche 까뻬 꼰 레체		

164

한국어	스페인어	한국어	스페인어	한국어	스페인어
룸서비스료	precio servicio de habitaciones 쁘레씨오 쎄르비씨오 데 아비따씨오네쓰	마지막의	último 울띠모	맛없는	insípido 인씨삐도
리넨	lino 리노	마천루	rascacielos 라쓰까씨엘로쓰	맛을 낸	con sabor 꼰 싸보르
리무진 버스	autobús limusina 아우또부쓰 리무씨나	막간	entreacto 엔뜨레악또	맛있는	delicioso / muy rico 델리씨오쏘 / 무이 리꼬
리스트	lista 리쓰따	막다른	sin salida 씬 쌀리다	맛있는	muy bueno 무이 부에노
리큐어	licor 리꼬르	막다른 길	camino sin salida 까미노 씬 쌀리다	망	red 레드
린스	acondicionador 아꼰디씨오나도르	막대기	palo 빨로	맡기기	depósito 데뽀씨또
립스틱	pintalabios 삔따라비오쓰	막힘	atasco 아따쓰꼬	맡기다	encargar 엔까르가르
	□	만	bahía 바이아	매너	modales 모달레쓰
마개	tapó 따뽄	만나다	encontrarse 엔꼰뜨라르쎄	매니큐어	manicura 마니꾸라
마늘	ajo 아호	만남의 장소	lugar de encuentro 루가르 데 엔꾸엔뜨로	매일	cada día 까다 디아
마라톤	maratón 마라똔	만석	entradas agotadas 엔뜨라다쓰 아고따다쓰	맥박	pulsación 뿔싸씨온
마멀레이드	mermelada 메르멜라다	만족	satisfacción 싸띠쓰빡씨온	맥주	cerveza 쎄르베싸
마사지	masaje 마싸헤	많은	muchos 무쵸쓰	맵다	picante 삐깐떼
마시다	beber 베베르	많이 아프다	duele mucho 두엘레 무쵸	맹장염	apendicitis 아뻰디씨띠쓰
마요네즈	mayonesa 마요네싸	말	caballo 까바요	머리	cabeza 까베싸
마을	pueblo 뿌에블로	말	palabra 빨라브라	머리맡 탁자	mesilla de noche 메씨야 데 노체
마중 나가다	ir a esperar 이라 아 에쓰뻬라르	말하다	decir 데씨르	머물다	quedarse 께다르쎄
마지막 열차	último tren 울띠모 뜨렌	맑은	despejado 데쓰뻬하도	머물다	permanecer en 뻬르마네쎄르 엔
		맛	sabor 싸보르	머스터드	mostaza 모쓰따싸

먹다	comer 꼬메르	모닝콜	llamada despertador 야마다 데쓰뻬르따도르	몸에 걸치다	ponerse 뽀네르쎄
먼지	polvo 뽈보	모레	pasado mañana 빠싸도 마냐나	못	clavo 끌라보
멀다	lejos 레호쓰	모서리	esquina 에쓰끼나	묘지	cementerio 쎄멘떼리오
메뉴	menú 메누	모습	aspecto 아쓰뻭또	무겁다	pesado 뻬싸도
메이드	asistenta 아씨쓰뗀따	모으다	recoger 레꼬헤르	무게	peso 뻬쏘
메이크업 리무버	desmaquillador 데쓰마끼야도르	모자	sombrero 쏨브레로	무대	escenario 에쓰쎄나리오
면	algodón 알고돈	모직물	tejido de lana 떼히도 데 라나	무료,무료 의	gratis 그라띠쓰
면도	afeitado 아뻬이따도	모터	motor 모또르	무색소	sin color 씬 꼴로르
면도칼	cuchilla de afeitar 꾸치야 데 아뻬이따르	목	cuello 꾸에요	무언가	algo 알고
면세	libre de impuestos 리브레 데 임뿌에쓰또쓰	목걸이	collar 꼬야르	무의식의	inconsciente 인꼰쓰씨엔떼
면세점	tienda libre de impuestos 띠엔다 리브레 데 임뿌에쓰또쓰	목구멍	garganta 가르간따	무익함	inutilidad 이누띨리다드
		목도리	bufanda 부빤다	무제한	ilimitado 일리미따도
면세품	producto exento de impuestos 쁘로둑또 엑쎈또 데 임뿌에쓰또쓰	목소리	voz 보쓰	무지	sin diseño 씬 디쎄뇨
		목욕 타월	toalla de baño 또아야 데 바뇨	무첨가물	sin aditivos 씬 아디띠보쓰
면직물	tejido de algodón 떼히도 데 알고돈	목이 아프다	dolor de garganta 돌로르 데 가르간따	무효	nulidad 눌리다드
명세서	detalle 데따예	목적	objetivo 오브헤띠보	문	puerta 뿌에르따
명소	lugar de interés 루가르 데 인떼레쓰	목적지	destino 데쓰띠노	문방구	papelería 빠뻴레리아
명찰	placa con nombre 쁠라까 꼰 놈브레	목적지	lugar de destino 루가르 데 데쓰띠노	문법	gramática 그라마띠까
모기	mosquito 모쓰끼또	몸	cuerpo 꾸에르뽀	문자	letra 레뜨라

문제	problema 쁘로블레마	밀크티	té con leche 떼 꼰 레체	반창고	esparadrapo 에쓰빠라드라뽀	기본 회화
문화	cultura 꿀뚜라			반팔	manga corta 만가 꼬르따	관광
물	agua 아구아	**ㅂ**		반품	devolución de compra 데볼루씨온 데 꼼쁘라	
물고기	pescado 뻬쓰까도	바	bar 바르	받다	recibir 레씨비르	맛집
물을 흘리다	echar agua 에챠르 아구아	바구니	cesta 쎄쓰따	발	coche 꼬체	
뮤지컬	musical 무씨깔	바늘	aguja 아구하	발레	ballet 바예	쇼핑
미끄러지는	deslizante 데쓰리싼떼	바다	mar 마르	발목	tobillo 또비요	
미네랄워터	agua mineral 아구아 미네랄	바닥	fondo 뽄도	발송지	dirección de envío 디렉씨온 데 엔비오	뷰티
미니바	mini bar 미니바르	바닷가	al lado del mar 알 라도 델 마르	발신인	remitente 레미뗀떼	엔터테인먼트
미술관	museo de arte 무쎄오 데 아르떼	바둑을 두다	juego del go 후에고 델 고	발코니	balcón 발꼰	
미아	niño perdido 니뇨 뻬르디도	바람	viento 비엔또	밤 투어	tour nocturno 또우르 녹뚜르노	호텔
미용실	clínica estética 끌리니까 에쓰떼띠까	바람이 분다	hace viento 아쎄 비엔또	방	habitación 아비따씨온	
미장원	salón de belleza 쌀론 데 베에싸	바쁘다	ocupado 오꾸빠도	방값	precio de habitación 쁘레씨오 데 아비따씨온	교통수단
미지근하다	tibio 띠비오	바지	pantalones 빤딸로네쓰	방문	visita 비씨따	
민감성 피부	piel sensible 삐엘 쎈씨블레	바퀴	rueda 루에다	방 번호	número de habitación 누메로 데 아비따씨온	기본 정보
민첩하게	al vapor 알 바뽀르	박람회	feria 뻬리아	방법	método 메또도	
밀	trigo 뜨리고	박물관	museo 무쎄오	방 열쇠	llave de habitación 야베 데 아비따씨온	단어장
밀가루	harina 아리나	박수	aplauso 아쁠라우쏘	방향	dirección 디렉씨온	
밀다	empujar 엠뿌하르	반대하다	oponerse 오뽀네르쎄	빠에야	paella 빠에야	
		반지	anillo 아니요			

한국어	Español	발음	한국어	Español	발음	한국어	Español	발음
배고프다	tener hambre	떼네르 암브레	버튼	botón	보똔	병원	hospital	오쓰삐딸
배상	indemnización	인뎀니싸씨온	번역	traducción	뜨라둑씨온	보내다	enviar	엔비아르
배상하다	indemnizar	인뎀니싸르	법률	ley	레이	보다	ver	베르
배우	actores	악또레쓰	벗어나다	perderse	뻬르데르쎄	보드카	vodka	보드까
배우	actor	악또르	벗나무	cerezo	쎄레쏘	보석	joyas	호야쓰
배터리	batería	바떼리아	베개	almohada	알모아다	보석 가게	joyería	호예리아
배터리 충전기	cargador de pilas	까르가도르 데 삘라쓰	베란다	terraza	떼라싸	보스턴백	bolso de equipaje	볼쏘 데 에끼빠헤
배편	correo marítimo	꼬레오 마리띠모	벤치	banco	방꼬	보안	seguridad	쎄구리다드
백화점	grandes almacenes	그란데스 알마쎄네쓰	벨트	cinturón	씬뚜론	보안핀	pin de seguridad	삔 데 쎄구리다드
밴	furgoneta	뿌르고네따	벽	pared	빠레드	보육원	guardería	구아르데리아
뱀	serpiente	쎄르삐엔떼	벽지	papel pintado	빠뻴 삔따도	보증서	garantía	가란띠아
뱃멀미	mareo de barco	마레오 데 바르꼬	변기	taza de retrete / retrete	따싸 데 레뜨레떼/ 레뜨레떼	보트	barca	바르까
버섯	seta	쎄따	변비	estreñimiento	에쓰뜨레늬미엔또	보행자 우선	preferencia peatones	쁘레뻬렌씨아 뻬아또네쓰
버스	autobús	아우또부쓰	변비약	medicina para el estreñimiento	메디씨나 빠라 엘 에쓰뜨레늬미엔또	보험 회사	compañía de seguros	꼼빠늬아 데 쎄구로쓰
버스 노선도	plano línea de autobuses	쁠라노 리네아 데 아우또부쎄쓰				복도	pasillo	빠씨요
버스 정류장	parada de autobús	빠라다 데 아우또부쓰	변호사	abogado	아보가도	복사	copia / fotocopia	꼬삐아 / 뽀또 꼬삐아
버찌	cerezas	쎄레싸쓰	별	estrella	에쓰뜨레야	복숭아	melocotón	멜로꼬똔
버터	mantequilla	만떼끼야	별실	sala aparte	쌀라 아빠르떼	복싱	boxeo	복쎄오

복통	dolor de vientre 돌로르 데 비엔뜨레	분실 신고서	declaración de objetos perdidos 데끌라라씨온 데 오브헤또쓰 뻬르디도쓰	비	lluvia 유비아	기본 회화
볼펜	bolígrafo 볼리그라뽀			비가연성의	sin combustible 씬 꼼부쓰띠블레	관광
봄	primavera 쁘리마베라	분실물	objetos perdidos 오브헤또쓰 뻬르디도쓰	비극	tragedia 뜨라헤디아	맛집
부가 가치세	Impuesto sobre Valor Añadidoe 임뿌에쓰또 쏘브레 발로르 아냐디도	분실물 센터	oficina de objetos perdidos 오삐씨나 데 오브헤또쓰 뻬르디도쓰	비누	jabón 하봉	쇼핑
				비디오 카메라	cámara de video 까마라 데 비데오	
부드러운	muelle 무에예	분유	leche en polvo 레체 엔 뽈보	비밀	secreto 쎄끄레또	
부모	padres 빠드레쓰	불	fuego 뿌에고	비밀번호	número secreto 누메로 쎄끄레또	뷰티
부상	herida 에리다				salida de emergencia 쌀리다 데 에메르헨씨아	
부서지기 쉬운	frágil 쁘라힐	불량품	mercancía defectuosa 메르깐씨아 데뻭뚜오싸	비상구		엔터테인먼트
부서지기 쉬운 물건	objeto frágil 오브헤또 쁘라힐	불면증	insomnio 인쏨니오	비상 버튼	botón de emergencia 보똔 데 에메르헨씨아	
부엌	cocina 꼬씨나	불평	queja 께하	비싸다	caro 까로	호텔
부재	ausencia 아우쎈씨아	붕대	venda 벤다	비용이 들다	costar 꼬쓰따르	
부족하다	faltar 빨따르	뷔페	bufé 부뻬	비율	tasas 따싸쓰	교통수단
부착물	adhesivos 아데씨보쓰	브래지어	sujetador 쑤헤따도르	비자	visado 비싸도	
부츠	botas 보따쓰	브레이크	freno 쁘레노	비행	vueloa 부엘로	기본 정보
북쪽	norte 노르떼	브로치	broche 브로체	비행기	avión 아비온	
분류	clase 끌라쎄	블라우스	blusa 블루싸	빈	vacío 바씨오	
분류	clasificación 끌라씨삐까씨온	블로우 드라이	peinado al viento 뻬이나도 알 비엔또	빈방	habitación disponible 아비따씨온 디쓰뽀니블레	단어장
분수	fuente 뿌엔떼	블록	bloque 블로께			

빈혈	anemia 아네미아	사기업	empresa privada 엠쁘레싸 쁘리바다	사촌	primo / prima 쁘리모 / 쁘리마
빌리다	alquilar 알낄라르	사다	comprar 꼼쁘라르	사회복지	bienestar social 비에네쓰따르 쏘씨알
빗	peine 뻬이네	사랑	amor 아모르	산	montaña 몬따냐
빛	luz 루쓰	사막	desierto 데씨에르또	산부인과 의사	ginecólogo 히네꼴로고
빛나다	luminoso 루미노쏘	사무실	oficina 오삐씨나	산소 마스크	máscara de oxígeno 마쓰까라 데 옥씨헤노
빠른	rápido 라삐도	사용료	tarifa de uso 따리빠 데 우쏘	산지	región productora 레히온 쁘로둑또라
빨간 피망	pimiento rojo 삐미엔또 로호	사용 중	ocupado 오꾸빠도	산책	paseo 빠쎄오
빨갛다	rojo 로호	사우나	sauna 싸우나	산호초	arrecife de coral 아레씨뻬 데 꼬랄
빨대	pajita 빠히따	사원	templo 뗌쁠로	살다	residir 레씨디르
빵	pan 빤	사이즈	tamaño 따마뇨	삶	vida 비다
뼈	hueso 우에쏘	사이즈	talla 따야	삶은	cocido 꼬씨도
		사이클링	ciclismo 씨끌리쓰모	삶은 달걀	huevo hervido 우에보 에르비도

ㅅ

사각/ 사각형	rectángulo 렉땅굴로	사인	firma 삐르마	삼각	triangulo 뜨리앙굴로
사건	suceso 쑤쎄쏘	사적지	lugar de interés histórico 루가르 데 인떼레쓰 이쓰또리꼬	삼각대	trípode 트리뽀데
사고	accidente 악씨덴떼			삼촌	tío 띠오
사고 증명서	atestado(parte) de accidente 아떼쓰따도 (빠르떼) 데 악씨덴떼	사적지	lugar histórico 루가르 이쓰또리꼬	상권	zona comercial 쏘나 꼬메르씨알
		사전	diccionario 딕씨오나리오	상냥하다	amable 아마블레
사과	disculpa 디쓰꿀빠	사증	visado 비싸도	상당히 (그렇게나)	bastante(no tanto) 바쓰딴떼 (노 딴또)
사기 행위	fraude 쁘라우데	사진	foto 뽀또	상비약	medicina uso diario 메디씨나 우쏘 디아리오

170

한국어	스페인어		한국어	스페인어		한국어	스페인어
상업	comercio 꼬메르씨오		생년월일	fecha de nacimiento 뻬챠 데 나씨미엔또		서쪽	oeste 오에쓰떼
상연	representación 레쁘레쎈따씨온		생리 용품	compresa 꼼쁘레싸		서커스	circo 씨르꼬
상연	actuación 악뚜아씨온		생리일	día de la regla 디아 데 라 레글라		서핑	surfing 쑤르뺑
상연 중인	en cartel 앤 까르뗄		생리통	dolor menstrual 돌로르 멘쓰뜨루알		섞인	mezclado 메쓰끌라도
상응하다	corresponder 꼬레쓰뽄데르		생일	cumpleaños 꿈쁠레아뇨쓰		선글라스	gafas de sol 가빠쓰 데 쏠
상자	caja 까하		생햄	jamón serrano 하몬 쎄라노		선물	regalo 레갈로
상품	artículos 아르띠꿀로쓰		샤워	ducha 두챠		선박	barco 바르꼬
상하다	pudrirse 뿌드리르쎄		샤워시설 있는	con ducha 꼰 두챠		선불	previo pago 쁘레비오 빠고
상황	situación 씨뚜아씨온		샴푸	champú 챰뿌		선불금	anticipo 안띠씨뽀
새	pájaro 빠하로		서다	pararse 빠라르쎄		선실	camarote 까마로떼
새롭다	nuevo 누에보		서두르다	darse prisa 다르쎄 쁘리싸		선실 수하물	equipaje de camarote 에끼빠헤 데 까마로떼
새우	gamba 감바		서랍	cajón 까혼			
색	color 꼴로르		서력	calendario occidental 깔렌다리오 옥씨덴딸		선실원	encargado de camarotes 엔까르가도 데 까마로떼쓰
샌드위치	sandwich 싼드위치		서류	documentos 도꾸멘또 쓰			
샐러드	ensalada 엔쌀라다		서머타임	horario de verano 오라리오 데 베라노		선언하다	declarar 데끌라라르
(~의) 생가	casa natal (de) 까싸 나딸 (데)		서명	firma 삐르마		선예매	venta anticipada 벤따 안띠씨빠다
생각해내다	recuerdo 레꾸에르도		서비스	servicio 쎄르비씨오		선장	capitán 까삐딴
생강	jengibre 헨히브레		서비스료	precio de servicio 쁘레씨오 데 쎄르비씨오		선크림	crema protección solar 끄레마 쁘로뗙씨온 쏠라르
생과일주스	zumo natural 쑤모 나뚜랄		서점	librería 리브레리아			

171

선풍기	ventilador 벤띨라도르	세안	cuidad facial 꾸이다드 빠씨알	소매치기	carterista 까르떼리쓰따
설명서	instrucciones 인쓰뜨룩씨오네쓰	세제	detergente 데떼르헨떼	소방서	parque de bomberos 빠르께 데 봄베로쓰
설사	diarrea 디아레아	세척 버튼	botón de lavado 보똔 데 라바도		
설탕	azúcar 아쑤까르	세탁	lavado 라바도	소비	gastos 가쓰또쓰
섬	isla 이쓸라	세탁기	lavadora 라바도라	소시지	embutido 엠부띠도
성	castillo 까쓰띠요	세탁물	ropa para lavar 로빠 빠라 라바르	소유물	propiedad 쁘로삐에다드
(이름의)성	apellido 아뻬이도	세탁비	precio de lavandería 쁘레씨오 데 라반데리아	소유주	dueño 두에뇨
성냥	cerillas 쎄리야쓰			소인	matasellos 마따쎄요쓰
성명	nombre completo 놈브레 꼼쁠레또	세탁소	lavandería 라반데리아	소파	sofá 쏘빠
성별	género 헤네로	세탁하다	lavar 라바르	소포	paquete postal 빠께떼 뽀쓰딸
성탄절	Navidad 나비다드	세트 메뉴	plato combinado 쁠라또 꼼비나도	소품	herramientas pequeñas 에라미엔따쓰 뻬께냐쓰
세계	mundo 문도	셀프서비스	autoservicio 아우또쎄르비씨오		
세계 유산	patrimonio de la humanidad 빠뜨리모니오 데 라 우마니다드	셔츠	camisa 까미싸	소프라노	soprano 쏘쁘라노
		셔터	postigo 뽀쓰띠고	소형차	coche pequeño 꼬체 뻬께뇨
세관	aduanas 아두아나쓰	소개하다	presentar 쁘레쎈따르	소화기	extintor de incendios 엑쓰띤또르 데 인쎈디오쓰
세관 신고서	declaración de aduanas 데끌라라씨온 데 아두아나쓰	소고기	carne de vaca 까르네 데 바까		
		소금	sal 쌀	소화 불량	indigestión 인디헤쓰띠온
세금	impuestos 임뿌에쓰또쓰	소독제	desinfectante 데씬빽딴떼	속달	urgente 우르헨떼
세부	detalles 데따에쓰	소매	manga 망가	속담	refrán 레쁘란

172

속도계	indicador de velocidad 인디까도르 데 벨로씨다드	수도꼭지	grifo 그리뽀	~수집	colección de~ 꼴렉씨온 데
속옷	ropa interior 로빠 인떼리오르	수도의	de la capital 데 라 까삐딸	수채화	acuarelas 아꾸아렐라쓰
손	mano 마노	수리 공장	taller de reparaciones 따예르 데 레빠라씨오네쓰	수취인	destinatario 데쓰띠나따리오
손목시계	reloj de pulsera 렐로흐 데 뿔쎄라	수리하다	reparar 레빠라르	수표	cheque 체께
손수건	pañuelo 빠뉴엘로	수면제	pastilla para dormir 빠쓰띠야 빠라 도르미르	수하물	equipaje de mano 에끼빠헤 데 마노
손을 쥐다	estrechar la mano 에쓰뜨레챠르 라 마노			수하물 수령증	resguardo de consigna de equipajes 레스구아르도 데 꼰씨그나 데 에끼빠헤쓰
손자	nieto 니에또	수상한	sospechoso 쏘쓰뻬쵸쏘		
손전등	linterna 린떼르나	수수한	sobrio 쏘브리오	수하물 수령증	resguardo de consigna 레스구아르도 데 꼰씨그나
손톱	uña 우냐	수술	operación 오뻬라씨온		
손톱깎이	cortaúñas 꼬르따우냐쓰	수업료	pago de clases 빠고 데 끌라쎄쓰	수하물 수령증	resguardo de equipaje 레스구아르도 데 에끼빠헤
솜	algodón 알고돈	수영	natación 나따씨온	수하물 예치소	consigna de equipajes 꼰씨그나 데 에끼빠헤쓰
송영하다	llevar y traer 예바르 이 뜨라에르	수영복	bañador 바냐도르	수하물 예치소	consigna 꼰씨그나
쇠사슬	cadena 까데나	수영장	piscina 삐씨나	수혈	transfusión 뜨란쓰뿌씨온
쇼	representación 레쁘레쎈따씨온	수영하다	nadar 나다르	수화기	auricular 아우리꿀라르
쇼핑 거리	calle comercial 까예 꼬메르씨알	수입	importación 임뽀르따씨온	사무실	oficina 오삐씨나
쇼핑 센터	centro comercial 쎈뜨로 꼬메르씨알	수정	cristal de roca 끄리쓰딸 데 로까	숙모	tía 띠아
수	número 누메로	수정하다	reparar 레빠라르	숙소 카드	tarjeta de alojamiento 따르헤따 데 알로하미엔또
수공예품점	tienda de artesanía 띠엔다 데 아르떼싸니아	수족관	acuario 아꾸아리오		

순수한	puro 뿌로	스타킹	medias 메디아쓰	시계점	relojería 렐로헤리아
숟가락	cuchara 꾸챠라	스테이플러	grapadora 그라빠도라	시골	campo 깜뽀
숨쉬다	respirar 레쓰삐라르	스포츠	deporte 데뽀르떼	시끄러운	ruidoso 루이도쏘
숫자	número 누메로	스포츠 용품점	tienda de deportes 띠엔다 데 데뽀르떼쓰	시내	centro de la ciudad 쎈뜨로 데 라 씨우다드
숫자	números 누메로쓰	스피커	altavoz 알따보쓰	시내 통화	llamada urbana 야마다 우르바나
숲	bosque 보쓰께	슬리퍼	zapatillas 싸빠띠야쓰	(맛이)시다	ácido 아씨도
쉬운	fácil 빠씰	슬림한 체형	figura delgada 삐구라 델가다	시도해 보다	probarse 쁘로바르쎄
슈퍼마켓	supermercado 쑤뻬르메르까도	슬픔	triste 뜨리쓰떼	시리얼	cereal 쎄레알
스웨이드	ante 안떼	습기	humedad 우메다드	시외 통화	llamada interurbana 야마다 인떼르우르바나
스웨터	suéter 쑤에떼르	습한	humedo 우메도		
스위치	interruptor 인떼르루쁘또르	승강장	andén 안덴	시작하다	empezar 엠뻬싸르
스위트룸	habitación doble 아비따씨온 도블레	승객	pasajero 빠싸헤로	시장	mercado 메르까도
스위트룸	habitación suite 아비따씨온 쑤이떼	승마	equitación 에끼따씨온	시치로 인한 피로	cansancio debido al desfase horario 깐싼씨오 데비도 알 데쓰빠쎄 오라리오
스카프	pañuelo 빠뉴엘로	승선 티켓	billete de embarque (barco) 비예떼 데 엠바르께 (바르꼬)		
스케줄	plan 쁠란			시청	ayuntamiento 아윤따미엔또
스케치 금지	prohibido pintal 쁘로이비도 삔딸	승선하다	embarcar 엠바르까르	시청	oficinas del ayuntamiento 오삐씨나쓰 델 아윤따미엔또
스크램블 에그	huevos revueltos 우에보쓰 레부엘또쓰	시간	hora 오라		
스키	esquí 에쓰끼	시간표	horario 오라리오	시트	sábanas 싸바나쓰
스타일	estilo 에쓰띨로	시계	reloj 렐로흐	시험하다	probar 쁘로바르

식기	vajilla 바히야	신	dios 디오쓰	실패하다	fracasar 쁘라까싸르	
식기점	tienda de vajilla 띠엔다 데 바히야	신년	nuevo año 누에보 아뇨	싫어하다	no gustar 노 구쓰따르	
식다	enfriarse 엔쁘리아르쎄	신문	periódico 뻬리오디꼬	심장	corazón 꼬라쏜	
식당	comedor 꼬메도르	신발	zapatos 싸빠또쓰	심한 고통	dolor agudo 돌로르 아구도	
(기차의) 식당칸	vagón comedor 바곤 꼬메도르	신발 가게	zapatería 싸빠떼리아	싱글룸	habitación individual 아비따씨온 인디비두알	
식료품점	tienda de comestibles 띠엔다 데 꼬메쓰띠블레쓰	신발끈	cordón de zapatos 꼬르돈 데 싸빠또스	싼	barato 바라또	
식물	plantas 쁠란따쓰	신분증명서	carné de identidad 까르네 데 이덴띠다드	쌀	arroz 아로쓰	
식물원	jardín botánico 하르딘 보따니꼬	신사용	para caballeros 빠라 까바예로쓰	쌍안경	prismáticos 쁘리쓰마띠꼬쓰	
식사	comida 꼬미다	신선식품	alimentos frescos 알리멘또쓰 쁘레쓰꼬쓰	쑤심	escozor /picor 에쓰꼬쏘르/삐꼬르	
식사	alimentación 아리멘따씨온	신용 카드	tarjeta de crédito 따르헤따 데 끄레디또	쓰다	escribir 에쓰끄리비르	
식사 비용	precio de comida y bebida 쁘레씨오 데 꼬미다 이 베비다	신전	templo 뗌쁠로	(맛이)쓰다	amargo 아마르고	
식욕	apetito 아뻬띠또	신청	propuesta 쁘로뿌에쓰따	쓰레기	basura 바쑤라	
식중독	intoxicación alimentaria 인똑씨까씨온 알리멘따리아	신호	semáforo 쎄마뽀로	쓰레기통	cubo de basura 꾸보 데 바쑤라	
		신혼여행	viaje de novios 비아헤 데 노비오쓰	씨앗	semilla 쎄미야	
식초	vinagre 비나그레	실	hilo 일로	씻다	lavar 아바르	
식탁 서비스비	precio del cubierto 쁘레씨오 델 꾸비에르또	실업	paro 빠로			
식탁보	mantel 만뗄	실은	en realidad 엔 레알리다드	아기	bebé 베베	
		실크	seda 쎄다	아기 자동차 장난감	carrito de niños 까리또 데 니뇨쓰	

한국어	스페인어	한국어	스페인어	한국어	스페인어
아나운서	locutor 로꾸또르	아프다	doler 돌레르	안전벨트	cinturón de seguridad 씬뚜론 데 쎄구리다드
아동복	ropa de niño 로빠 데 니뇨	악기	instrumento musical 인쓰뜨루멘또 무씨깔	안전한	seguro 쎄구로
아동 요금	tarifa para niño 따리빠 빠라 니뇨	악기점	tienda instrumentos musicales 띠엔다 인쓰뜨루멘또쓰 무씨깔레쓰	앉히다	sentar 쎈따르
아들	hijo 이호			알다	saber /conocer 싸베르 / 꼬노쎄르
아래에	de abajo 데 아바호	액세서리	accesorios 악쎄쏘리오쓰	알레르기	alergia 알레르히아
아래에	debajo de 데바호 데	악취가 나다	oler mal 올레르 말	알레르기의	alérgico 알레르히꼬
아래층	piso de abajo 삐쏘 데 아바호	안개	niebla 니에블라	알림	anuncio 아눈씨오
아르바이트	trabajo temporal 뜨라바호 뗌뽀랄	안경	gafas 가빠쓰	알약	pastilla 빠쓰띠야
아몬드	almendra 알멘드라	안경점	óptica 옵띠까	알코올	alcohol 알꼬올
아빠	padre 빠드레	안과 의사	oculista 오꿀리쓰따	앞머리	flequillo 쁠레끼요
아스피린	aspirina 아쓰삐리나	안내	información 인뽀르마씨온	앞좌석	asiento delantero 아씨엔또 델란떼로
아웃렛	outlet 아우뜨레뜨	안내 사무소	oficina de información 오삐씨나 데 인뽀르마씨온	애니메이션	anime / animació 아니메 / 아니마씨온
아이	niño 니뇨			애프터 서비스	servicio adicional 쎄르비씨오 아디씨오날
아이 동반	con el niño 꼰 엘 니뇨	안내인	encargado de información 엔까르가도 데 인뽀르마씨온		
아이스크림	helado 엘라도			애호	afición 아삐씨온
아이스하키	hockey sobre hielo 호께이 쏘브레 이엘로	안뜰	patio interior 빠띠오 인떼리오르	액셀	acelerador 악쎌레라도르
아침	mañana 마냐나	안약	colirio 꼴리리오	앨범	álbum 알붐
아침밥	desayuno 데싸유노	안에 넣다	incluir 인끌루이르	야경	paisaje nocturno 빠이싸헤 녹뚜르노
아파트	piso 삐쏘	아저	seguro 쎄구로	야경 스팟	zona nocturna 쏘나 녹뚜르나

176

야채	verduras 베르두라쓰	어댑터	adaptador 아답따도르	엄마	madre 마드레
약	medicina 메디씨나	어둡다	oscuro 오쓰꾸로	엄지손가락	pulgar 뿔가르
약간	un poquito 운 뽀끼또	어떤 것이라도	cualquier cosa 꾸알끼에르 꼬싸	엄청 비싸지는 않다	no muy caro 노 무이 까로
약국	droguería 드로게리아	어려운	difícil 디삐씰	에스컬레이터	escalera mecánica 에쓰깔레라 메까니까
약국	farmacia 빠르마씨아	어른	adulto 아둘또	에어컨	aire acondicionado 아이레 아꼰디씨오나도
약속	promesa 쁘로메싸	어부	pescador 뻬쓰까도르		
약초	hierbas medicinales 이에르바쓰 메디씨날레쓰	어제	ayer 아에르	엑스트라 베드	cama extra 까마 엑쓰뜨라
		어지럼증	náuseas 나우쎄아쓰	엘리베이터	ascensor 아쎈쏘르
얇게 썬	cortado fino 꼬르따도 삐노	언, 동결된	helado 엘라도	여객선	barco de pasajeros 바르꼬 데 빠싸헤로쓰
얇은	fino 삐노	언덕	colina 꼴리나	여권	pasaporte 빠싸뽀르떼
양말	calcetines 깔쎄띠네쓰	언어	idioma 이디오마	여기	aquí 아끼
양복	traje 뜨라헤	언제	cuándo 꾸안도	여드름	acné 아끄네
양복점	tienda de ropa de caballeros 띠엔다 데 로빠 데 까바예로쓰	언제나	siempre 씨엠쁘레	여러 가지의	vario 바리오
		언제든지	a cualquier hora 아 꾸알끼에르 오라	여름	verano 베라노
양장점 (여성 양복점)	tienda de ropa de señoras 띠엔다 데 로빠 데 쎄뇨라쓰	얼굴	cara 까라	여보세요	hola 올라
		얼룩	mancha 만챠	여분 열쇠	duplicado de llave 두쁠리까도 데 야베
양철	lata 라따	얼리다	congelar 꼰헬라르	여성용	para señoras 빠라 쎄뇨라쓰
양털	lana 라나	얼마나	cuánto 꾸안또	여자 (여자의)	mujer(de mujer) 무헤르 (데 무헤르)
양파	cebolla 쎄보야	얼음	hielo 이엘로	여자아이	chica 치까

여자형제	hermana 에르마나	연장	herramientas 에라미엔따쓰	영화	cine / película 씨네 / 뻴리꿀라
여정	itinerario 이띠네라리오	연주회	concierto 꼰씨에르또	영화관	cine 씨네
여행	viaje 비아	연중행사	ceremonias anuales 쎄레모니아쓰 아누알레쓰	옆	lado 라도
여행사	agencia de viajes 아헨씨아 데 비아헤쓰			옆자리	asiento de al lado 아씨엔또 데 알 라도
여행자 수표	cheque de viaje 체께 데 비아헤	연필	lápiz 라삐쓰	예쁜	bonito 보니또
역	estación 에쓰따씨온	연한색	color claro 꼴로르 끌라로	예산	presupuesto 쁘레쑤뿌에쓰또
역무원	encargado de estación 엔까르가도 데 에쓰따씨온	연휴	puente festivo 뿌엔떼 뻬쓰띠보	예상	previsión 쁘레비씨온
		열다	abrir 아브리르	예술가	artista 아르띠쓰따
역사	historia 이쓰또리아	열쇠	llave 야베	예약	reserva 레쎄르바
역에서	en la estación 엔 라 에쓰따씨온	열차	tren 뜨렌		
연결	conexión 꼬넥씨온	열차를 (비행기를) 놓치다	perder el tren(avión) 뻬르데르 엘 뜨렌 (아비온)	예약 확인증	resguardo de confirmación de reserva 레쓰구아르도 데 꼰삐르마씨온 데 레쎄르바
연고	pomada 뽀마다				
연극	obra de teatros 오브라 데 떼아뜨로	염좌	torcedura 또르쎄두라		
연기	humo 우모	염증	inflamación 인쁠라마씨온	예약 리스트	lista de reserva 리쓰따 데 레쎄르바
연기하다	retrasar 레뜨라싸르	영상	imagen 이마헨	예약석	asiento reservado 아씨엔또 레쎄르바도
연락 버튼	botón llamada 보똔 야마다	영수증	recibo 레씨보	예약하다	hacer una reserva 아쎄르 우나 레쎄르바
연락처	dirección de contacto 디렉씨온 데 꼰딱또	영어	inglés 잉글레쓰	예정	programa 쁘로그라마
		영업 중	abierto 아비에르또	옛날에	antiguamente 안띠구아멘떼
연못	estanque 에쓰딴께	영업시간	horario laboral 오라리오 라보랄	오늘	hoy 오이

오늘 오전	hoy por la mañana 오이 뽀르 라 마냐나	오후 항공편	avión de la tarde 아비온 데 라 따르데	완구점	juguetería 후게떼리아
오늘 오후	hoy por la tarde 오이 뽀르 라 따르데	옥상	azotea 아쏘떼아	완화되다	templado 뗌쁠라도
오늘 밤	esta noche 에쓰따 노체	온도	temperatura 뗌뻬라뚜라	왕궁	palacio 빨라씨오
오래되다	antiguo / viejo 안띠구오 / 비에호	온도계	termómetro 떼르모메뜨로	왕복	ida y vuelta 이다 이 부엘따
오랜	antiguo 안띠구오	온수	agua caliente 아구아 깔리엔떼	왕복 티켓	billete de ida y vuelta 비예떼 데 이다 이 부엘따
오렌지	naranja 나란하	온탕	baño termal 바뇨 떼르말		
오르골	caja de música 까하 데 무씨까	올리다	levantar 레반따르	외과의	cirujano 씨루하노
오른쪽	derecha 데레챠	올리브 오일	aceite de oliva 아쎄이떼 데 올리바	외국인	extranjero 엑쓰뜨란헤로
오리	pato 빠또	올림픽	olímpico 올림삐꼬	외부	exterior 엑쓰떼리오르
오염	contaminación 꼰따미나씨온	옷	ropa 로빠	외투	abrigo 아브리고
오전	mañana 마냐나	옷걸이	percha 뻬르챠	외화	moneda extranjera 모네다 엑쓰뜨란헤라
오전 시장	sesión matinal 쎄씨온 마띠날	옷장	armario ropero 아르마리오 로뻬로	외환 사무소	oficina de cambio 오삐씨나 데 깜비오
오전 항공편	avión de la mañana 아비온 데 라 마냐나	옷장	armario 아르마리오	외환 신고	declaración de divisas 데끌라라씨온 데 디비싸쓰
오줌	orina 오리나	와이셔츠	camisa 까미싸		
오징어	calamar 깔라마르	와인	vino 비노	왼쪽	izquierda 이쓰끼에르다
오케스트라	orquesta 오르께쓰따	와인 따개	sacacorchos 싸까꼬르쵸쓰	요구	reclamación 레끌라마씨온
오토락	cierre automático 씨에레 아우또마띠꼬	와인 리스트	lista de vinos 리쓰따 데 비노쓰	요구르트	yogur 요구르
오페라	ópera 오뻬라	와인 한 잔	una copa de vino 우나 꼬빠 데 비노	요금	tarifa 따리빠
오후	tarde 따르데	와플	gofre 고쁘레	요금	precio 쁘레씨오

요금표	lista de precios 리스따 데 쁘레씨오쓰	우편엽서	tarjeta postal 따르헤따 쁘쓰딸	웨이터	camarero 까마레로
요리	cocina 꼬씨나	우편 번호	código postal 꼬디고 뽀쓰딸	웨이트리스	camarera 까마레라
요일	día de la semana 디아 데 라 쎄마나	우편 요금	franqueo 쁘란께오	위	estómago 에쓰또마고
욕실	sala de baños 쌀라 데 바뇨쓰	우표	sello 쎄요	위경련	convulsión estomacal 꼰불씨온 에쓰또마깔
욕실 있는	con baño 꼰 바뇨	우표 가격	precio de sello 쁘레씨오 데 쎄요		
욕조	bañera 바녜라	우회전	girar a la derecha 히라르 아 라 데레챠	위로	arriba 아리바
욕조가 있는	con bañera 꼰 바녜라	운동화	zapatillas de deporte 싸빠띠야쓰 데 데뽀르떼	위성	satélite 싸뗄리떼
우등 열차 값	precio tren expreso 쁘레씨오 뜨렌 엑쓰쁘레쏘	운이 좋은	con suerte 꼰 쑤에르떼	위스키	whisky 위쓰끼
		운전면허	carné de conducir 까르네 데 꼰두씨르	위에서	de arriba 데 아리바
우산	paraguas 빠라구아쓰	운전수	conductor 꼰둑또르	위에서	arriba / encima de 아리바 / 엔씨마 데
우아한	elegante 엘레간떼	운하	canal 까날	위원회	comisión 꼬미씨온
우연히	por casualidad / accidentalmente 뽀르 까쑤알리다드 / 악씨덴딸멘떼	울다	llorar 요라르	위장약	medicina para estómago 메디씨나 빠라 에쓰또마고
		울렁거리다	marearse 마레아르쎄		
우유	leche de vaca 레체 데 바까	원가	precio de fábrica / coste 쁘레씨오 데 빠브리 까 / 꼬쓰떼	위조	falsificación 빨씨삐까씨온
우정	amistad 아미쓰따드			위층	piso de arriba 삐쏘 데 아리바
우주	universo 우니베르쏘	원주민	nativo 나띠보	위탁 수하물	maletas en consigna 말레따쓰 엔 꼰씨그나
우체국	oficina de correos 오삐씨나 데 꼬레오쓰	원피스	vestido de una pieza 베쓰띠도 데 우나 삐에싸	위통	dolor de estómago 돌로르 데 에쓰또마고
우체통	buzón 부쏜	원한	queja 께하	위험	peligro 뻴리그로
우편	correo 꼬레오	월일	días y meses 디아쓰 이 메쎄쓰	유감스럽게도	desgraciadamente 데쓰그라씨아다멘떼

유달리	fuera de lo normal 뿌에라 데 로 노르말	유효화하다	validar 발리다르	이발	corte de pelo 꼬르떼 데 뻴로
유람선	ferry 뻬리	은	plata 쁠라따	이번 달	este mes 에쓰떼 메쓰
유료 도로	carretera de peaje 까레떼라 데 뻬아헤	은행	banco 방꼬	이번주	esta semana 에쓰따 쎄마나
		은행 계좌	cuenta bancaria 꾸엔따 방까리아	이빨	diente /muela 디엔떼 / 무엘라
유료의	de pago 데 빠고	은행원	empleado de banco 엠쁠레아도 데 방꼬	이상한 소리	sonido raro 쏘니도 라로
유료 화장실	lavabo de pago 라바보 데 빠고	음	sonido 쏘니도	이쑤시개	palillos 빨리요쓰
유머	humor 우모르	음료	bebida 베비다	이어폰	auriculares 아우리꿀라레쓰
유명	fama 빠마	음식물 반입 금지	prohibido llevar comida 쁘로이비도 예바르 꼬미다	이완하는	laxante 락싼떼
유명한	famoso 빠모쏘			이웃	vecino 베씨노
유별난	extraordinario 엑쓰뜨라오르디나리오	음악	música 무씨까	이유	razón 라쏜
유스 호스텔	albergue juvenil 알베르게 후베니르	응급 상자	botiquín emergencia 보띠낀 에메르헨씨아	이제 다 되었다	ya está 야 에쓰따
유액	emulsión facial 에물씨온 빠씨알			이코노미 클래스	clase turista 끌라쎄 뚜리쓰따
유원지	parque de atracciones 빠르께 데 아뜨락씨오네쓰	의견	opinión 오삐니온	이코노미석	asiento de clase turista 아씨엔또 데 끌라쎄 뚜리쓰따
		의사	médico /doctor 메디꼬 / 독또르		
유적	restos arqueológicos 레쓰또쓰 아르께오로지꼬쓰	의자	silla 씨야	이해하다	comprender 꼼쁘렌데르
		의제	agenda 아헨다	인구	población 뽀블라씨온
유화	óleo 올레오	의학	medicina 메디씨나	인기 관광지 투어	tour turístico muy popular 또 우르 뚜리쓰띠꼬 무이 뽀뿔라르
유효	válido 발리도	이륙	despegue 데쓰뻬게		
유효 기간	periodo de validez 뻬리오도 데 발리데쓰	이름	nombre 놈브레	인기있는	popular 뽀뿔라르

한국어	스페인어	한국어	스페인어	한국어	스페인어
인도	acera 아쎄라	일반적인	general 헤네랄	입석	localidades de pie 로깔리다데쓰 데 삐에
인사	saludo 쌀루도	일방통행	dirección única 디렉씨온 우니까	입원	ingreso hospitalario 인그레쏘 오쓰삐딸라리오
인상	impresión 임쁘레씨온	일시정지	parada temporal 빠라다 뗌뽀랄		
인쇄	estampado 에쓰땀빠도	일용품	producto de uso diario 쁘로둑또 데 우쏘 디아리오	입장료	entrada 엔뜨라다
인쇄물	impresos 임쁘레쏘쓰			입장하다	entrar 엔뜨라르
인스턴트 식품	comida instantanea 꼬미다 인쓰딴따네아	일일권	bono diario 보노 디아리오	잉크	tinta 띤따
		일품요리	a la carta 아 라 까르따	잊다	olvidar 올비다르
인원	número de personas 누메로 데 뻬르쏘나쓰	잃다	perder 뻬르데르	**ㅈ**	
		임산부	embarazada 엠바라싸다	자기	porcelana 뽀르쎄라나
인조 가죽	piel sintética 삐엘 씬떼띠까	임시 보관소	consigna temporal 꼰씨그나 뗌뽀랄	자다	dormir 도르미르
인터넷	internet 인떼르네뜨	입구	entrada 엔뜨라다	자동	automático 아우또마띠꼬
인플루엔자	gripe 그리뻬	입국	entrar en el país 덴뜨라르 엔 엘 빠이쓰	자동기어 차	coche automático 꼬체 아우또마띠꼬
인형	muñeca 무녜까	입국 목적	objeto de desembarque 오브헤또 데 데쎔바르께	자동차	coche 꼬체
일	trabajo 뜨라바호			자동차 트렁크	maletero del coche 말레떼로 델 꼬체
일기	diario 디아리오	입국 심사	trámites de desembarque 뜨라미떼쓰 데 데쎔바르께	자동판매기	máquina expendedora 마끼나 엑쓰뻰데도라
일기 예보	previsión del tiempo 쁘레비씨온 델 띠엠뽀			자리	asiento 아씨엔또
		입국 카드	tarjeta de desembarque 따르헤따 데 데쎔바르께	자명종	reloj despertador 렐로흐 데쓰뻬르따도르
일등	primera clase 쁘리메라 끌라쎄			자석	imán 이만
일류	primera fila 쁘리메라 삘라	입맛에 맞다	bueno al paladar 부에노 알 빨라다르		

182

자수	bordado 보르다도	잔돈	dinero suelto 디네로 쑤엘또	장애인 화장실	lavabo adaptado 라바보 아답따도
자연	naturaleza 나뚜랄레싸	잔디	césped 쎄쓰뻬드	재교부하다	expedir de nuevo 엑쓰뻬디르 데 누에보
자연 그대로의	al natural 알 나뚜랄	잘 어울리다	quedar bien 께다르 비엔	재단	fundación 뿐다씨온
자연의	natural 나뚜랄	잘못하다	equivocarse 에끼보까르쎄	재떨이	cenicero 쎄니쎄로
자원	recursos 레꾸르쏘쓰	잠	sueño 쑤에뇨	재료	materiales 마떼리알레쓰
자유	libre 리브레	잠옷	pijama 삐하마	재료 품질	calidad de materiales 깔리다드 데 마떼리알레쓰
자유로운	libre 리브레	잡지	revista 레비쓰따		
자유로이 사용가능하다	disponible 디쓰뽀니블레	장갑	guantes 구안떼쓰	재앙	desastre 데싸쓰뜨레
자유석	asiento libre 아씨엔또 리브레	장거리 버스 정류장	parada de autobús de larga distancia 빠라다 데 아우또부쓰 데 라르가 디쓰딴씨아	재우다	alojar 알로하르
자전거	bicicleta 비씨끌레따			재즈	jazz 자쓰
자정	medianoche 메디아노체	장거리 전화	llamada a larga distancia 야마다 아 라르가 디쓰딴씨아	재즈 클럽	club de jazz 끌루브 데 자쓰
자택	domicilio 도미씰리오			재채기	estornudo 에쓰또르누도
자화상	autorretrato 아우또레뜨라또	장난감	juguete 후게떼	재확인하다	confirmar de nuevo /reconfirmar 꼰삐르마르 데 누에보 / 레꼰삐르마르
작가	autor 아우또르	장난감 가게	juguetería 후게떼리아		
작은	pequeño 뻬께뇨	장마철	temporada de lluvias 뗌뽀라다 데 유비아쓰	잼	mermelada 메르멜라다
작은 빵	panecillo 빠네씨요			저녁	noche 노체
작은 새	pajarito 빠하리또	장사꾼	vendedor 벤데도르	저녁 식사	cena 쎄나
작은 파이	tortita 또르띠따	장소	lugar 루가르	저녁즈음 비행	vuelo al atardecer 부엘로 알 아따르데쎄르
잔돈	cambio 깜비오	장식	decorado 데꼬라도	전기	electricidad 엘렉뜨리씨다드

한국어	스페인어	한국어	스페인어	한국어	스페인어
전망대	mirador 미라도르	전화 안내	guía telefónica 기아 뗄레뽀니까	정시	hora fijada 오라 삐하다
전문의	médico especialista 메디꼬 에쓰뻬씨알리쓰따	전화박스	cabina de teléfono 까비나 데 뗄레뽀노	정식	plato de día 쁠라또 데 디아
				정어리	sardina 싸르디나
전문점	tienda especializada 띠엔다 에쓰뻬씨알리싸다	전화번호부	directorio telefónico 디렉또리오 뗄레뽀니꼬	정오	mediodía 메디오디아
				정오에	de medio día 데 메디오 디아
전방	delantero 델란떼로	전화 요금	tarifa telefónica 따리빠 뗄레뽀니까	정원	parterre 빠르떼레
전보	telegrama 뗄레그라마	젊은	joven 호벤	정원	jardín 하르딘
전부의	de todos 데 또도쓰	점심	almuerzo 알무에르쏘	정장	vestir de etiqueta 베쓰띠르 데 에띠께따
전시	exposición 에쓰뽀씨씨온	점원	dependiente 데뻰디엔떼	정직한	honesto 오네쓰또
전시하다	exponer 엑쓰뽀네르	접수	recepción 레쎕씨온	정치	política 뽈리띠까
전시회	exposición 에쓰뽀씨씨온	접시	plato 쁠라또	정확하다	correcto 꼬렉또
전언	recado 레까도	접착 테이프	cinta adhesiva 씬따 아데씨바	젖병	biberón 비베론
전쟁	guerra 게라	접착제	pegamento 뻬가멘또	조각	escultura 에쓰꿀뚜라
전차	tren 뜨렌	젓가락	palillos 빨리요쓰	조각가	escultor 에쓰꿀또르
전채 요리	aperitivos 아뻬리띠보쓰	정가	precio fijo 쁘레씨오 삐호	조개	marisco 마리쓰꼬
전통	tradicion 뜨라디시온	정면 스탠드	grada frontal 그라다 쁘론딸	조건	condición 꼰디씨온
전통 행사	ceremonias tradicionales 쎄레모니아쓰 뜨라디씨오날레쓰	정보	información 인뽀르마씨온	조금	un poco 운 뽀꼬
		정보지	revista informativa 레비쓰따 인뽀르마띠바	조명	iluminación 일루미나씨온
전화	teléfono 뗄레뽀노	정상	cumbre 꿈브레	조미료	condimentos 꼰디멘또쓰

184

조사하다	investigar 인베쓰띠가르		좌회전	girar a la izquierda 히라르 아 라 이쓰끼에르다		주점	licorería 리꼬레리아
조용하게	tranquilamente / silenciosamente 뜨란낄라멘떼 / 씰렌씨오싸멘떼					주차 금지	prohibido aparcar 쁘로히비도 아빠르까르
조용한	tranquilo / tranquila 뜨란낄로 / 뜨란낄라		좌회전 금지	prohibido girar a la izquierda 쁘로이비도 히라르 아 라 이쓰끼에르다		주차 요금	tarifa de aparcamiento 따리빠 데 아빠르까미엔또
조카	sobrino 쏘브리노		주	semana 쎄마나		주차장	aparcamiento 아빠르까미엔또
존재	existencias 엑씨쓰뗀씨아쓰		주류	bebida alcohólica 베비다 알꼬올리까		주차하다	aparcar 아빠르까르
졸리다	tener sueño 떼네르 쑤에뇨		주름	arrugas 아루가쓰		주행 거리	distancia de recorrido 디쓰딴씨아 데 레꼬리도
종교	religión 렐리히온		주말	fin de semana 삔 데 쎄마나			
종이	papel 빠뻴		주문	pedido 뻬디도		죽바구니	cesta de bambú 쎄쓰따 데 밤부
종이봉투	bolsa de papel 볼싸 데 빠뻴		주문하다	pedir 뻬디르		준비	preparativos 쁘레빠라띠보쓰
종이 상자	caja de cartón 까하 데 까르똔		주부	ama de casa 아마 데 까싸		중간	centro 쎈뜨로
종이컵	vaso de papel 바쏘 데 빠뻴		주사	inyección 인옉씨온		중간의	mediano 메디아노
종이 타월	toalla de papel 또아야 데 빠뻴		주사위	dados 다도쓰		중고품	segunda mano 쎄군다 마노
종합 검사	revisión general 레비씨온 헤네랄		주스	zumo 쑤모		중국산	fabricado en China 빠브리까도 엔 치나
좋다	bien 비엔		주유기	surtido de gasolina 쑤르띠도 데 가쏠리나		중국요리	comida china 꼬미다 치나
좌석	asiento 아씨엔또		주유소	gasolinera 가쏠리네라		중학교	colegio de enseñanza secundaria 꼴레히오 데 엔쎄냔싸 쎄군다리아
좌석 번호	número de asiento 누메로 데 아씨엔또		주의	advertencia 아드베르뗀씨아			
좌석을 예약하다	reservar asiento 레쎄르바르 아씨엔또		주의	alerta 알레르따		중학생	alumno de secundaria 알룸노 데 쎄군다리아
			주인공	protagonista 쁘로따고니쓰따			

한국어	스페인어	한국어	스페인어	한국어	스페인어
중형차	coche tamaño medio 꼬체 따마뇨 메디오	지불	pago 빠고	직행버스	autobús directo 아우또부쓰 디렉또
쥐	rata 라따	지불하다	pagar 빠가르	직행편	avión directo 아비온 디렉또
즉시	enseguida 엔쎄기다	지붕	tejado 떼하도	진술서	documento de declaración 도꾸멘또 데 데끌라라씨온
즐겁다	divertido 디베르띠도	지사제	medicina para la diarrea 메디씨나 빠라 라 디아레아		
증명	demostración 데모쓰뜨라씨온			진실	realidad 레알리다드
증상	síntomas 씬또마쓰	지역	barrio 바리오	진주	perla 뻬를라
지갑	cartera 까르떼라	지원자	voluntario 볼룬따리오	진짜	auténtico 아우뗀띠꼬
지구	tierra 띠에라	지진	terremoto 떼레모또	진통제	calmante 깔만떼
지금	ahora 아오라	지친	agotado 아고따도	질	calidad 깔리다드
지난달	mes pasado 메쓰 빠싸도	지폐	billete 비예떼	질문	pregunta 쁘레군따
지난주	semana pasada 쎄마나 빠싸다	지폐 지갑	billetero 비예떼로	질문하다	preguntar 쁘레군따르
지난해	el año pasado 엘 아뇨 빠싸도	지하	subterráneo 쑤브떼라네오	질병	enfermedad 엔뻬르메다드
지도	mapa 마빠	지하철	metro 메뜨로		
지름길	atajo 아따호	지하철 노선도	plano del metro 쁠라노 델 메뜨로	짐 선반	estante de equipajes 에쓰딴떼 데 에끼빠헤쓰
지름길로 가다	atajar 아따하르	지하철역	estación de metro 에쓰따씨온 데 메뜨로		
지면	superficie 쑤뻬르삐씨에	직업	profesión 쁘로뻬씨온	집	casa 까싸
지면	suelo 쑤엘로	직장인	empleado 엠쁠레아도	집단	aglomeración 아글로메라씨온
지방, 기름	grasa 그라싸	직접 만든 선물	regalo original 레갈로 오리히날	짠	salado 쌀라도
지방(지역)	región 레히온	직진	recto /directo 레끄또 / 디렉또	짧은	corto 꼬르또

186

찌르는 듯한 고통	dolor punzante 돌로르 뿐싼떼	책	libro 리브로	청소	limpieza 림삐에싸
ㅊ		책방	librería 리브레리아	청소 중	de limpieza 데 림삐에싸
차	té 떼	책상	escritorio 에쓰끄리또리오	청소하다	limpiar 림삐아르
차가운	fresco 쁘레쓰꼬	처방전	receta médica 레쎄따 메디까	청신호	semáforo en verde 쎄마뽀로 엔 베르데
차가운	frío 쁘리오	처음의	primero 쁘리메로	체격	complexión 꼼쁠렉씨온
차도	camino de coches 까미노 데 꼬체쓰	천둥	trueno 뜨루에노	체류 기간	duración de estancia prevista 두라씨온 데 에쓰딴씨아 쁘레비쓰따
차량	vagón / coche de tren 바곤 / 꼬체 데 뜨렌	천식	asma 아쓰마		
		천장	techo 떼쵸	체온	temperatura corporal 뗌뻬라뚜라 꼬르뽀랄
차량 멀미	mareo en vehículos 마레오 엔 베이꿀로쓰	철길	pase de ferrocarril 빠쎄 데 뻬로까리르	체온계	termómetro 떼르모메뜨로
착륙	aterrizaje 아떼리싸헤			체육관	gimnasio 힘나씨오
참기름	aceite de sésamo 아쎄이떼 데 쎄싸모	철물점	ferretería 뻬레떼리아	체조	gimnasia 힘나씨아
찻주전자	tetera 떼떼라	철야	vela 벨라	체중	peso 뻬쏘
찻집	tetería 떼떼리아	철판	plancha 쁠란챠	체크아웃	registro de salida 레지쓰뜨로 데 쌀리다
창가 좌석	asiento de ventana 아씨엔또 데 벤따나	철판구이 하다	planchar 쁠란챠르	체크아웃 시간	hora de salida 오라 데 쌀리다
창고에 보관하다	guardar en depósito 구아르다르 엔 데뽀씨또	첨가하다	añadir 아냐디르	체크인	registro de entrada 레지쓰뜨로 데 엔뜨라다
		첫 열차	primer tren 쁘리메르 뜨렌		
창문	ventana 벤따나	청구서	factura 빡뚜라	초	segundos 쎄군도쓰
찾다	buscar / investigar 뿌쓰까르 / 인베쓰띠가르	청바지	pantalones vaqueros 빤딸로네쓰 바께로쓰	초과하다	exceder 엑쎄데르
채식주의자	vegetariano 베헤따리아노			초대	invitar 인비따르

187

초등학교	escuela primaria 에쓰꾸엘라 쁘리마리아	축제	fiesta 삐에쓰따	충돌	choque 쵸께
초록색	verde 베르데	축축한	húmedo 우메도	취급	tratamiento 뜨라따미엔또
초밥	sushi 쑤씨	축하할 날	día de fiesta 디아 데 삐에쓰따	취사밥	arroz cocido 아로쓰 꼬씨도
초상화	retrato 레뜨라또	출구	salida 쌀리다	취소	cancelación 깐쎌라씨온
초콜렛	chocolate 쵸꼴라떼	출국세	tasas salida del país 따싸쓰 쌀리다 델 빠이쓰	취소하다	cancelars 깐쎌라르
총	fusil 뿌씰	출국 카드	tarjeta de embarque 따르헤따 데 엠바르께	취하다	emborracharse 엠보라챠르쎄
촬영 금지	prohibido hacer fotos 프로이비도 아쎄르 뽀또쓰	출발	salida 쌀리다	치과 의사	dentista 덴띠쓰따
		출발 로비	sala de embarque 쌀라 데 엠바르께	치마	falda 빨다
최대의	máximo 막씨모	출발 시간	hora de salida 오라 데 쌀리다	치약	pasta de dientes 빠쓰따 디 엔떼쓰
최소의	el más pequeño 엘 마쓰 뻬께뇨	출발하다	salira 쌀리르	치질	hemorroides 에모로이데쓰
최저 비용	precio mínimo 쁘레씨오 미니모	출신지	tierra de origen 띠에라 데 오리헨	치통	dolor de muelas 돌로르 데 무엘라쓰
최종 목적지	destino final 데쓰띠노 삐날	출입국 관리	control de inmigración 꼰뜨롤 데 인미그라씨온	친구	amigo 아미고
추가(요금)	suplemento 쑤쁠레멘또			친밀한	íntimo 인띠모
추억	recuerdo 레꾸에르도	출판사	editorial 에디또리알	친우	amigo íntimo 아미고 인띠모
추운	frío 쁘리오			친절	amable 아마블레
추천	recomendación 레꼬멘나씨온	출혈하다	tener una hemorragia 떼네르 우나 에모라히아	친척	familiares 빠밀리아레쓰
추천하다	recomendar 레꼬멘다르			침대	cama 까마
축구	fútbol 뿌뜨볼	춤	danza 단싸	침대차	coche cama 꼬체 까마
축배	brindis 브린디쓰	춤(춤추다)	baile(bailar) 바일레(바일라르)		

188

침대차 요금	tarifa de coche cama 따리빠 데 꼬체 까마	캐리어	maleta 말레따	코인 로커	consigna automática 꼰씨그나 아우또마띠까	
침실	dormitorio 도르미또리오	캐비닛	taquilla 따끼야	코트	pista 삐쓰따	
칩	ficha 삐챠	캐시미어	cachemir 까체미르	콘돔	preservativo 쁘레쎄르바띠보	
칫솔	cepillo de dientes 쎄삐요 데 디엔떼쓰	캐쥬얼한	informal 인뽀르말	콘서트	concierto 꼰씨에르또	
ㅋ		커넥팅룸	habitación comunicante 아비따씨온 꼬무니깐떼	콘센트	enchufe 엔츄뻬	
카메라	cámara 까마라			콘시어지	conserje 꼰쎄르헤	
카메라 가게	tienda de fotografía 띠엔다 데 뽀또그라삐아	커튼	cortina 꼬르띠나	콘택트렌즈	lentes de contacto 렌떼쓰 데 꼰딱또	
		커피	café 까뻬			
카운터	barra 바라	컬러 필름	carrete de color 까레떼 데 꼴로르	콜라	coca cola 꼬까 꼴라	
카지노	casino 까씨노	컴퓨터	ordenador personal 오르데나도르 뻬르쏘날			
카탈로그	catálogo 까딸로고			콜렉트콜	llamada a cobro revertido 야마다 아 꼬브로 레베르띠도	
카트	carrito 까리또	컴퓨터	ordenador 오르데나도르			
카페	café 까뻬	컵	vaso 바쏘	쿠폰	cupón 꾸뽄	
카페	cafetería 까뻬떼리아	케이블카	funicular 뿌니꿀라르	크기	medida 메디다	
카펫	alfombra 알뽐브라	케이크	pastel 빠쓰뗄	크루아상	cruasán 끄루아쌍	
칵테일	cocktail 꼬끄떼일	케첩	ketchup 께츄쁘	크루즈	crucero 끄루쎄로	
칼	cuchillo 꾸치요	코	nariz 나리쓰	크림	crema 끄레마	
캐러멜	caramelo 까라멜로	코르크 따개	sacacorchos 싸까꼬르초쓰	큰	grande 그란데	
				클래스	clase 끌라쎄	

클래식 음악	música clásica 무씨까 끌라씨까
클럽	club 끌루브
키오스크	quiosco 끼오쓰꼬
키홀더	llavero 야베로

E

타다	montar 몬따르
타박상	contusión 꼰뚜씨온
타올	toalla 또아야
탁상시계	reloj de mesa 렐로흐 데 메싸
탄산 없는 물	agua sin gas 아구아 씬 가쓰
탄산수	agua con gas 아구아 꼰 가쓰
탈의실	vestuario 베쓰뚜아리오
탈의실	probador 쁘로바도르
탈지면	algodón limpiador 알고돈 림삐아도르
탑	torre 또레
탑승	embarque 엠바르께
탑승 시간	hora de embarque 오라 데 엠바르께
탑승구	puerta de embarque 뿌에르따 데 엠바르께

탑승권	tarjeta de embarque 따르헤따 데 엠바르께
탑승하다	subir a bordo 쑤비르 아 보르도
태양	sol 쏠
태풍	tormenta 또르멘따
태풍	tifón 띠폰
택시	taxi 딱씨
택시 미터기	taxímetro 딱씨메뜨로
택시 승강장	parada de taxis 빠라다 데 딱씨
턱	barbilla 바르비야
털	pelo 뻴로
테니스	tenis 떼니쓰
테니스 공	pelota de tenis 뻴로따 데 떼니쓰
테니스 코트	pista de tenis 삐쓰따 데 떼니쓰
테러	terrorismo 떼로리쓰모
테이블	mesa 메싸
테이크아웃	para llevar 빠라 예바르
테이크아웃 음식	comida para llevar 꼬미다 빠라 예바르

텔레비전	televisión 뗄레비씨온
토끼	conejo 꼬네호
토마토	tomate 또마떼
토스트	tostada 또쓰따다
통로석	asiento de pasillo 아씨엔또 데 빠씨요
통역하다	traducir 뜨라두씨르
통조림 식품	comida enlatada 꼬미다 엔라따다
투어	tour 또우르
투어비	precio del tour 쁘레씨오 델 또우르
투우	toros 또로쓰
튀김	frito 쁘리또
튜브	flotador / salvavidas 쁠로따도르 / 쌀바비다쓰
트럼프 카드	baraja 바라하
특등석	patio de butacas 빠띠오 데 부따까쓰
특별 행사	ceremonia especial 쎄레모니아 에쓰뻬씨알
특산품	especialidad 에쓰뻬씨알리다드
특징	característica 까락떼리쓰띠까

190

티백	bolsita de té 볼씨따 데 떼	판단	juicio 후이씨오	평화	paz 빠쓰
티셔츠	camiseta 까미쎄따	판매	venta 벤따	폐렴	pulmonía 뿔모니아
티슈	pañuelos de papel 빠뉴엘로쓰 데 빠뻴	패스트푸드	comida rápida 꼬미다 라삐다	폐점	cierre 씨에레
티켓	billete 비예떼	펜던트	colgante 꼴간떼	폐점 시간	hora de cierre 오라 데 씨에레
티켓 판매대	venta de billetes 벤따 데 비예떼쓰	팸플릿	folleto 뽀예또	포장	envoltorio 엔볼또리오
티켓 판매소	tienda de billetes 띠엔다 데 비예떼쓰	펑크	pinchazo 삔챠쏘	포장한	envolviendo 엔볼비엔도
티켓 머신	máquina expendedora de billetes 마끼나 엑쓰뻰데도라 데 비예떼쓰	페리	ferry 뻬리	포크	tenedor 떼네도르
팁	propina 쁘로삐나	페이셜 세럼	suero facial 쑤에로 빠씨알	포터	mozo de equipajes 모쏘 데 에끼빠헤쓰
ㅍ		편도	ida 이다	폭동	revuelta 레부엘따
파도	ola 올라	편도선염	amigdalitis 아미그달리띠쓰	폭설	nevada 네바다
파라솔	sombrilla 쏨브리야	편도 티켓	billete de ida 비예떼 데 이다	폭포	cascada 까쓰까다
파랗다	azul 아쑬	편리한	cómodo 꼬모도	폴로 셔츠	polo 뽈로
파리	mosca 모쓰까	편리한	conveniente /prático 꼰베니엔떼 / 쁘락띠꼬	폴리에스테르	poliéster 뽈리에쓰떼르
파스	parche 빠르체	편안한	confortable 꼰뽀르따블레	표	billete 비예떼
파운데이션	base de maquillaje 바쎄 데 마끼야헤	편지	carta 까르따	표백제	blanqueador 블랑께아도르
파출소	puesto de policía 뿌에쓰또 데 뽈리씨아	(겉봉을 봉 한) 편지	carta cerrada 까르따 쎄라다	표시	señal 쎄냘
파티	fiesta 삐에쓰따	편지지	papel de cartas 빠뻴 데 까르따쓰	표준	estándar 에쓰딴다르
판	tablero 따블레로	평온	tranquilidad 뜨랑낄리다드	표지	señalización 쎄냘리싸씨온
		평일	días laborables 디아쓰 라보라블레쓰		

품질	calidad 깔리다드
풍경	paisaje 빠이싸헤
풍경화	cuadro de paisaje 꾸아드로 데 빠이싸헤
풍습	costumbre 꼬쓰뚬브레
프라이팬	sartén 싸르뗀
프랑스 요리	comida francesa 꼬미다 쁘란쎄싸
프로 레슬링	lucha libre profesional 루차 리브레 쁘로뻬씨오날
프로그램	programa 쁘로그라마
프런트	recepción 레쎕씨온
프린터	impresora 임쁘레쏘라
플라멩코	flamenco 쁠라멩꼬
플래시	flash 쁠래쉬
플래시 금지	prohibido flash 쁘로이비도 쁠래쉬
피	sangre 싼그레
피곤하다	cansarse 깐싸르쎄
피부	piel 삐엘
피어싱	pendientes 뻰디엔떼쓰

필수	necesario 네쎄싸리오
필수품	artículos indispensables 아르띠꿀로쓰 인디쓰뻰싸블레

ㅎ

하나의	un /una 운 / 우나
하늘	cielo 씨엘로
하루	un día 운 디아
하루의	diario 디아리오
하숙인	huésped 우에쓰뻬드
하얀	blanco 블랑꼬
하천	río 리오
학교	colegios 꼴레히오
학생	estudiante 에쓰뚜디안떼
학생증	carné de estudiante 까르네 데 에쓰뚜디안떼
한 개의	un 운
한 쌍	un par 운 빠르
한 잔	un vaso 운 바쏘
한국	Corea 꼬레아

한국 대사관	Embajada de Corea 엠바하다 데 꼬레아
한국 연락처	dirección en Corea 디렉씨온 엔 꼬레아
한국어	coreano 꼬레아노
한국 요리	comida coreana 꼬미다 꼬레아나
한국인	coreano/coreana 꼬레아노 / 꼬레아나
한국차	coche coreano 꼬체 꼬레아노
한기	escalofríos 에쓰깔로쁘리오쓰
한밤중	a medianoche 아 메디아노체
한번 더	una vez más 우나 베쓰 마쓰
할머니	abuela 아부엘라
할아버지	abuelo 아부엘로
할인	rebaja 레바하
할인	rebajas 레바하쓰
할인점	tienda de rebajas 띠엔다 데 레바하쓰
함께	juntos 훈또쓰
합계	suma total 쑤마 또딸
합류	confluencia 꼰쁠루엔씨아
핫도그	perrito caliente 뻬리또 깔리엔떼
항공	avión 아비온

한국어	스페인어	한국어	스페인어	한국어	스페인어
항공권	billete de avión 비예떼 데 아비온	향토 요리	comida típica regiónal 꼬미다 띠뻬까 레히오날	협상하다	negociar 네고씨아르
항공 우편	correo aéreo 꼬레오 아에레오			형성	formación 뽀르마씨온
항공편 번호	número de vuelo 누메로 데 부엘로	향토 요리	comida típica de la región 꼬미다 띠뻬까 데 라 레히온	형제	hermano 에르마노
항공 회사	compañía aérea 꼼빠니야 아에레아			형태	forma 뽀르마
항구	puerto 뿌에르또	허가	permiso 뻬르미쏘	호박	calabaza 깔라바싸
항해	navegación 나베가씨온	허리	cadera 까데라	호박	ámbar 암바
해변	playa 쁠라야	허리	cintura 씬뚜라	호수	lago 라고
해수욕	bañarse en el mar 바냐르쎄 엔 엘 마르	헤드폰	auriculares 아우리꿀라레쓰	호주머니	bolsillo 볼씨요
해안	costa 꼬쓰따	헤어브러시	cepillo de pelo 쎄삐요 데 뻴로	호출 버튼	botón de llamada 보똔 데 야마다
해외여행	viaje al extranjero 비아헤 알 엑쓰뜨란헤로	헬리콥터	helicóptero 엘리꼽떼로	호텔	hotel 오뗄
해협	estrecho 에쓰뜨레쵸	허	lengua 렝구아	호텔 리스트	lista de hotel 리쓰따 에 오뗄
핸들	volante 볼란떼	현관	portada 뽀르따다	호흡	respiraciónr 레쓰삐라씨온
햄버거	hamburguesa 암부르게싸	현금	efectivo 에뻭띠보	화가	pintor 삔또르
햇볕에 그을린	bronceado 브론쎄아도	현상	revelado 레벨라도	화났다	enfadado 엔빠다도
~행	destino a~ 데쓰띠노 아	현재의	actual 악뚜알	화려한	llamativo 야마띠보
향기	aroma 아로마	현지 시간	tiempo / hora local 띠엠뽀 / 오라 로깔	화물 수취소	reclamación de equipajes 레끌라마씨온 데 에끼빠헤쓰
향수	perfume 뻬르뿌메				
향신료	especias 에쓰뻬씨아쓰	혈압	presión arterial 쁘레씨온 아르떼리알	화분	jarrón 하론
		혈액형	grupo sanguíneo 그루뽀 쌍기녜오	화산	volcán 볼깐

193

화상	quemadura 께마두라	환승 티켓	billete de transbordo 비예떼 데 뜨란쓰보르도	효과	efecto 에뻭또
화장실	lavabos 라바보쓰	환승하다	transbordar 뜨란쓰보르다르	후추	pimienta 삐미엔따
화장지	papel higiénico 빠뻴 이히에니꼬	환승하다	hacer transbordo 아쎄르 뜨란쓰보르도	후회	arrepentimiento 아레뻰띠미엔또
화장품	cosméticos 꼬쓰메띠꼬쓰	환율	tipo de cambio 띠뽀 데 깜비오	훈제된	ahumado 아우마도
화장품 회사	empresa de cosméticos 엠쁘레싸 데 꼬쓰메띠꼬쓰	환자	paciente 빠시엔떼	휠체어	silla de ruedas 씨야 데 루에다쓰
화재	incendio 인쎈디오	환전	cambio divisas 깜비오 디비싸쓰	휴가	vacaciones 바까씨오네쓰
화학	química 끼미까	환전 인증서	certificado cambio divisas 쎄르띠삐까도 깜비오 디비싸쓰	휴게실	sala de descanso 쌀라 데 데쓰깐쏘
확인	confirmación 꼰삐르마씨온			휴대전화	teléfono móvil 뗄레뽀노 모빌
확인하다	confirmar 꼰삐르마르	환전소	oficina de cambio de divisas 오삐씨나 데 깜비오 데 디비싸쓰	휴일	día festivo nacional 디아 뻬쓰띠보 나씨오날
확장	extensión 엑스뗀씨온				
환경	medio ambiente 메디오 암비엔떼	활기찬	animado 아니마도	휴지통	cubo de basura 꾸보 데 바쑤라
환경 파괴	daño medio ambiental 다뇨 메디오 암비엔딸	회계	cuenta 꾸엔따	흡연구역	zona de fumadores 쏘나 데 뿌마도레쓰
		히수권	bono 보노	흡연석	asiento de fumador 아씨엔또 데 뿌마도 르
환성	grito de alegría 그리또 데 알레그리아	회원금	carné de socio 까르네 데 쏘씨오	흡연자	fumador 뿌마도 르
환승	enlace tránsito 엔라쎄 뜨란씨또	회의	reunión 레우니온	흥미롭다	interesante 인떼레싼떼
환승 카운터	mostrador de tránsito 모쓰뜨라도르 데 뜨란씨또	회장	presidente 쁘레씨덴떼	흥분시키는	estimulante 에쓰띠물란떼
		회화	conversación 꼰베르싸씨온	희극	comedia 꼬메디아
		횡단보도	paso de cebra 빠쏘 데 쎄브라	히로인	heroína 에로이나

그 외	
100유로 지폐	billete de 100 euros 비예떼 데 씨엔 에우로쓰
10유로 지폐	billete de 10 euros 비예떼 데 디에쓰 에우로쓰
(그릇,가구 등의) 1벌	un juego 운 후에고
1유로 화폐	moneda de un euro 모네다 데 운 에우로
1인용	por persona 뽀르 뻬르쏘나
1층	planta baja 빨란따 바하
24시간 영업	abierto las 24 horas 아비에르또 라쓰 벤띠 꾸아뜨로 오라쓰
24시간 편의점	tienda 24 horas 띠엔다 벤띠 꾸아뜨로 오라쓰
2등	segunda clase 쎄군다 끌라쎄
2층	segunda planta 쎄군다 빨란따
2층 전방석	asiento de anfiteatro delantero 아씨엔또 데 안삐떼아뜨로 델란떼로
2층석	asiento de anfiteatro 아씨엔또 데 안삐떼아뜨로

30분	mitad /media 미따드 / 메디아
CD점	tienda de CD 띠엔다 데 쎄데

195

단어장

Spanish ⟶ Korean

A		
abierto 아비에르또	개점	
abierto 아비에르또	영업 중	
abierto las 24 horas 아비에르또 라쓰 벤띠꾸아뜨로 오라쓰	24시간 영업	
abrir 아브리르	열다	
accidente 악씨덴떼	사고	
accidente de tráfico 악씨덴떼 데 뜨라삐꼬	교통사고	
ácido 아씨도	(맛이) 시다	
acondicionador 아꼰디씨오나도르	린스	
acuario 아꾸아리오	수족관	
aduanas 아두아나쓰	세관	
advertencia 아드베르뗀씨아	주의	
aeropuerto 아에로뿌에르또	공항	
agotado 아고따도	지친	
agua 아구아	물	

agua caliente 아구아 깔리엔떼	온수
agua mineral 아구아 미네랄	미네랄워터
agua mineral con gas 아구아 미네랄 꼰 가쓰	탄산수
agua mineral sin gas 아구아 미네랄 씬 가쓰	탄산 없는 물
aire acondicionado 아이레 아꼰디씨오나도	에어컨
ajo 아호	마늘
a la carta 아 라 까르따	일품요리
al contado 알 꼰따도	현금으로
alergia 알레르히아	알레르기
algodón 알고돈	솜
almohada 알모아다	베개
alto 알또	높다
altura 알뚜라	높이
a mano 아 마노	손으로
ambulancia 암불란씨아	구급차
ancho 안쵸	넓다

anemia 아네미아	빈혈
anestesia 아네쓰떼씨아	마취
anillo 아니요	반지
aniversario 아니베르싸리오	기념일
antiguamente 안띠구아멘떼	옛날에
antiguo 안띠구오	오래되다
antipirético 안띠삐레띠꼬	해열제
anuncio 아눈씨오	광고
apagón 아빠곤	정전
aparcamiento 아빠르까미엔또	주차장
apetito 아뻬띠또	식욕
aplazar 아쁠라싸르	미루다
arriba 아리바	위로
arroz 아로쓰	쌀
artesanía 아르떼싸니아	수공예품
asiento 아씨엔또	좌석

스페인어	한국어	스페인어	한국어	스페인어	한국어
asiento de fumador 아씨엔또 데 뿌마도르	흡연석	bar 바르	바	bolso 볼쏘	가방
asiento libre 아씨엔또 리브레	자유석	barato 바라또	싸다	bonito 보니또	예쁘다
asiento reservado 아씨엔또 레쎄르바도	예약석	barco 바르꼬	선박	bono 보노	회수권
asma 아쓰마	천식	bebé 베베	아기	botón lavado 보똔 라바도	세탁 버튼
aspirina 아쓰삐리나	아스피린	bebida 베비다	음료	bufanda 부빤다	목도리
autobús 아우또부쓰	버스	béisbol 베이쓰볼	야구	bufé 부뻬	뷔페
autobús larga distancia 아우또부쓰 라르가 디쓰딴씨아	장거리 버스	béisbol profesional 베이쓰볼 쁘로뻬씨오날	프로 야구	buscar 부쓰까르	찾다
autobús limusina 아우또부쓰 리무씨나	리무진 버스	biblioteca 비블리오떼까	도서관	buzón 부쏜	우체통
autobús turístico 아우또부쓰 뚜리쓰띠꼬	관광버스	bicicleta 비씨끌레따	자전거	**C**	
automóvil 아우또모빌	자동차	billete 비예떼	지폐	cabaré 까바레	카바레
autoservicio 아우또쎄르비씨오	셀프 서비스	billete de avión 비예떼 데 아비온	항공권	cafetería 까뻬떼리아	카페
avión 아비온	비행기	billete de entrada 비예떼 데 엔뜨라다	입장권	caja fuerte 까하 뿌에르떼	금고
aviso 아비쏘	통지	billete de ida 비예떼 데 이다	편도 티켓	calcetines 깔쎄띠네쓰	양말
ayer 아예르	어제	billete de ida y vuelta 비예떼 데 이다 이 부엘따	왕복 티켓	calefacción 깔레빡씨온	난방
azúcar 아쑤까르	설탕			caliente 깔리엔떼	뜨겁다
azul 아쑬	파란	billetero 비예떼로	지갑	calle 까예	길
B		blanco 블랑꼬	하얗다	calle sin salida 까예 씬 쌀리다	막다른 골목
banco 방꼬	은행	bolsa de papel 볼싸 데 빠뻴	종이봉투	calle urbana 까예 우르바나	시가
				calmante 깔만떼	고요한

cama 까마	침대
cama extra 까마 엑쓰뜨라	엑스트라 침대
cámara 까마라	카메라
cámara digital 까마라 디히딸	디지털 카메라
cambio 깜비오	잔돈
camino 까미노	길
cancelar 깐쎌라르	취소하다
cansarse 깐싸르쎄	지치다
caramelo 까라멜로	캐러멜
carne de cerdo 까르네 데 쎄르도	돼지고기
carne de cordero 까르네 데 꼬르데로	새끼 양고기
carne de pollo 까르네 데 뽀요	닭고기
carne de ternera 까르네 데 떼르네라	송아지 고기
caro 까로	비싸다
carta 까르따	편지
carterista 까르떼리쓰따	소매치기
casa 까싸	집
casino 까씨노	카지노
catedral 까떼드랄	대성당

cejas 쎄하쓰	눈썹
cena 쎄나	저녁식사
cenicero 쎄니쎄로	재떨이
centro 쎈뜨로	중심
cepillo de dientes 쎄삐요 데 디엔떼쓰	칫솔
cerámicas 쎄라미까쓰	도자기
cerezas 쎄레싸쓰	버찌
cerrar 쎄라르	닫다
cerveza 쎄르베싸	맥주
chaleco salvavidas 찰레꼬 쌀바비다쓰	구명조끼
champú 참뿌	샴푸
cheque 체께	수표
cheques de viaje 체께쓰 데 비아헤	여행자 수표
chicle 치끌레	껌
cine 씨네	영화
cinturón de seguridad 씬뚜론 데 쎄구리다드	안전벨트
club nocturno 끌루브 녹뚜르노	나이트클럽
coche de alquiler 꼬체 데 알낄레르	렌트카

cocina 꼬씨나	부엌
cocktail 꼬끄떼일	칵테일
codo 꼬도	팔꿈치
colegio 꼴레히오	학교
colirio 꼴리리오	안약
collar 꼬야르	목걸이
color 꼴로르	색
comedor 꼬메도르	식당
comida 꼬미다	요리
comisaría de policía 꼬미싸리아 데 뽈리씨아	경찰서
comisión 꼬미씨온	수수료
comprar 꼼쁘라르	사다
compras 꼼쁘라쓰	쇼핑
condimentos 꼰디멘또쓰	조미료
conductor 꼰둑또르	운전수
conserje 꼰쎄르헤	콘시어지
contactar 꼰딱따르	접촉하다
corbata 꼬르바따	넥타이

correo urgente 꼬레오 우르헨떼	속달우편	declaración de aduanas 데끌라라씨온 데 아두아나쓰	세관 신고서	dinero en depósito 디네로 엔 데뽀씨또	예탁금
correos 꼬레오쓰	우편			dirección 디렉씨온	방향
correr 꼬레르	달리다	dedo 데도	손가락	dirección de contacto 디렉씨온 데 꼰딱또	연락처
cortesía 꼬르떼씨아	예의	de esa región 데 에싸 레히온	이 지역의		
corto 꼬르또	짧다	de noche 데 노체	저녁에	disco 디쓰꼬	레코드
coste de franqueo 꼬쓰떼 데 쁘란께오	우편요금	de pago 데 빠고	유료의	diseño 디쎄뇨	디자인
cuchara 꾸차라	숟가락	derecha 데레차	오른쪽	documentos 도꾸멘또쓰	서류
cuchilla 꾸치야	면도날	desayuno 데싸유노	아침 식사	doler 돌레르	아프다
cuello 꾸에요	목	descanso 데쓰깐쏘	휴식	dolor 돌로르	고통
cuenta 꾸엔따	계산	despejado 데쓰뻬하도	맑다	dolor de cabeza 돌로르 데 까베싸	두통
cuerpo 꾸에르뽀	몸	destinatario 데쓰띠나따리오	수취인	dolor de vientre 돌로르 데 비엔뜨레	복통
cultura 꿀뚜라	문화	destino 데쓰띠노	목적지	ducha 두챠	샤워
cumpleaños 꿈쁠레아뇨쓰	생일	detalle factura 데따예 빡뚜라	명세서		

D

cupón 꾸뽄	쿠폰	devolver mercancía 데볼베르 메르깐씨아	반품하다	**E**	
danza 단싸	춤	día de partida 디아 데 빠르띠다	출발일	edad 에다드	나이
darse prisa 다르쎄 쁘리싸	서두르다	diente/muela 디엔떼 / 무엘라	이빨	embajada 엠바하다	대사관
debajo 데바호	아래	diferencia 디뻬렌씨아	차이	embajada de Corea 엠바하다 데 꼬레아	한국 대사관
declaración 데끌라라씨온	선언	difícil 디삐씰	어렵다	embarque 엠바르께	승선
		dinero 디네로	돈	empresa 엠쁘레싸	회사
				empujar 엠뿌하르	밀다

encargar 엔까르가르	맡기다	excel 엑쎌	엑셀	fino 삐노	얇다
encontrar 엔꼰뜨라르	만나다	expedir de nuevo 엑쓰뻬디르 데 누에보	재교부하다	firma 삐르마	서명
entrada 엔뜨라다	입장	exposición 엑쓰뽀씨씨온	전시회	folleto 뽀예또	팸플릿
entrar 엔뜨라르	들어가다	expreso 엑쓰쁘레쏘	급행	fotocopia 뽀또꼬삐아	복사
en uso/comunicando 엔 우쏘/꼬무니깐도	사용 중 / 통화 중	exterior 엑쓰떼리오르	외부	fotografía 뽀또그라삐아	사진
enviar 엔비아르	보내다	**F**		frágil 쁘라힐	부서지기 쉽다
envolver 엔볼베르	포장하다	fácil 빠씰	쉬운	frigorífico 쁘리고리삐꼬	냉장고
equipaje 에끼빠헤	수하물	facsímil 빡씨밀	팩스	frío 쁘리오	춥다
escaleras 에쓰깔레라쓰	계단	factura 빡뚜라	청구서	frutas 쁘루따쓰	과일
escribir 에쓰끄리비르	쓰다	factura de teléfono 빡뚜라 데 뗄레뽀노	전화 요금 청구서	fuera de lo común 뿌에라 데 로 꼬문	드물다
ese día 에쎄 디아	그 날	falsificación 빨씨삐까씨온	위조	fuga 뿌가	유출
especial 에쓰뻬씨알	특별한	familia 빠밀리아	가족	**G**	
espejo 에쓰뻬호	거울	famoso 빠모쏘	유명한	gafas 가빠쓰	안경
estación 에쓰따씨온	역	farmacia 빠르마씨아	약국	gambas 감바쓰	새우
estación de metro 에쓰따씨온 데 메뜨로	지하철역	fenómeno 삐노메노	현상	gasolina 가쏠리나	가솔린
este 에쓰떼	동쪽	ferry 뻬리	유람선	gasolinera 가쏠리네라	주유소
estilo occidental 에쓰띨로 옥씨덴딸	서양식	festival 뻬쓰띠발	축제	gato 가또	고양이
estreñimiento 에쓰뜨레니미엔또	변비	fideos 삐데오쓰	면	género 헤네로	성별
estudiante 에쓰뚜디안떼	학생	fiebre 삐에브레	열	grandes almacenes 그란데쓰 알마쎄네쓰	백화점

gratis 그라띠쓰	무료	hora de embarque 오라 데 엠바르께	탑승 시간	instantáneo 인쓰딴따네오	즉석	기본 회화
grueso 그루에쏘	굵다	hora de salida 오라 데 쌀리다	출발 시간	interés 인떼레쓰	이익	관광
grupo sanguíneo 그루뽀 싼기네오	혈액형	hora fijada 오라 삐하다	고정 시간	internet 인떼르네뜨	인터넷	
guía 기아	가이드북	hora local 오라 로깔	현지 시간	investigar 인베쓰띠가르	조사하다	맛집
H		horario 오라리오	시간표	invitación 인비따씨온	초대	
habitación 아비따씨온	방	hospital 오쓰삐딸	병원	inyección 인옉씨온	주사	쇼핑
habitación doble 아비따씨온 도블레	스위트 룸	hotel 오뗄	호텔	isla 이쓸라	섬	
hablar 아블라르	말하다	hoy 오이	오늘	izquierda 이쓰끼에르다	왼쪽	엔터테인먼트
hacer una llamada 아쎄르 우나 야마다	전화하다	huésped 우에쓰뻬드	하숙인	**J**		뷰티
hacer una reserva 아쎄르 우나 레쎄르바	예약하다	huevo 우에보	달걀	jabón 하봉	비누	
hacer un pedido 아쎄르 운 뻬디도	주문하다	**I**		jardín 하르딘	정원	호텔
herida 에리다	상처	iglesia 이글레씨아	교회	joven 호벤	젊은	
hielo 이엘로	얼음	impuestos 임뿌에쓰또쓰	세금	joya 호야	보석	교통수단
hierbas medicinales 이에르바쓰 메디씨날레쓰	약초	Impuesto sobre Valor Añadido 임뿌에쓰또쓰 쏘브레 발로르 아냐디도	부가 가치세	juego 후에고	놀이	기본정보
hija 이하	딸			**K**		
hijo 이호	아들	infantil 인빤띨	유아의	karate 까라떼	가라테	단어장
hombro 옴브로	어깨	inglés 잉글레쓰	영어	ketchup 케츄쁘	케첩	
hora de apertura 오라 데 아뻬르뚜라	여는 시간	insecto 인쎅또	곤충	**L**		
hora de cierre 오라 데 씨에레	닫는 시간	insípido 인씨삐도	맛없다	lado de ventanilla 라도 데 벤따니야	창가	

ladrón 라드론	도둑	lista de vinos 리쓰따 데 비노쓰	와인 리스트	máquina expendedora 마끼나 엑쓰뻰데도라	자동 판매기
lámpara 람빠라	램프	llamada a cobro revertido 야마다 아 꼬브로 레베르띠도	수신자 부담 전화	masaje 마싸헤	마사지
lana 라나	양모	llamada de larga distancia 야마다 데 라르가 디쓰딴씨아	장거리 전화	mayonesa 마요네싸	마요네즈
largo 라르고	길다			medicina 메디씨나	약
lavandería 라반데리아	세탁소	llamada despertador 야마다 데쓰뻬르따도르	모닝콜	medicina para el estreñimiento 메디씨나 빠라 엘 에쓰뜨레늬미엔또	변비약
leche 레체	우유	llamada urbana 야마다 우르바나	시내 전화		
lejos 레호쓰	멀다	llegada 예가다	도착	medicina para el resfriado 메디씨나 빠라 엘 레쓰쁘리아도	감기약
libre de impuestos 리브레 데 임뿌에쓰또쓰	면세	lluvia 유비아	비		
librería 리브레리아	서점			médico 메디꼬	의사
libro 리브로	책	**M**		medida 메디다	크기
licencia de conducir internacional 리쎈씨아 데 꼰두씨르 인떼르나씨오날	국제 운전면허	mañana 마냐나	아침	mensaje 멘싸헤	메시지
		mancha 만챠	얼룩	menú 메누	메뉴
ligero 리헤로	가볍다	manicura 마니꾸라	매니큐어	mercado 메르까도	시장
limpiando 림삐안도	청소 중	mano 마노	손	mermelada 메르멜라다	마멀레이드
limpiar 림삐아르	청소하다	manta 만따	담요	mesa 메싸	책상
lino 리노	리넨	manual de explicación 마누알 데 엑쓰쁠리까씨온	설명서	metro 메뜨로	지하철
líquido 리끼도	액체			moneda 모네다	돈
lista 리쓰따	리스트	mapa 마빠	지도		
lista de precios 리쓰따 데 쁘레씨오쓰	요금표	mapa de la ciudad 마빠 데 라 씨우다드	도시 지도	montaña 몬따냐	산

montañismo 몬따늬쓰모	등산	noticias 노띠씨아쓰	뉴스	oficina de información 오삐씨나 데 인뽀르마씨온	안내소
montura de gafas 몬뚜라 데 가빠쓰	안경테	nuevo 누에보	새롭다		
mosquito 모쓰끼또	모기	número 누메로	숫자	oficina de objetos perdidos 오삐씨나 데 오브헤또쓰 뻬르디도쓰	분실물 센터
muebles 무에블레쓰	가구	número de asiento 누메로 데 아씨엔또	좌석 번호		
muestra 무에쓰뜨라	견본	número de habitación 누메로 데 아비따씨온	방 번호	oficina de turismo 오삐씨나 데 뚜리쓰모	관광 사무소
mujer 무헤르	여성			operación 오뻬라씨온	수술
mundo 문도	세계	número de reserva 누메로 데 레쎄르바	예약 번호	ordenador personal 오르데나도르 뻬르쏘날	개인 컴퓨터
museo 무쎄오	박물관	número de teléfono 누메로 데 뗄레뽀노	전화번호		
música 무씨까	음악	número de vuelo 누메로 데 부엘로	항공 번호	ordenar 오르데나르	정리하다
muy rico 무이 리꼬	정말 맛있다	número secreto 누메로 쎄끄레또	비밀번호	oscuro 오쓰꾸로	어둡다

N

nabo 나보	순무
nacional 나씨오날	국가의
nacionalidad 나씨오날리다드	국적
natación 나따씨온	수영
naturaleza 나뚜랄레싸	자연
nieve 니에베	눈
nombre 놈브레	이름
norte 노르떼	북쪽

O

objetivo 오브헤띠보	목적
objetos a declarar 오브헤또쓰 아 데끌라라르	신고 물품
objetos perdidos 오브헤또쓰 뻬르디도쓰	분실물
objetos valiosos 오브헤또쓰 발리오쏘쓰	귀중품
oeste 오에쓰떼	서쪽
oficina de cambio 오삐씨나 데 깜비오	환전소
oficina de cambio de divisas 오삐씨나 데 깜비오 데 디비싸쓰	외화 환전소

P

pagar después 빠가르 데쓰뿌에쓰	후불
pago por separado 빠고 뽀르 쎄빠라도	각자 계산
país 빠이쓰	나라
paisaje 빠이싸헤	풍경
pajita 빠히따	빨대
palabra 빨라브라	단어
palillos 빨리요쓰	젓가락
panadería 빠나데리아	빵집

pantalones 빤딸로네쓰	바지
pañuelo 빠뉴엘로	스카프
papelera 빠뻴레라	휴지통
parada de autobús 빠라다 데 아우또부쓰	버스 정류장
parada de autobús (de larga distancia) 빠라다 데 아우또부쓰 (데 라르가 디쓰딴씨아)	(장거리) 버스 정류장
parada de taxis 빠라다 데 딱씨쓰	택시 정류장
parte de accidente 빠르떼 데 악씨덴떼	사고 증명서
pasado mañana 빠싸도 마냐나	모레
pasaporte 빠싸뽀르떼	여권
pasillo 빠씨요	복도
pegamento 뻬가멘또	풀
película 뻴리꿀라	영화
peligro 뻴리그로	위험
pérdida 뻬르디다	분실
periódico 뻬리오디꼬	신문
permanente 뻬르마넨떼	파마
perro 뻬로	개
pesado 뻬싸도	무게
pesca 뻬쓰까	낚시
piel 삐엘	피부
pimienta 삐미엔따	후추
pimiento rojo 삐미엔또 로호	붉은 피망
pintalabios 삔따라비오쓰	립스틱
pinturas en el techo 삔뚜라쓰 엔 엘 떼쵸	천장 그림
piso 삐쏘	아파트
plancha 쁠란차	다리미
plano de líneas 쁠라노 데 리네아쓰	노선도
plata 쁠라따	은
plato 쁠라또	접시
plazo de validez 쁠라쏘 데 발리데쓰	유효 기간
policía 뽈리씨아	경찰
posible 뽀씨블레	가능
postre 뽀쓰뜨레	디저트
precio 쁘레씨오	가격
precio establecido 쁘레씨오 에쓰따블레씨도	정규 요금
precio de la estancia 쁘레씨오 데 라 에쓰딴씨아	숙박료
precio de la habitación 쁘레씨오 데 라 아비따씨온	방값
precio del taxi 쁘레씨오 델 딱씨	택시 요금
precio del tour 쁘레씨오 델 또우르	투어 요금
precio de servicio 쁘레씨오 데 쎄르비씨오	서비스료
precio de transporte/tarifa 쁘레씨오 데 뜨란쓰뽀르떼 / 따리빠	교통 요금
precio mínimo 쁘레씨오 미니모	최저 요금
presidente 쁘레씨덴떼	대통령
presión arterial 쁘레씨온 아르떼리알	혈압
previsión 쁘레비씨온	예상
previsión del tiempo 쁘레비씨온 델 띠엠뽀	일기예보
primer plato 쁘리메르 쁠라또	전채요리
primer tren 쁘리메르 뜨렌	첫차
producto de la región 쁘로둑또 데 라 레히온	특산품
profesión 쁘로뻬씨온	직업
profundo 쁘로푼도	깊다

스페인어	한국어	스페인어	한국어	스페인어	한국어
programa 쁘로그라마	프로그램	rayos X 라이요쓰 에끼쓰	엑스레이	representación 레쁘레쎈따씨온	상연
programa/plan 쁘로그라마 / 쁠란	예정	rebaja 레바하	할인	reserva 레쎄르바	예약
prohibido aparcar 쁘로이비도 아빠르까르	주차 금지	recepción 레쎕씨온	프런트	resfriado 레쓰쁘리아도	감기
		receta médica 레쎄따 메디까	처방전	restaurante 레쓰따우란떼	레스토랑
prohibido flash 쁘로이비도 쁠라쉬	플래시 금지	recibir 레씨비르	받다	restos arqueológicos 레쓰또쓰 아르께올로히꼬쓰	유적
prohibido fumar 쁘로이비도 뿌마르	금연	recibo 레씨보	영수증		
prohibido hacer fotos 쁘로이비도 아쎄르 뽀또쓰	촬영 금지	reconfirmar 레꼰삐르마르	재확인하다	resultado 레쑬따도	결과
		recordar 레꼬르다르	기억하다	río 리오	강
propina 쁘로삐나	팁	recto 렉또	직진	robo 로보	도둑질
puerta de embarque 뿌에르따 데 엠바르께	탑승 게이트	regalo 레갈로	선물	rojo 로호	빨간
		región 레히온	지역	ruidoso 루이도쏘	시끄럽다
puesto de policía 뿌에쓰또 데 뽈리씨아	파출소	registro de entrada 레히쓰뜨로 데 엔뜨라다	체크인	**S**	
				sacacorchos 싸까꼬르초쓰	코르크 따개
puro 뿌로	순수한	registro de salida 레히쓰뜨로 데 쌀리다	체크아웃	sal 쌀	소금
Q		reglamento 레글라멘또	규칙	sala de descanso 쌀라 데 데쓰깐쏘	휴게실
quemadura 께마두라	화상	regresar 레그레싸르	되돌려 주다	sala de espera 쌀라 데 에쓰뻬라	대기실
R		religión 렐리히온	종교	sala de espera de salidas 쌀라 데 에쓰뻬라 데 쌀리다쓰	출발 대합실
radio 라디오	라디오	reloj 렐로흐	시계		
rápido 라삐도	빠르다	reloj despertador 렐로흐 데쓰뻬르따도르	자명종	salado 쌀라도	짜다

salida 쌀리다	출발	sin colorantes 씬 꼴로란떼쓰	무색소	tarjeta postal 따르헤따 뽀쓰딸	우편엽서
salida de emergencia 쌀리다 데 에메르헨씨아	비상구	sobre 쏘브레	봉투	tasas 따싸쓰	세금
		sombrero 쏨브레로	모자	tasas aeroportuarias 따싸쓰 아에로뽀르뚜아리아쓰	항공세
sangre 싼그레	피	suave 쑤아베	부드럽다		
sastre 싸쓰뜨레	재단사	subir 쑤비르	오르다	taxi 딱씨	택시
secador de pelo 쎄까도르 데 뻴로	드라이기	sudor 쑤도르	땀	taza de retrete 따싸 데 레뜨레떼	변기
secreto 쎄끄레또	비밀	suma total 쑤마 또딸	합계	té 떼	차
seda 쎄다	비단	superficial 쑤뻬르삐씨알	표면의	teatro 떼아뜨로	극장
seguridad 쎄구리다드	안전	supermercado 쑤뻬르메르까도	슈퍼마켓	tejado 떼하도	지붕
seguro 쎄구로	안전한	**T**		tejidos de lana 떼히도 데 라나	모직물
sello 쎄요	우표	tabaco 따바꼬	담배	teléfono 뗄레뽀노	전화
sencillo/simple 쎈씨요 / 씸쁠레	단순한	tamaño 따마뇨	사이즈	teléfono móvil 뗄레뽀노 모빌	휴대 전화
separado 쎄빠라도	떨어진	taquilla 따끼야	캐비닛	telegrama 뗄레그라마	전보
ser diferente 쎄르 디뻬렌떼	다른	tarjeta de crédito 따르헤따 데 끄레디또	신용 카드	televisión 뗄레비씨온	텔레비전
servicio/lavabo 쎄르비씨오 / 라바보	화장실	tarjeta de desembarque 따르헤따 데 데쎔바르께	입국 카드	temperatura/ temperatura corporal 뗌뻬라뚜라 / 뗌뻬라뚜라 꼬르뽀랄	체온
servicio de habitaciones 쎄르비씨오 데 아비따씨오네쓰	룸서비스	tarjeta de embarque 따르헤따 데 엠바르께	출국 카드	templo 뗌쁠로	사원
silla de ruedas 씨야 데 루에다쓰	휠체어			tener una hemorragia 떼네르 우나 에모라히아	출혈하다
sin aditivos 씬 아디띠보쓰	무첨가물	tarjeta de visita 따르헤따 데 비씨따	명함		

tenis 떼니쓰	테니스	toalla 또아야	타올	venta de billetes 벤따 데 비예떼쓰	매표소	기본회화
termómetro 떼르모메뜨로	온도계	toalla de baño 또아야 데 바뇨	목욕 타월	vestido de una pieza 베쓰띠도 데 우나 삐에싸	원피스	관광
tetería 떼떼리아	찻집	tofu 또뿌	두부			
tía 띠아	숙모	trabajo 뜨라바호	일	viaje 비아헤	여행	맛집
ticket canjeable 띠께뜨 깐헤아블레	교환권	traducir 뜨라두씨르	통역하다	vidrieras 비드리에라쓰	스테인드 글라스	
tiempo 띠엠뽀	날씨	trámite inmigración 뜨라미떼 인미그라씨온	입국 수속	viento 비엔또	바람	쇼핑
tiempo libre 띠엠뽀 리브레	자유 시간			vinagre 비나그레	식초	
tienda 띠엔다	가게	tranquilamente 뜨란낄라멘떼	조용히	vino 비노	와인	엔터테인먼트
tienda 24 horas 띠엔다 벤띠 꾸아뜨로 오라쓰	24시간 가게	tratamiento 뜨라따미엔또	대우	volver 볼베르	뒤집다	
tienda de alimentación 띠엔다 데 알리멘따씨온	식료품점	tren 뜨렌	기차	vomitar 보미따르	토하다	뷰티
		turismo 뚜리쓰모	관광	vuelo de recreo 부엘로 데 레끄레오	유람 비행	
tienda de ropa 띠엔다 데 로빠	옷가게	turista 뚜리쓰따	관광객	vuelos internacionales 부엘로쓰 인떼르나씨오날레쓰	국제선	호텔
tienda libre de impuestos 띠엔다 리브레 데 임뿌에쓰또쓰	면세점	**U**				
		último tren 올띠모 뜨렌	막차	vuelos nacionales 부엘로쓰 나씨오날레쓰	국내선	교통수단
tierra 띠에라	땅	**V**				
tijeras 띠헤라쓰	가위	vacaciones 바까씨오네쓰	바캉스	**Z**		기본정보
tío 띠오	숙부	vaso/copa 바쏘 / 꼬빠	컵	zanahoria 싸나오리아	당근	
tipo de cambio 띠뽀 데 깜비오	환율	vaso de papel 바쏘 데 빠뻴	종이컵	zapatos 싸빠또쓰	신발	단어장
tirar 띠라르	밀다	venda 벤다	붕대	zoológico 쑤올로히꼬	동물원	

여행 스페인어 co-Trip ことりっぷ

초판 인쇄일 2023년 1월 13일
초판 발행일 2023년 1월 27일
지은이 코트립 편집부
옮긴이 이민수, 임휘준
발행인 박정모
등록번호 제9-295호
발행처 도서출판 혜지원
주소 (10881) 경기도 파주시 회동길 445-4(문발동 638) 302호
전화 031)955-9221~5 **팩스** 031)955-9220
홈페이지 www.hyejiwon.co.kr

기획 박혜지
진행 박혜지, 박주미
디자인 김보리
영업마케팅 김준범, 서지영
ISBN 979-11-6764-040-6
정가 13,000원

co-Trip KAIWA CHOU ことりっぷ 会話帖

Copyright © Shobunsha Publications, Inc. 2015
All rights reserved.
First original Japanese edition published by Shobunsha Publications, Inc. Japan
Korean translation rights arranged with Hyejiwon Publishing Co.
through The English Agency (Japan) Ltd. and Danny Hong Agency